JN059573

# 公民連携白書

## SDGsの限界と展望

## 2022〜2023

東洋大学PPP研究センター 編著

時事通信社

# はじめに

本書は、2006年度に、東洋大学にPPP（Public/Private Partnership）専門の社会人大学院公民連携専攻を開設して以来、全国の関係者に、PPPに関連するテーマについての論考やその年に発生した事例を提供することを目的として毎年発行してきた。新型コロナの影響が長引いている上、ウクライナ情勢など混迷を極める状況ではあるが、今回も17回目の発行を迎えることができた。

連続して発行することは決して容易なことではない。これもひとえに、PPPの推進のためにご後援いただいている機関、ならびに、本書を楽しみにしてくださっているすべての読者、また、企画段階から尽力いただいている時事通信出版局の永田一周氏の支援のおかげであることは言うまでもない。この場を借りてあらためてお礼申し上げたい。

今回は、第Ⅰ部の特集テーマを「SDGsの限界と展望」とした。SDGsは、世界共通に用いられている総合的な価値体系である。本学は、創設者である井上円了の方針にしたがって、すべての教育・研究活動は地球社会を覆う諸問題の解決に向けてなされるべきと考え、東洋大学SDGs行動憲章を制定している。第Ⅰ部では、本学のSDGs研究の一端を紹介する。

まず、根本祐二の「持続可能なインフラ開発のための合意形成」、次いで、河本英夫（文学部）「システミックSDGs－デカップリングを中心に－」、北脇秀敏（国際学部）「開発途上国における生活環境改善による人間の安全保障の実現に関する研究」、伊藤暁（理工学部）「まちや住まいの社会適合性と持続可能性」、難波悠「SDGs、社会の急速な変化は日本のPPPの転換点となるか」を掲載した。

しかし、残念ながら、近年SDGsの機能に懸念が生じていることも事実である。新型コロナ感染症拡大により、目標3 "Ensure healthy lives and promote well-being" が、さらに、ウクライナ情勢を契機とした安全保障面の懸念から、目標16 "Promote peaceful and inclusive societies" が悪化している。国民の健康や国家の平和に甚大な影響が及んでいる状況下、SDGsはどのような意味を持つものだろうか。そもそもSDGsは異なる国家、宗教、政治体制など立場を超えた普遍的な価値を持つべきものか、それとも特定の立場からの価値なのか。普遍的な価値を持つべきものならば、単に目標を示すだけでなく、目標を実現させる仕組みを持つべきではないか。その中でPPPはどのように貢献できるのか。現在の人類に突き付けられた大きな課題である。

東洋大学では、この重いテーマについて、2022年11月1日に第17回国際PPPフォーラムを開催した。基調講演の講演録

として、ペドロ・ネヴェス氏（コンサルタント、UNECE People-first PPP case studiesプロジェクトリーダー）「SDGsの限界、達成への方策は？」、ジアド・ヘイヤック氏（The World Association of PPP Units & PPP Professionals共同代表）「激動の時代のPPPとSDGs」、デイビッド・ドッド氏（コンサルタント、International Sustainable Resilience Center代表）「強靱な都市とPPP」、難波悠教授（本学大学院）「復興におけるPPPへの期待、実際、これから」を掲載した。

また、冒頭にビデオ・メッセージとして放映した本学アジアPPP研究所名誉アドバイザーでもあるマハティール・ビン・モハマド氏（元マレーシア首相）の「現代に求められるグローバルリーダーシップ」および基調講演の後に行ったnewtSDGsに関するパネルディスカッションは関係性が深いため、一体として抄録を掲載した。SDGsは普遍的価値なのか、それを実現するためのルールやレフェリーの存在、PPPや大学の役割などに関する興味深い議論が展開されている。

第Ⅱ部は、「PPPの動き」である。まず、序章として、2022年6月の内閣府PPP/PFI推進アクションプランを中心に、本学難波悠教授が「PPP推進政策の動き」を執筆した。第1章以降は、公共サービス型、公共資産活用型、規制・誘導型のPPPの3分類に沿って整理した後、PPPを取り巻く環境とPPPの各分野での動きを整理している。紹介している事例は、例年通り、時事通信社iJAMPからの情報を元に取り上げた。対象期間は、2021年10月〜2022年10月を対象としている。事例数は、887に上り類書の中では圧倒的に多数の事例を紹介

している。

是非多くの方々に本書をご一読いただき、参考としていただければ幸いである。

2022年12月

「公民連携白書」執筆者の代表として
根本祐二

# 目　次 | 公民連携白書 2022 〜 2023

装幀・大島恵里子
出口　城

# 第 I 部
## SDGsの限界と展望

# 第1章 持続可能なインフラの提案とSDGsにおける位置づけ

東洋大学　根本祐二

## 1. はじめに

　SDGsは、世界共通に用いられている総合的な価値体系である。従来から、ISOやBIS規制など特定の分野の活動のためのルールは存在したが、SDGsは、ジェンダーの平等など見解が相違していた項目を含めた多様な価値を包摂した総合的な価値体系であるという点で明確に異なる。

　本学は、創設者である井上円了の方針にしたがって、すべての教育・研究活動は地球社会を覆う諸問題の解決に向けてなされるべきと考え、東洋大学SDGs 行動憲章を制定している。筆者がセンター長を務めるPPP研究センターでも、憲章に基づいて、世界共通の課題であるインフラ老朽化問題に対して研究を重ねてきた。2019年度からは、3年間にわたって、「持続可能なインフラの提案によりグローバルな協調の再構築に貢献する研究—『インフラメニュー』と『経済性・社会性評価ソフトウェア』制作—」を実施した。この研究は、本学の重点研究に採択されその支援のもとに実施されたものであり、本稿は、その成果を取りまとめるとともに、SDGsの観点から考察したものである。

## 2. 問題の所在と研究の必要性

　人類が社会経済活動を実施していくうえ
でのインフラの有用性はあらためて論じるまでもない。道路、橋、トンネル、水道、下水道、学校、病院、図書館、港湾、空港など多種多様なインフラが存在し、社会経済活動を支えている。インフラが持続できなければ社会経済も持続できなくなることには誰しも異論はないであろう。

　インフラが持続できなくなる最大の理由は経年劣化、つまり老朽化である。インフラは基本的に金属、木材、コンクリートなど寿命が有限の物質でできている。時間が経過すれば機能が徐々に低下し、最終的には損壊する。損壊とは、橋やトンネルの崩落、建築物の倒壊、道路の陥没事故などであり、いずれも人命に影響する。水道管や下水道管の損壊は国民の生活に甚大な影響を与える。

　もちろん、老朽化しても造り替えれば（更新すれば）元の状態に戻すことができる。しかし、現在の日本では単純に更新することができない。インフラを短期間に集中して整備したため、老朽化も集中し、更新投資需要を賄えないためである。代表的なインフラである橋りょうの建設が集中した1970年代には年間1万本の橋がかけられていたが、その後は減少して、近年では年間数百本の橋しか架けられていない。橋の耐用年数を60年と考えると、2030年代には年間1万本の橋をかけ替える必要があるが、そのための予算は年間数百本分しかないことになる。年間数百本分の予算で1

万本の橋をかけ替えることはできない。他の種類のインフラも概ね同様であり、どこにも余裕がない状況にある。「投資が集中化したため、老朽化による更新期も集中する」、「増大する更新投資需要を減少した公共投資予算の中で賄わなければならない」というジレンマに陥っているのである。

実は、この状況は日本のみならず、世界各国にとって共通している。20世紀後半は世界的に高度成長した時期であり、多くの国が急激な成長を遂げたためである。言い換えると、インフラ老朽化問題の処方箋は、世界各国で共通のルールとして展開することが可能である。これが、重点研究の問題意識である。

## 3. 成果1 省インフラメニュー

「増大する更新投資需要を減少した公共投資予算の中で賄わなければならない」というジレンマにおいては、インフラを単純に更新するという方法は通用しない。予算が大幅に不足するからである。かといってインフラを単純に削減することもできない。住民の生命や財産に大きな影響を与えるからである。「できるだけ公共サービスとしての質を維持しつつ、最大限量や費用を圧縮する方法」が望まれる。筆者はこうした手法を「省インフラ」と総称している。「機能を損なわずにできるだけエネルギー原単位を下げる手法」である省エネルギーにヒントを得ている。日本は省エネルギー先進国である。であれば省インフラ先進国にもなれるのではないか。

省インフラとは、具体的にはどのような方法を指しているのか。それを体系化したものが図表Ⅰ-1-1の省インフラメニュー

である。これは、地域によらず、国にもよらず世界の標準的なルールとなることを想定して設定したものである。

省インフラメニューは、「現状のインフラを前提にする方法」、「新しいインフラに変更する方法」、「財源を生み出す方法」で構成されている。「現状のインフラを前提にする方法」は、さらに、「機能を維持して量を削減する方法」と「量を維持して費用を削減する方法」に分類されている。

前者は建築物（公共施設）に対する処方箋である。公共施設は施設自体に公共性があるわけではないので、単独で施設を保有する必要はない。広域化（近隣自治体との共同設置）、ソフト化（民営化、民間施設利用）、集約化（学校など同種の施設の統廃合）、共用化（学校と地域の教育施設の共用）のいずれかの処方箋を使うことができる。以上のいずれにも適さない場合でも多機能化（複合目的の施設、機能移転）することで量が削減される。隣接自治体に行く、民間施設を利用する、同じ施設を複数主体で使うなどひと手間を許容する必要はあるが、機能は完全に残すことができる。

一方、土木インフラ（道路、橋りょう、水道、下水道など）は、ネットワークによって機能が形成されるので、量を削減すると機能に影響する。そのため、「量を維持して費用を削減する方法」が必要になる。現在は、障害が発生した後に修繕する事後保全が行われているが、これを点検・診断結果に基づき予防的に修繕を行う予防保全に変える。将来の事後保全費用が少なくなるのでライフサイクルコスト（LCC）が減少すると期待される。また、リスクベース・マネジメントは、重要度に応じて保全の濃淡を変える方法である。PPP／

図表 I-1-1　省インフラメニュー

| 分類 | | 方法 | 採用 | | |
|---|---|---|---|---|---|
| | | | A | B | C |
| 現状のインフラを前提にする方法 | 機能を維持して量を削減する方法 | ●公共施設再編 | | | |
| | | ・広域化（近隣自治体との共同設置） | ☐ | ☐ | ☐ |
| | | ・ソフト化（民営化、民間施設利用） | ☐ | ☐ | ☐ |
| | | ・集約化（学校など同種の施設の統廃合） | ☑ | ☐ | ☐ |
| | | ・共用化（学校と地域の教育施設の共用） | ☐ | ☐ | ☐ |
| | | ・多機能化（複合目的の施設、機能移転） | ☐ | ☐ | ☐ |
| | | ●土木インフラ…錯綜インフラの間引き | | | |
| | 量を維持して費用を削減する方法 | ●LCC削減 | | | |
| | | ・予防保全（点検・診断結果に基づき予防的に修繕を行う） | ☐ | ☐ | ☐ |
| | | ・リスクベース・マネジメント（重要度に応じて状態基準保全と期間基準保全または事後保全を組み合わせる） | ☐ | ☑ | ☑ |
| | | ・PPP/PFI（包括民間委託、PFI、指定管理者など） | ☑ | ☐ | ☐ |
| 新しいインフラに変更する方法 | 施設やネットワークを使わない方法 | ●代替サービス（ネットワークインフラではなく代替手段でサービスを提供する（例）電力：再生可能エネルギー、水道：地下水専用水道、下水道：合併処理浄化槽） | ☐ | ☐ | ☐ |
| | | ●デリバリー（公共サービスを配達する（例）図書館：移動図書館、診療所：訪問診療） | ☐ | ☐ | ☐ |
| | | ●バーチャル化（IoTを用いて公共サービスを提供する（例）図書館：電子図書館、診療所：遠隔診療） | | | |
| | サービスの受け手が移動する方法 | ●移転（コンパクトシティ、防災集団移転） | ☑ | ☐ | ☐ |

（出典）筆者作成

PFI（包括民間委託、PFI、指定管理者など）も「量を維持して費用を削減する方法」の一種である。

「新しいインフラに変更する方法」には、「施設やネットワークを使わない方法」と「サービスの受け手が移動する方法」がある。前者は、さらに、「代替サービス」、「デリバリー」、「バーチャル化」がある。「代替サービス」は、電力における再生可能エネルギー、水道における地下水専用水道、下水道における合併処理浄化槽などが該当する。「デリバリー」は、図書館における移動図書館、診療所における訪問診療などが該当する。「バーチャル化」は、IoTを用いて公共サービスを提供する方法であり、図書館における電子図書館、診療所における遠隔診療が該当する。

以上の方法は、すべてサービスの受け手である住民の住所（近く）に公共サービスを届けることを目的にしていた。一方、「サービスの受け手が移動する方法」はサービスの出し手ではなく受け手が移転する。コンパクトシティ、防災集団移転などが該当する。広範な地域に住民が点在していると、公共施設も土木インフラも大量に必要になるが、住民が1カ所に住んでいれば必要な量は大幅に減少する。インフラの生産や流通に必要な装置が不要となるので、環境負荷も最小限に止めることができる。実はもっともSDGs的な手段である。

以上が「方法」＝メニューである。右列の採用欄はそれぞれの地域でどの方法を採用するかをチェックする欄にしている。すべてのインフラについていずれか（複数選択可）を選択する。メニューを自治体職員や地域住民が共有して、自分が担当・利用するインフラにはどの方法が適しているかを検討する。必ず何かを行うことをルール

にすれば、インフラ老朽化問題に関係者が真剣に取り組むための第一のツールとなる。

## 4. 成果2　省インフラ収支シミュレーションソフト

　成果2は、省インフラ収支シミュレーションソフトである。これは、成果1の省インフラメニューを実施した場合の更新費用を計算するためのソフトである。

　基本的な構造は、現存するインフラの取得年（建設年）、量、種類別の更新年数を設定したうえで、当該インフラが耐用年数を迎えた時点（年）で同じ量で更新する、標準更新単価で更新すると仮定する。また、予算は最近5年間（または10年間）の実績平均値とする。これにより、将来更新費用、予算不足額を計算することができる。いわゆる総務省ソフトの考え方を踏襲している。全国で同じルールのため相対的な評価を行うことができる。

　ただし、このソフトは、現状維持の場合の将来費用を試算するだけで、対策効果を織り込むことができない。そのために作成したのが省インフラシミュレーション・ソフトである。

　このソフトは、公共施設は個別に「機能を維持して量を削減する方法」、土木インフラは一律に「リスクベース・マネジメント」を採用する。公共施設は公共施設等総合管理計画において種類別方針が示されている。たとえば、統廃合した場合、廃止される面積を統廃合年に「0」と設定する。規模を変更する場合は、変更後の規模にて計算する。PPPのように量は維持するが費用を下げる場合は、単価をその分引き下げる。土木インフラのリスクベース・マネジメントは、耐用年数に反映させる。たとえば、道路舗装更新費用は、本来は面積×更新年数（15年）×更新単価で計算するが、種類別に耐用年数を変更すると考える。たとえば、主要な幹線道路は15年、その他の幹線道路は30年、生活道路は50年と置く。

### 図表Ⅰ-1-2　省インフラ収支シミュレーションソフト

| | | 物理量 | 更新年数 | 日本における標準単価 | 計算前提 | 対策入力 |
|---|---|---|---|---|---|---|
| 公共施設 | 学校 | 延床面積（m²） | 60年（30年後に大規模改修） | 330千円／m²（大規模改修200千円／m²） | ・取得後、更新年数経過時に同一物理量×更新単価にて更新する ・更新投資費用、予算確保可能金額、予算不足額を算出する | ・省インフラメニューから選択 □ □ ☑ □ □ ↓ 省インフラ後の資金不足を算出し、資金不足を解消できる省インフラメニューを選択 |
| 公共施設 | 公営住宅 | 延床面積（m²） | | 280千円／m²（同上170千円／m²） | | |
| 公共施設 | 庁舎 | 延床面積（m²） | | 400千円／m²（同上240千円／m²） | | |
| 公共施設 | その他 | 延床面積（m²） | | 360～400千円／m²（同上210～240千円／m²） | | |
| 土木インフラ | 道路 | 舗装面積（m²） | 15年 | 単位：千円/m² 一般道路4,700、自転車歩行者道2,700 | | |
| 土木インフラ | 橋りょう | 舗装面積（m²） | 60年 | 単位：千円/m² 鋼橋500、PC橋425 | | |
| 土木インフラ | 水道（管渠） | 管径別距離（km） | 40年 | 単位：千円/m² 導水管・送水管：～300mm 未満100、300～500mm 未満114、配水管：～150mm 以下97、～200mm 以下100 | | |
| 土木インフラ | 下水道（管渠） | 管径別距離（km） | 60年 | 単位：千円/m² コンクリート管・塩ビ管等124、更正管134～250mm 61、251～500mm 116 | | |
| 土木インフラ | その他 | 物理量データ利用可能であれば追加可能（道路付帯物、公園、河川、治山治水、港湾、空港、鉄道など） | | | | |
| 新規投資 | | 当該国・地域の政策に基づいて外生変数として設定 | | | | |

出典　筆者作成

これらの対策を入力して、予算不足額の解消をチェックし、解消しない場合に、追加的な対策を検討する。最終的には予算不足を解消するための対策の組み合わせを導き出す。

以上は日本での考え方であるが、海外各国においても同様である。更新年数、更新単価は各国の事情を反映させる。未整備のインフラを新規投資しなければならない途上国では、学校、公立病院、公営住宅など、それぞれの国や地域の計画に応じて入力する。

省インフラシミュレーションの究極の方法は、地方公共団体が保有するものを絞り込み、地域内の特定の拠点に集約化することである。土木インフラは、拠点内、拠点間を重点化したリスクベース・マネジメントを導入する。集約は移転を前提にせず、拠点に移転しない人にも公共サービスは提供する。ただし、その提供形態は従来型ではなく、「量を維持して費用を削減する方法」、「施設やネットワークを使わない方法」に切り替わるのである。この方法であれば、生活の質を下げずにコストを下げることができる。しっかりと説明すれば、最善の解決策であることが理解してもらえるはずだ。

しかし、現実には、自分の住んでいる場所が拠点から外れることには抵抗感は強い。問題を先送りしないためには合理的に拠点の位置を決める必要がある。

## 5. 成果3 拠点設定シミュレーション

拠点設定シミュレーションは、合理的な方法で拠点の位置を決める一つの方法として提案した。具体的には、公立小学校を拠

**図表 I ‐ 1 ‐ 3　拠点設定シミュレーションの考え方**

・将来の人口見込みを踏まえて将来児童数を算出する。現在児童数6,189,017人×（1－将来年少人口減少率28.6％）＝4,418,958人
・これを、適正規模児童数（420人＝12学級×35人）ごとにまとめると考えて、将来必要な小学校数Nを算出する。N＝4,418,958人÷420人＝10,521
・全国の小学校の現在の児童数の大きい順に上からN番目までを並べて、拠点とする。拠点の位置が具体的に決まる。
・統廃合対象校は近隣の存続校に統合。遠距離はバス通学（概ね1時間圏内）。

点として設定する。小学校を拠点とする理由は、現状でも地域の拠点と認識されていること、拠点としての広い空間を有していること（土地、建物とも）、法令類で規模・位置等が定められていることの3点である。日本の公立小学校では、35人以上×12学級～18学級という規模の目安と、4km以内という立地距離の目安が存在する。これを組み合わせてシミュレーションを行うと、拠点の位置が自動的に決まる。

結果として、日本全国の拠点数は10,521カ所となる。現在の学校数に比較すると▲44.5％である。ほぼ半減するが、半分は残るとも言える。拠点となる小学校児童数は420人の最低水準を目安を満たしている。すべての拠点を距離目安の4km以内に配置することはできないが、スクールバスで1時間圏内という条件であればほぼ配置できる。一つの拠点は概ね人口1万人をカバーする。全国地図を対象にして同心円を描くと、北海道、離島を除くとほぼ総人口の99.9％以上カバーできることが確認できた。「1万カ所×1万人＝1億人」は、政府人口ビジョンの人口1億人維持をインフラ面で持続可能にする政策提言となる。

義務教育は、どの国にも規模や立地に関するその国なりのルールが存在するため、海外でも適用できる。もちろん、人口が増

加している国は、将来児童数を増やす必要がある。拠点設定シミュレーションの効果は、拠点の位置を客観的な方法によって示すことである。ゼロから拠点を決めようとするとそもそも議論にならない場合でも、一定の客観的方法に基づく案があれば、それをたたき台として議論を開始することできる。つまり、合意形成を促すことができる。

## 6. 成果4　東洋大学式デリバレイティブ・ポリング

　成果3で述べた通り、客観的な説明は合意形成を促す大きな要素となる。客観的な説明を受けて質問や回答、討議を繰り返すことで最終的に合意できる案を形成していく。こうした方法は、デリバレイティブ・ポリングと呼ばれている。米国スタンフォード大学が開発した手法といわれ、説明、投票、討議を経ることで次第に議論が収れんして、最終的には合意が形成されることを目的としている。日本語では討論型世論調査と呼ばれることもある。

　しかし、日本では、コミュニティで大きな影響力を持つ人が強硬な意見（通常は反対）を表明してしまうと、他の人たちは沈黙し、強硬な意見が全体の意見とされてしまう。この状況では、説明や討論が合意を形成するとは期待できない。そこで本研究では、賛成反対を各人の意思に基づいて表明できるようにするために、アプリを利用した匿名投票システムを導入し、基本的に説明のみによって進行し、口頭での意見表明を求めない方法を採用した。これが東洋大学式デリバレイティブ・ポリング（TDP）である。

　TDPの特徴は、①匿名性（声の大きな人に左右されない）のほか、②情報公開（正しい情報をフェアに伝える）、③段階的接近（どこに論点があるか把握できる）である。

　②の情報公開に関しては、成果2の省インフラシミュレーション、成果3の拠点設定シミュレーションが大きな効果を持つ。

図表Ⅰ-1-4　東洋大学式デリバレイティブ・ポリング（TDP）

| |
|---|
| 1）事前準備 |
| ・東洋大学シミュレーションソフトによって将来のインフラの状況を予測し適切な省インフラの姿を想定しておく。 |
| ・省インフラへの賛成への認識変容を促せるような設問と解説のストーリーを設計する。 |
| 2）当日 |
| ① 1回目投票（Microsoft Formsを使用） |
| ・効果が想定される標準的な省インフラパターンを提示する。 |
| ・賛成、内心反対だが許容、反対の投票を行う。「内心反対だが許容」を入れる点が特徴。行政としては、従来は許容でも可としてきたが、許容層は非常に脆弱であり容易に反対にシフトする。この方法では、「賛成」の確保を目指す。 |
| ・説明は最小限にとどめ淡々と進行する。 |
| ②解説 |
| ・1回目の結果を共有する。 |
| ・何もしない場合を含めて複数のシミュレーション結果を開示するなど、優先順位を付けられるようにする。 |
| ③ 2回目投票 |
| ・賛成への変化が大きいことを想定する。 |
| ・結果を共有することで、自分のポジションや説得効果を実感する。 |
| ④自由回答 |
| ・賛成、反対の理由を自由回答で得る。 |
| ・これがコアの反対理由であり、これが分かることで次の対策を打てるようになる。 |
| 3）事後報告 |
| ・認識の変容、あらかじめ設定した合意率を達成したかどうかの評価 |
| ・賛成・反対理由のテキストマイニングによりコア動機を把握 |

（出典）筆者作成

客観的手法で出された結論を開示するとともに、ワークショップの場で出された意見を反映して修正案を提示することが可能である。③の段階的接近とは、原案にたどり着く論理を一つずつ積み重ね、それぞれごとに賛否や理解度を問うことによって、どの時点で反対傾向が生まれるかを検証する方法である。

今回は、TDPの効果を実証するために学内（学部生、大学院生対象）、学外を含めて計30例の実証実験を行った。テーマは省インフラに関するもの以外にも日常的なコミュニティの課題や政策的な課題も取り上げた。これらの結果、以下の効果を確認することができた。

第一はポジショニング効果である。投票は匿名だが集計結果を公開しながら進める。これにより、他者の意見を知ること、つまり自分のポジションを知ることができる。自分が思うほど多数派ではないとすると、認識が変容する効果も観察された。

第二は、コア理由顕在化効果である。最終的な賛否を問う質問の後に、理由を自由回答で問う。あらゆる説明を繰り返しても認識が変わらない場合、論点がずれている可能性がある。自由回答により真の理由を把握できれば、それに応じて対策を変更・追加できる。

第三は、ストーリーテリング効果である。コロナ禍ということもあり、実証実験の多くはweb会議で行ったため、討議なしの説明のみで行うことができた。討議のために各人の意見を表明すると匿名性を保てない。しかし、質問・説明・回答を繰り返す方法であれば、討議なしでも、出題者の意図への理解、知識の追加、認識の変容が起きる場合があること、その認識がどの段

**図表Ⅰ-1-5　社会実装の事例**

北海道A自治体の例
1　問題設定：人口が少なくインフラの更新投資が難しいため、バーチャル化（IoT）を用いた新しい公共サービスの提供に切り替えたい。
2　問の設定：
（1）インフラ老朽化問題が深刻化するが（人口が少ないため）拠点を残せない。その代わり、バーチャル化し持続可能にする案を提示し、賛成反対を問う。…1回目の賛否
（2）バーチャル化の内容と期待する効果を具体的に説明、想定される問題点とその対策を具体的に説明
（3）バーチャル化の案を再度提示し、賛成反対を問う。…2回目の賛否
3　回答
（1）1回目の賛否投票　　賛成0%　やむを得ない72%
（2）2回目の賛否投票　　賛成82%

（出典）筆者作成

階の設問や説明によって引き起こされたのかを知ることができた。

# 7. 成果5　社会実装

以上の成果を具体的な地域の現場に投入することが成果5の社会実装である。この研究は、インフラ老朽化問題という世界共通の課題に科学的な見地から解決策を編み出し、それを現場に適用することを目的としている。その意味では社会実装は必須のプロセスである。

残念ながら、研究期間の後半が新型コロナ感染症拡大による移動や集会の制限期間と重複したため、海外はもとより国内でも集合実験を行うことはほとんどできなかった。代替として、完全リモート方式で一部実施した。図表Ⅰ-1-5は北海道の自治体での例である。

十分な説明を行う前の1回目質問では「賛成」はゼロで、「やむを得ない」が72%であった。「やむを得ない」は賛成ではないが反対もしないという姿勢であり、従来の行政の考え方としては賛成と同義で捉えていたと思う。しかし、この層は非常に脆

弱であり、何か不都合が生じると容易に強い反対に変わる可能性があり合意形成としては不安定である。積極的な賛成に変えるために説明を行い、変更の有無を確認するために2回目の質問を行う。期待する効果のほか、想定される問題点やその対策を説明する。不都合なことも開示することで生じる信頼感が、最終的な賛成を増やすという効果も確認された。

## 8. 成果のまとめ

以上の通り、本研究は、世界共通の課題としてインフラ老朽化問題を取り上げた。

本研究の成果は、成果ごとに「メニュー原案作成」から「拠点設定原案作成」を通じて「合意形成プロセス」に進んでいる。もちろん、途中で困難にぶつかった場合は、前のプロセスにフィードバックされて検証や代案の作成に活用できる。

## 9. SDGsへの示唆と考察

さて、冒頭に述べた通り、SDGsは世界共通に用いられている総合的な価値体系である。中でもインフラの持続性は、目標4

教育、6水、9産業基盤、11まちづくりなど複数の目標において求められている。SDGsの達成のためにはインフラ老朽化問題の解決を避けて通れない。一方、PPP（Public-Private Partnership）は目標17パートナーシップの一部である。他の目標が、環境・社会・経済の各分野で個々に達成すべき目標として位置付けられているのに対して、目標17はこれらを達成する上で必要なもの、あるいは、達成した結果もたらされるものとして位置付けられている。このことは、ストックホルム・レジリエンスセンターが提案したSDGsウェディングケーキモデルにおいて分かりやすく表現されている。PPPは、国際協調だけを意味するものではなく、地方政府、民間企業、NPO/NGO、共同体、住民などのすべての主体（人類に関わる）を包摂する概念である。まさに、SDGsの中で重要かつ異質な役割を担っているといえる。

しかし、残念ながら、近年SDGsの機能に懸念が生じている。SDGs目標の達成状況を各国別に評価して公表しているSustainable Development Reportによれば、2021年のパフォーマンスは明らかに悪化した。これは、新型コロナ感染症拡大によ

図表Ⅰ-1-6　本研究成果の構造

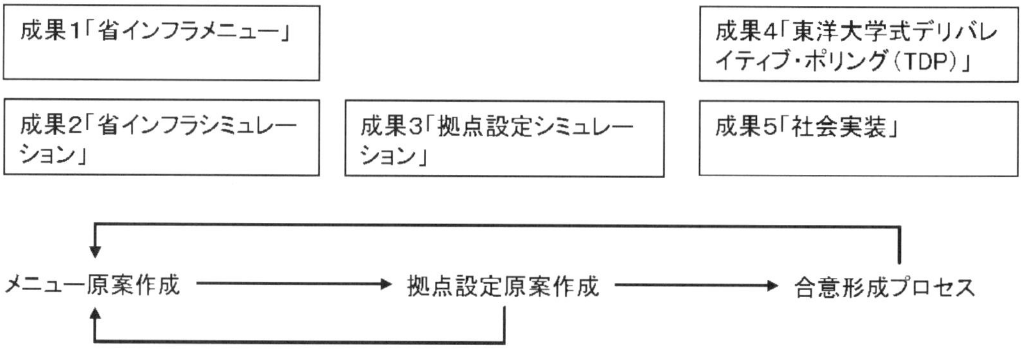

| 成果1「省インフラメニュー」 | | 成果4「東洋大学式デリバレイティブ・ポリング（TDP）」 |
|---|---|---|
| 成果2「省インフラシミュレーション」 | 成果3「拠点設定シミュレーション」 | 成果5「社会実装」 |

メニュー原案作成　⟶　拠点設定原案作成　⟶　合意形成プロセス

（出典）筆者作成

図表 I-1-7　SDGsのウエディングケーキ

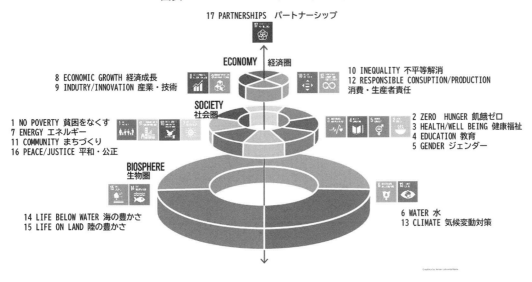

（出典）ストックホルム・レジリエンスセンターHPの図に筆者が文字を追加

り、目標3 "Ensure healthy lives and promote well-being" が低下したことによるものである。さらに、ウクライナ情勢を契機とした安全保障面の懸念から、目標16 "Promote peaceful and inclusive societies" の低下を通じて、2022年にはさらなる悪化も確実視されている。

　国民の健康や国家の平和に甚大な影響が及んでいる状況下、SDGsはどのような意味を持つものだろうか。そもそもSDGsは異なる国家、宗教、政治体制など立場を超えた普遍的な価値を持つべきものか、それとも特定の立場からの価値なのか。普遍的な価値を持つべきものならば、単に目標を示すだけでなく、目標を実現させる仕組みを持つべきではないか。その中でPPPはどのように貢献できるのか。現在の人類に突き付けられた大きな課題である。

　もちろん容易に結論にたどり着けることではないが、それを前提にして私見を述べると、特定の大国以外の大多数の国やその

国民にとって、国を超越した普遍的な目標が存在し、それに依拠することは、国民の持続可能性という観点で望ましいという点である。中でもインフラの持続性確保という目標は他の項目に比べても異論の少ない普遍的な目標である。本研究が、その目標実現に少しでも役立てば幸いである。

## 第2章 システミックSDGs
### ——デカップリングを中心に

東洋大学文学部　河本英夫

## 1. はじめに

　デカップリングは、「世界システム」を考える際の最重要のキータームの一つである。多くの場合、デカップリングでは、物事の関係を絶ち、断絶を作り、各システムが孤立して行くようなイメージを描きがちである。だがデカップリングの本性から見て、この仕組みは、将来もっとも有効に活用できるモデルであることを示していきたいと思う。

　通常、世界というシステムは、緊密に連動し、エネルギーや情報や文化の多くはグローバル化し、グローバル化のなかで、多くの地域では基本的には生活水準は上がり、貧困は解消され、各国、各地域の生活インフラは整えられてきたと考えられている。これは一面の事実である。

　だがグローバル化は、各種プラットフォームが世界規模に拡大するように形成されてもいる。そのことは科学技術文明の基本が「形式的普遍化」にあり、またこうした経済活動の基本が、「大量生産・大量消費」にあることに関連している。そうしてみるとグローバル化は、生活の統計的多数値の水準の切り上げを行うことはできるが、半ば必然的に周囲に多くの少数派や例外を作り出していく。

　それだけではない。プラットホーム型のシステム展開は、内在的に格差を拡張していくシステムでもある。それはプラットホーム型のシステムを活用し、そこから資源を引き出していくことのできる者と、そうでない者の間に「加速化された格差」を生み出す仕組みだからである。

　こうした事態は、避けようのないことでもある。中国のような社会体制をもち、たとえ習近平総書記が「共同富裕」をスローガンとして叫ぼうと、中国国内では、結果として世界で最大の格差社会が生み出されている。6億人の人民の平均月収が、2万円以下だといわれている。

　そうしたなかで、「誰一人取り残さない」をスローガンとして標榜するSDGsは、世界システムの展開と方向付けのリセットを目指すものとして、多くの場面で叫ばれるようになってきた。

　こうした方向性は、おそらく好ましいものであり、前進的な展開を願うような設定でもある。しかしウクライナ–プーチン戦争による食料・エネルギー不足や、コロナウイルスによる社会的ディフェンスの脆弱化は、実際には社会内の弱者から直撃していく。人の命がかかるような事件が起きれば、多くの場合、他人や弱者のことを配慮するだけの余力はなくなってしまう。それらはプラットホーム型社会の脆弱性を暗に示すことにもつながっている。

　SDGsが想定し、それを進めていくためのモデル設定が、こうした場面では圧倒的に不足しているように思われる。そのため

にデカップリングをここで改めて取り上げることにする。

# 2. デカップリング

デカップリングとは、どのような仕組みなのか。たとえば水を電気分解すれば、水素と酸素に分かれる。これは「分離」であり、条件を整えれば再度水ができることもあるが、一般には分離されたものはそのまま単離される。家の一部、たとえば階段を取り外すと、家全体が壊れてしまう。

階段は家から切り離され、もはや修復されることはない。これらは化学的結合分離、組み立ての際の部分―全体関係での部分の取り外しでみられることである。化合物も全体としての家も、ひとたびでき上れば容易なことでは、変化しない。逆に部分を取り外してしまえば、分解、単離となる。実はこれはデカップリングの典型事例ではない。

いまDNAとタンパク質で考えてみる。DNAは自己複製機能を備えている。周囲に適当な条件が揃えば、自分で自分を複製することができる。コピー能力は抜群で、コピーミスはほとんどない。DNAはそれ自体としてみても、再生産系である。

他方タンパク質は、アミノ酸を繋いでいき、十分な大きさになると、途中で切れるという仕方で、タンパク質という個体も再生産される。タンパク質も自己再生産系である。自己再生産するものが連動するとき、「カップリング」となる。そのときかなり多くの機能移譲が起きる。DNAには情報の保存機能が移され、タンパク質は、DNAを活用して、より大きなタンパク質を形成し、多様なタンパク質を形成するこ

とができる。真核細胞に見られるこうした連動を、リン・マーグリスは、「共生」だと呼んだ。これがカップリングの典型例である。

自己再生産能力をもつものが相互に連動することが、カップリングである。カップリングでは、質の異なるものが連動しているために、内部に多くの連動のモードができあがる。たとえばDNAから情報を得て、タンパク質を合成すれば、3割程度はまがい物ができることが分かっている。それをアミノ酸にまで分解して再度資源として活用する仕組みも付帯的に形成されている。

またDNAの一部を人工的に改変し、有用な食品を作り出すことにも活用できる。これは現代では「遺伝子編集」と呼ばれ、人間以外の植物や動物では広く実行されている。

このときDNAからみれば、タンパク質は自分の再生産の密接な「媒体」であり、タンパク質から見れば、DNAは自分の再生産の密接な「媒体」である。こうした場面では、それぞれは再生産能力をもつ部分システムとなり、相互がそれぞれを自分の作動のための媒体として有効につながるような連動になっていることがわかる。これがカップリングの正式に近い定式化である。

こうしたシステムの仕組みを、生化学者でありシステム理論家でもあるマンフレート・アイゲンは、ハイパーサイクルと呼んだ。ハイパーサイクルは、それぞれの各再生産システムが、他のシステムの作動を媒体として活用するように連動しているシステムのネットワークのことであり、DNAとタンパク質のように2つである必要はない。

タンパク質の合成にさらに媒体として関

図表Ⅰ-2-1　ハイパーサイクル模式図

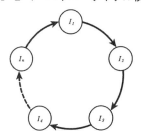

与しているRNAも一つのシステムだとすると、この場合連動するシステムは３つになる。そこでアイゲンのハイパーサイクルを一般化すると、上図のようになる。

　ここで示された５つの部分システムは、それぞれが一貫して再生産活動を行っているだけである。それぞれは他のシステムの活動の媒体となっており、媒体となることでつながっている。５つのシステムの全体を統括するシステムは存在しない。

　たとえば、世界のシステムでみれば、国連もWHOも基本的には連絡調整機関であって、統合機関ではない。そのため国連もWHOも連絡調整を基本機能とした部分システムなのである。また特定のシステムが機能不全に陥ったときには、そこを外すこともでき、さらに媒体として新たに６番目、７番目の部分システムを導入することもできる。特定のシステムを外し、別のシステムのネットワークに切り換えることも、デカップリングである。

　デカップリングは、連動するシステムのネットワークの新たな再編を行う際の基本的な手続きであり、孤立や断絶のことではない。デカップリングは、むしろそのことで多くの選択肢を広げていくことのできる仕組みである。

　日本の歴史で起きた最大でもっとも目に付くデカップリングは、江戸初期の「鎖国」である。鎖国とは国を閉じるという意味合いで用いられることが多い。実際キリスト教徒の反乱である「島原の乱」以降の第二、第三の島原の乱を未然に防ぐ意味合いも強く強調されることが多い。当初の幕府の意図には、実際そうした事態も想定されていた。だがそこで起きたことはまったく別のことであった。

　鎖国によって交易が終わったわけではない。交易の場所を、長崎、奄美（鹿児島）、対馬（長崎）、松前（北海道）の４つの地区に限定して、交易は続いている。そのため日本史の研究者は「鎖国」という言葉は、実情を表していないということで、一時「海禁」という語にしようという機運もあったが、定着しないままになった。実際禁止された主なものは、密貿易と無届の海外渡航だった。海外渡航のためには後に「御朱印船」指定が必要になっている。

　当時、現実に起きたことは、現代的にいえば、４つの地区を「経済特区」に指定したことだった。これによって各藩から五月雨式に流出していた、金、銀、銅の貴金属の放出を減らし、文化的な流入を集約したのである。密貿易を減らし、この４地区に人材と資源を集中させ、それを起点にして国内産業が育っていったというのが実情である。

　中国から金銀との交換で日本に輸入されていた綿や絹は、この後国内生産されるようになる。国内の農業技術は、格段に向上し、「実験農学」という水準まで来た。それの集大成が宮崎安貞の『農業全書』である。宮崎安貞の名言に、「肥料とは田畑の薬」であるというのがある。農業生産は、このレベルの細かさに到達していた。

　この経済特区、とりわけ長崎には、多く

の人が集まり、全国から人材が集まるということで、国際交流が進んだ。文化面でも、中国博物学の最大の大著である李時珍の『本草綱目』も長崎を通じて日本に入り、幕閣の一人である林羅山が江戸から乗り込んで、一部写本している。この後、日本式の博物学は、貝原益軒によって『大和本草』が作られた。自前の博物学を作り始めたのである。この経済特区は、日本式の産業と文化を養成するための入り口となり、交易の場所として「ハブ港」となっていった。

その後、長崎にオランダからヨーロッパの先端文化が入り始め、「蘭学」という当時のアジアでは最先端のヨーロッパ研究が進んでいる。新井白石や青木昆陽らの幕閣からの強い推奨もあり、後に杉田玄白が回想するように、日本の文化環境が、何もかも変わるほどの変化が起きたのである。その末端の成果が、『解体新書』の公刊である。

ここで起きていることは、小さな交易の窓口を閉じて、4つのハブ地区を設定し、物流と人の移動とその密度を切り換えたことである。システムの作動のモードを切り替えてしまうということを、実際にやってしまったのである。どこにどのようなシステムの再編をもたらせばよいのかは、システム的着想のなかでは、とても重要な課題となる。

## 3. 水システムの問題

現在の地球環境を考えると、解決の難しい問題がいくつもある。その一つが「飲み水」の確保である。

日本で生活していると見えにくいことだが、多くの地域で飲み水が足りなくなっている。夏場の豪雨や水害に眼が行きがちだが、地球の砂漠化は進んでいる。工業用の灌水のために水を汲み上げてしまったためか、かなり多くの湖が干上がってしまった。

ユーラシアの中央あたりのタクラマカン砂漠では、夏場でも少し土を掘り起こせば、地下には水脈が維持されていた。だが雪解け水が流れていた川の上流で工業用の灌水を行ったために地下水が枯れてしまった。また中国の農地の近傍には夥しいほどの沼や池があったが、無計画な開発によってほとんどが消滅した。

地球規模での地表面の砂漠化は、実測値を出すことは難しいが、確実に進んでいると思われる。一度砂漠化すると、地中の微生物が失われ、土が目詰まりを起こし、雨水は地中に浸み込むことなく、流れてしまう。それが巨大な水害を引き起こすことの遠因にもなっている。そのため土中の水分保持率や微生物の多様性の度合いを定点観察できればよいのだが、容易にはできそうにない。

この規模のマクロな現象については、大きな仮説を立てておくことが必要となる。こうした仮説を立てておくことは、地球生態系関連のハイパーサイクルに、点線で描かれた部分システムを導入することを意味する。

ただちに実証はされないが、おそらく先々実証可能なシステムとして仮設定しておくのである。それによって現在さまざまな場面で必要とされるアイデアの選択肢を広げてくれると予想される。その最大の部分サイクルは、「地下にある水の循環的な保存」である。

飲み水が足りなくなるのは、世界レベル

で見れば、基本的には地下水の不足に由来する。生活圏のごく近くに伝統的な「井戸」を掘ることができれば、必要な技術処理を加えて、飲料水は確保できるはずである。地中で濾過され、多くの微生物は排除されているので、飲み水に活用できる。日本の各地方では、水道水とは別に井戸を併設して活用しているところもある。ところが掘っても水の出ない地域が増えてしまった。

中国内陸の農村部では、一応水道インフラが整っている。だが農村部の生活水準から見て、水道水の料金が高すぎる。そこで農作業用の水を飲んでいる地域が多い。農業用水には、除草剤や消毒液が混入していることが多く、とても「安全な水」だとはいえない。これは水利用に対しての選択肢が足りていないことを意味する。

生活水に対しての部分システムを導入していく必要が生じる。しかもある部分システムを導入することが、同時に複数個の効果ができるようにデザインできることが望ましい。一つの部分システムが、同時に別のシステムを起動させ、二重、三重のシステムの起動が出現するようにデザインすることはできる。

安全な飲み水の確保と、地球規模の環境激変への対応、さらには大気中の二酸化炭素削減にも部分的に寄与できるような、部分システムの導入ができれば、システム的な「水問題対応ネットワーク」となる。

工業用水での利用は、一度利用したものを洗浄濾過し、何度も繰り返し利用するような部分システムに転換することができる。工業は、少数のエッセンスとなる要素だけを活用するシステムであり、膨大な無駄を生むシステムである。この無駄を減らす仕組みを備えた部分システムへと転換していくのである。そのことは工業用水を、制御変数の位置からデカップリングさせることを意味する。

砂漠化が進行する前に、地下の水脈の有無を調べて植生を行い、植物が広く土地を覆えば、砂漠化は幾分か遅らせることができる。新たな植生の部分システムを導入するのである。

大規模開発を行う際には、それと同じ面積の植生を行うようなプログラムを設定することもできる。世界レベルで、土地の水分保有率を十分維持できれば、水の大循環の速度を遅らせることができそうである。逆にこの大循環の速度が速くなると、世界的な日照りと豪雨の周期的な繰り返しとなる。

内陸は、一般に植物がなくなり、土が表面に出れば、砂漠化が進行する土地である。大陸の強い風で土が舞い上がり、微小な砂になって一面を覆ってしまう。そうなれば砂漠の範囲は、放置すればしだいに広がってしまう。牧草地である草原は、土を表面化させず、土中の水分を維持し、地表面の温度を上げず、砂漠化を食い止める最重要な仕組みである。また草原や森林を無計画に次々と耕してしまうと、たとえ耕地の広がりはあっても、砂漠化は拡大する。

図表Ⅰ-2-2　複合ハイパーサイクル

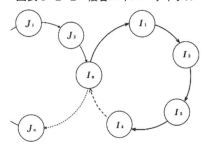

機械的な草原や森林の農地化は、周到な手順を踏まなければ、おのずと砂漠化を招く。これは実際に南米各地で起きていることである。

実は、20世紀の前半に、拡大を続けていたゴビ砂漠を緑地化しようと活動を続けていた日本人がいた。遠山正瑛（1906-2004）である。遠山は、後に1972年に日中国交正常化以降、一人で訪中し、砂漠の緑地化にあたった。こうした作業は、地元の既得権益と関連しないものが、利害に関わりなく進めたほうが良い事案である。

中国政府も砂漠化を食い止められず、1930年代に村があった場所はゴーストタウンになっていた。また2000万人以上の難民を生んでいた。「死の土地」と呼ばれるクブチ砂漠で、遠山は昼間40度を超える中で歩き回り、手作業で砂を掘って水源を発見した。水の多くは本来川のように地表ではなく、地下を流れている。掘れば水脈に当たるのが、水資源である。日本の場合には、地下を流れる水を探り当て、飲み水や温泉として活用している。遠山は水脈を発見し、約100万本のポプラを植林している。

死の土地が2万ヘクタールの緑の森になり、農地化にも成功した。ここからわかるのは、ひとたび砂漠化すれば、常軌を超えたほどの努力をしなければ植生は回復されないことである。こうした植生を通じて土壌の水分保有は、ささやかながら維持されていくのである。

水そのものは、土地と異なり移動する。誰に水の管理権があるのかわからない。そもそもペットボトルにでも入れない限り、所有者を特定することも難しい。公園の水道水や噴水の水は、移動し続けるのだから所有は難しい。

人体の7割は水だが、毎日かなりの部分が入れ替わっている。水が入れ替わることで、生き続けることができる。生命とは水を通過させ停滞させない装置のことである。こうしてみると水の制御は、たんなる経済的利害には落ちず、また国益にとどまるようなものでもない。そこに多くの工夫が必要となる。水の制御に関わるシステムは、持続可能性とシステムの自由度の増大を、必要条件とする。

こうして水の制御も所有も難しいとなると、微妙な問題が出現してくる。たとえば東南アジア各国を流れる国際河川メコン川の水は誰のものかというような問題である。

これについては断続的に小さな争いが続いている。上流にある国家がダムを造り、水の放出量を任意に決定して良いということになれば、下流の国家は、水の活用制限を受ける。メコン川の上流は、中国のチベット自治区にある。中国の元首相である温家宝は、中国は「水資源大国」だと自負を込めて豪語していた。だが水を経済的資源だと考え、レアアースの場合のように、サプライチェーンの上流を制御するという発想には、かなり大きな無理がある。

たとえ「中華民族の偉大な復興」や「人類運命共同体」というようなただの言葉やスローガンで、自己正当化を行おうとしても、水はそれらのスローガンのための手段であったりはしない。

たとえホモ＝サピエンスが地球から消滅し、それ以前に中国共産党が世界史から消えても、地球が地球である限り、水は残る。それはホモ＝サピエンスが消滅しても、新型コロナウイルスは生き延びることに似ている。こうした発想は唐突に響く。

だが新型コロナウイルスの世界的蔓延や、ウクライナ－プーチン戦争を経て、SDGsも基本イメージを変えるべき局面に来ている。

SDGsを皆が平等に最小限必要な恩恵を被る世界だと考えるのではなく、類としての消滅を回避するために、可能な限り多くの人がそれぞれの可能性を発揮できる世界の「指標」だと考えていくのである。その意味で、SDGsの具体的目標が方向付けているのは、実は個々の可能性の発揮を最大限に誘導する世界システムの構想である。

民族は、近代国家よりも持続可能性は大きい。だから民族を持ち出して、近代国家を超えていく思いを語ることも理解できないわけではない。だが民族は、一つの文化的個性に留まるのであり、ときとして有用なアイデアの源泉にもなりうるローカルなシステムにすぎない。中華民族という語も、19世紀の終わりになって仮構された「文化的イメージ」にすぎず、中国自体は56の民族からなる多民族国家である。民族を部分システムだと考えたとき、どこかの段階でデカップリングを行う必要が生じる。

ハイパーサイクルの各部分システムには、いずれも耐用年数がある。それは資源や人間のシステム能力にも大幅に依存している。そのため、ときとして部分システムの入れ替えやそのための工夫を欠くことができない。そこにデカップリングが関与してくる。SDGsは、持続可能性の方向付けを、あらためて与える指標でもあったのである。

## 参考文献

アイゲン、シュスター「ハイパーサイクル」（廣野喜幸訳）『現代思想』（1992年、8月）

河本英夫『オートポイエーシス――第三世代システム』（青土社、1996年）

平野久美子『水の奇跡を呼んだ男』（産経新聞出版、2009年）

山田利明・河本英夫・稲垣諭『エコロジーをデザインする』（春秋社、2013年）

山本博文『鎖国と海禁の時代』（校倉書房、1995年）

第3章

開発途上国における生活環境改善による人間の安全保障の実現に関する研究

東洋大学　北脇秀敏

## 1. はじめに

東洋大学国際共生社会研究センター（以下、センター）は2001年度の設立時より、開発途上国を主なフィールドとして社会的な問題の解決に実践的に寄与するための研究を進めてきた。センターでは、その過程で海外の研究機関との提携や、研究員が所属する国際学研究科が受け入れてきた途上国政府の公務員等への研究指導やフィールド研究等を通し、強固な世界的研究ネットワークを構築した（図表Ⅰ-3-1）。

筆者は、プロジェクトリーダー（センター長）として本稿の表題でもあるプロジェクト「開発途上国における生活環境改善による人間の安全保障の実現に関する研究」（2019～2021年度）の実施に携わってきた。プロジェクトの実施期間前には世界のパラダイムがMDGsからSDGsへと変わり、期間中にコロナ禍などの大きな動きも経験した。本稿では、このプロジェクトがどう始まり、コロナ禍に遭遇しながらSDGs研究を実施し、次のプロジェクトにどうバトンをつないだのかを述べたい。

## 2. プロジェクトの発足

センターが発足した2001年は、奇しくもSDGsの「前任者」であるMDGsの活動が発足した年であった。MDGsは、それまでの国際的な開発支援のための計画がそうであったように、国連主導で国際機関や二国間援助機関が活動の計画案を出し合い、

図表Ⅰ-3-1　国際共生社会研究センターのネットワーク

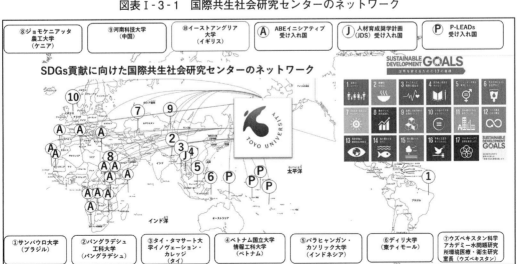

先進国が開発途上国を支援するという国際協力の色彩が強いものであった。MDGsは、現在に至るまで重要な課題である貧困削減や保健衛生に注力し、数値目標に重点を置く従来型の支援策が全面に出ていたため、国際協力の専門家には重要視されていたが、一般市民の世界的な関心を引きつけるには至らなかった。この反省からSDGsの準備の際には、「誰一人取り残さない」というスローガンのもと、先進国の市民やNGO、ビジネスなど多くのステークホルダーが立案に参加した結果、17の目標と169のターゲットを含む包括的な構想となった。センターは、MDGsが終了し、SDGsが発足しようとする変遷期の2015年度〜2019年度には、文部科学省の私立大学戦略的研究基盤形成支援事業による支援を受け、プロジェクト「アジア・アフリカにおける地域に根ざしたグローバル化時代の国際貢献手法の開発」を実施していた。そのプロジェクトではMDGsの最終段階の支援とSDGsの実現のために「国際貢献」「持続可能なビジネス」「インクルーシブ・アフリカ」の3つのテーマに取り組んでいた。

SDGsの17の目標は、多くのステークホルダーの意見を取り入れたため、多くの目標が設定され、それらが相互に関連し、目標間に因果関係があるなど膨大なものであるため、関係発足当初は総花的な目標やターゲットが並び立つため実効性が不安視される面もあった。しかし誰もが参加できること、特にビジネスが関与でき、目標をカラフルにみせて市民にアピールできるビジュアル性などが功を奏して現在では先進国の市民の行動規範となった。

こうした変化を踏まえ、センターでは

2019年度〜2021年度は東洋大学独自の研究支援スキームである重点研究推進プログラムのもとで、SDGsの実現に寄与するための研究「開発途上国における生活環境改善による人間の安全保障の実現に関する研究—TOYO SDGs Global 2020-2030-2037—」をスタートさせた。

サブタイトル中にある2020は、この研究テーマの本格的開始年次、2030はSDGsの目標年次、2037はセンターが所属する東洋大学の創立150周年で、SDGs期間終了後もプロジェクトの趣旨が継続されることへの期待を示したものである。センターの研究の特徴は、SDGsの実現に求められる研究を途上国のフィールドに根ざして実証するところである。こうして途上国で深刻な生活環境や貧困の解決のための視点を持ち、人間の安全保障を実現する研究が開始されることになった。

## 3. 研究の開始〜コロナ禍まで

それまでに構築した世界的なネットワークをもとに、センターではアジア・アフリカ・大洋州で研究を開始した。学内研究者16名でSDGsの目標1〜17の全てを研究対象とし、時間的、空間的、トピック的な広がりを持つSDGsを分野横断的に取り扱った。

この研究体制は研究に関わった研究者の専門分野が工学、地域研究、経済学、環境学、国際地域学など多岐にわたるために可能になったものであり、特定の分野を深掘りするという既存の学問体系とは一線を画したものとなっている。一方でSDGs自体がともすれば総花的であるため、研究プロジェクト全体でのまとまりを保つことには

難しさがつきまとった。

　これを解決するため、各研究の連携を確認し、プロジェクトの目標に沿った成果を社会還元するため研究員が協力し『国際貢献とSDGsの実現―持続可能な開発のフィールド―』（2019年11月）および『パンデミック時代のSDGsと国際貢献―2030年のゴールに向けて―』（2021年11月）の2冊の書籍をとりまとめ、朝倉書店から出版した。

　またプロジェクトの立ち上げ時にはプロジェクト名と同じタイトルのシンポジウム「開発途上国における生活環境改善による人間の安全保障の実現―TOYO SDGs Global 2020-2030-2037―」（2019年10月9日）を開催した。フィールド（ミャンマー）ではワークショップ「ミャンマー連邦共和国インレー湖における環境保全と環境教育」（2020年2月6日）を開催した。こうしたシンポジウムや現地でのワークショップは、いわば研究成果の社会還元というセンターのルーチンワークとして本プロジェクトの開始以前から定着して行ってきた活動形式を踏襲したものであった。

## 4. コロナ禍と新しい挑戦

　順調に始まったプロジェクトであったが、2020年以後、プロジェクト期間の大部分が100年に1回ともいわれるパンデミックであるコロナ禍に見舞われ、海外に出向いての研究活動は極めて困難な状況となった。そのため途上国を中心とする海外のフィールドに根ざした研究を伝統としてきたセンターでは、それまでの研究手法を見直す大きな転機となった。

　同時に研究・教育は言うに及ばず通常業務や日常生活でも経験している情報の流れのパラダイムシフトが起きた。大学においても緊急措置としての遠隔教育やテレワークなどが訓練なしに実戦に投入された。世界的な出来事が日常に急激な変化を起こすことはあるが、コロナ禍は通常では十年かかるような変化を、期せずして一挙に実現させてしまったことになる。

　一方でこうした行動制限のため、逆に思い切った研究手法を取らざるを得ないようになり、センターではアフリカ村落部のバーチャルフィールド調査やワークショップも視野に入れた活動を開始した。バーチャルな調査は、実査の完全な代替手段とならないが、基礎的な情報収集は可能で、現地入りするための移動時間が節約され、交通手段のエネルギーが節約されるため、皮肉にもSDGsへの貢献にもつながることとなった。

　例えばミャンマーで行っていた「インレー湖水質改善ワークショップ」（2020年9月10日）やタンザニアでの「水衛生事業に関わるフィールド・スタッフのためのオンライン研修」（2020年11月24日）などのように遠隔開催する会議が増え、シンポジウムも「Withコロナ時代のDecade of Action～国際共生社会研究センターの貢献～」（2020年10月23日）のように従来対面で行われていたイベントが全てオンライン化された。

　これらは臨場感は劣るものの、世界のどの場所からでも交通費なしに参加できることなどから「誰一人取り残さない」という研究のアウトリーチの拡大につながった。またコロナ禍で在外調査が少なくなった分、研究員も執筆活動等に力を注ぐことが可能になった。センター編集の書籍も、コ

ロナ禍の2021年には前述の『パンデミック時代のSDGsと国際貢献―2030年のゴールに向けて―』や、今までの研究成果を海外に発信するための英語書籍 "Evidence-based Knowledge to Achieve SDGs from Field Activities"（2021年3月）をまとめることができた。

こうした混乱が一段落し、混沌から発展に向かうウイズコロナの時期には長期間にわたる経済や社会への後遺症が懸念されるため、改善に向けた世界的な健康や経済の施策、社会の変化が求められる。

パンデミック後の時期はSDGsを軌道修正しながら着実に実施することが必要になる。例えば過去最大級の経済への打撃への対策は、SDGs目標8（経済成長）と目標1（貧困撲滅）の成果と深く関わり、感染症予防に関する人々の行動変容は目標3（健康と福祉）に直接関わる。こうした行動変容と密接な関係を持つ生活環境の改善には目標11（住み続けられるまちづくり）が必要であり、その他の目標も全てが今まで以上に必要とされるものばかりである。

今回のパンデミックは今まで作り上げてきた情報と人口が集中した大都市圏の脆弱さ、国際的分業を前提とした利便性の移動制限による破壊など、さまざまな教訓を残した。

## 5. 研究成果と研究活動のレジリエンス

上記のようにプロジェクト発足時から外部条件が変化したため、軌道修正を余儀なくされる点はあったが、状況に対応して研究を実施した。数年間の研究プロジェクトの場合、途中で予期できない事態への対応が必要になることがある。それを可能にするのが「研究活動のレジリエンス」ともいえる柔軟性で、今後の研究計画立案における教訓となるものだろう。研究開始当初の目標と、その成果を簡単に比較すると下記のようになる。

### （1）SDGs実証研究プロジェクトの実施

1）アジア・アフリカ・中南米での研究プロジェクト

当初の目標ではそれぞれの地域で各1件を目標としていたが、研究可能な地域を選択した結果、アジア（ミャンマー・インレー湖における環境悪化要因の分析と住民主体の環境型環境改善手法の構築）および日欧（Copa Globa ―親になる過程におけるコペアレンティングの認識の形成に焦点を当てた縦断的国際比較研究―）で研究を遂行することができた。

2）科学研究費等の外部資金獲得

当初は目標5件であったが、研究員は8件の科学研究費（フィンランド・福祉、ケニア・ジェンダー、国際高等教育交流、マレーシア・国際移民、静脈インフラ、ミャンマー・生計戦略、投資活動、クラウドソーシング）を獲得している。

3）JICA等との連携国際協力プロジェクト実施

目標3件であったが「タンザニア連合共和国（ザンジバル）での村落給水に関する連携事業」、「タンザニア連合共和国（タンガニーカ）における村落給水事業」などODA案件等と連携した研究を行った。コロナ禍で国際協力事業が難しくなる中で海外事業の目標の達成は容易ではなかった。

## (2) 研究成果の公表

### 1) SDGsの実践経験をまとめた単行本の発行

目標通り朝倉書店より単行本2冊を刊行できた。題名等は前述の通りである。

### 2) SCOPUS論文

当初の目標では20本であったが結果として研究成果の公表として23本のSCOPUS論文を掲載することができた。コロナ禍で現地に出かけない分、研究成果の公表に時間を割けた結果と考えられる。

### 3) ニュースレター発行

目標通り和文9報、英文6報を発行し、活動状況を伝えられた。詳細はホームページ等にて公開されている。

### 4) 国際シンポジウム・ワークショップ

当初の予定では年3回であったが、やはりコロナ禍のために制限され、結果的に下記のような開催となった。

①2019年10月9日「開発途上国における生活環境改善による人間の安全保障の実現－TOYO SDGs Global 2020-2030-2037－」

②2019年11月22日「国際貢献とSDGs実現－持続可能な開発のフィールド－」

③2019年12月7～8日「SDGs×適正技術×アジア－持続可能な開発のための適正な技術選択に関する包括的フレームワーク－」

④2020年10月23日「With コロナ時代の Decade of Action－国際共生社会研究センターの貢献－」

⑤2021年10月22日「パンデミック時代のSDGsと国際貢献－2030年のゴールに向けて－」

## (3) その他

博士号取得者を輩出（6名）、大学院生のRA雇用として2019年度（8名）、2020年度（6名）、2021年度（6名）、若手研究者のPD雇用（3名）など人材育成にも貢献している。また産学連携プロジェクトとして資生堂が保有するWIPO Green登録特許の無償許諾によるコロナ禍の手指衛生に寄与するハンドクリームの開発を学生参加型で行うなど、新たな取り組みも行ってきた。センターをプラットフォームとした大学としての新しい産学連携の形も模索できたと考えている。

## 6. パンデミックからレジリエンスへ

SDGsは、その目標の多様性と空間的、時間的、ステークホルダーの多さから誰かが実現に向けて一元的にコントロールできるものではないであろう。それぞれのステークホルダーがSDGsのアンブレラの下で個々の使命を全うすることにより自己組織化（例えば雪の結晶が、個々の水分子が意図せず美しい形になること）されることにより実現できるものではないだろうか。

すなわちSDGsの実現は、誰かの意図のもとに統一された動きで計画的にターゲットを埋めていく活動ではなく、多くのステークホルダーがSDGsを意識しつつそれぞれに課された使命の中で17の目標に近づこうとするものである。そのため、目標やターゲットによっては、速やかに実現できるものと遅滞が生じるものが出てくる。特にコロナ禍やウクライナ侵攻のように目標設定時に考慮されていなかった外部条件がキラーアサンプションとなり、達成が不可能となった目標も多い。

それではSDGsの後継者はどうあるべきだろうか。先進国から途上国への支援に軸足を置いたMDGsから誰一人取り残さないSDGsへと進化したことは前述したが、今後は世界の不確実性に対応できる目標が求められるのではないだろうか。目標年次の2030年の後の世界は、現在から予測することは難しいが、SDGsの後継者は、不確定要因に対応できるものでなければならないだろう。

センターでは、2022〜2025年度の新しいプロジェクトとして、東洋大学重点研究推進プログラムのスキームで「レジリエントな社会に向けたSDGsの包摂的実現に関する研究」を開始した。ポストコロナの世界でSDGs実現のための目標の見直しが迫られる中、いかに不確定要素に対応し、強靭な社会を達成できるかを検討する重要なテーマだと考えている。そのため新プロジェクトでは「サステナブル」という視点に「レジリエント」という新たな視点を加え、センターが担う実践型研究のプラットフォーム機能を文理融合・産官学連携の促進などの形でより強化することを目的としている。このようにセンターのプロジェクトも「パンデミックからレジリエンスへ」へと遷り、SDGsの次の時代への対応を模索している。

# 第4章 まちや住まいの社会適合性と持続可能性

東洋大学　伊藤　暁

## 1. 消滅する町

2014年、日本創成会議が発表した「消滅可能性都市」は、そのショッキングなネーミングも相まって、大きな話題となった。「消滅可能性都市」とは2010年から2040年にかけて20〜39歳の若年女性人口が5割以下に減少すると予想される自治体のことを指し、全国1799自治体のうち、約半数の896自治体がその該当とされた。自治体のうち半数が消滅するというのはただ事ではない。

消滅といっても、もちろん自治体が物理的に消えてなくなることはない。というよりもむしろ、数字的、統計的に「消滅」したとしてもなお、その場所では人々の活動は継続していくことになるわけで、私たちは、その場所での具体的な生活、まちや住まいのあり方とその持続性にこそ目を向けていく必要がある（もちろん数字や統計が改善するための施策を検討することが重要なのは言うまでもないが）。

では、まちや住まいにとって持続可能なあり方とはどんなものなのだろうか。その萌芽を示す事例として、徳島県の神山町という中山間地域の事例を紹介したい。

私は、2010年からこの町で建築の設計を行ったり、学生とワークショップを行ったりする機会に恵まれてきた。神山町は徳島市内から車で40分ほどの距離にあり、面積は173.3km$^2$で森林率が約85％。2020年時点の人口は4,647人、高齢化率は54.3％という、数字だけを並べると「消滅」に向かうトップランナー的に少子高齢化の進む過疎の町で、いわゆる近代的な計画概念からこぼれ落ちた場所である【写真1】。

一方で、現地のNPO法人グリーンバレーを中心に25年ほどの歳月をかけて取り組んできた地域活動がさまざまな成果を生み出していて、移住者が増えたり、企業のサテライトオフィスができたりと、地方の町のあり方を考える上での先端事例として注目を集めている。

彼らは自らの取り組みを「創造的過疎」と呼んでおり、まさにその創造的なネーミングに感服するのだが、まずは簡単に、ここに至るまでの経緯を確認してみたい。

## 2. 社会不適合がもたらす強さ

神山町では1999年からアーティスト・イン・レジデンスのプログラムを実施している。これは毎年3〜5名のアーティストを国内外から招聘し、2カ月半ほどの期間、町内で滞在、制作を行うというものである。このプログラムの特徴は、著名なレジデンス運営団体への外注に頼ることなく、地元住民が手作りで運営していることだ。

アーティスト・イン・レジデンスを実施している自治体は日本国内にも数多ある

写真 1

が、神山町では住民がアーティストの制作を支え、制作期間を通して積極的に交流し、制作プロセスを共に楽しむ、という姿勢が徹底している。立派なレジデンス施設や充実したアトリエが用意されているわけではないが、アーティストたちはむしろ町のナマの環境に身を置き、住民とフラットに接して時間や空間を共有しながら制作ができることを満喫しており、帰国したアーティストの口伝により海外でもその評価は高まる一方だと聞く。

人口減少を、それこそ「数字的」に解消するために移住者を募る自治体は多いが、外部からやってくる移住者と住民との間で拒絶反応が生まれたり、トラブルに発展してしまうことも少なくない。神山町では、

「毎年やってくる」「国内外のアーティスト」と共に過ごすという経験を繰り返すことで、住民の中に「外部からやってくるよくわからない人」との交流をポジティブに楽しむ土壌が醸成されていったのだということができるだろう。

こうした外部に対してオープンな雰囲気を持った町の様子は来訪者を惹きつける。神山町では、レジデンスプログラムで町を訪れたアーティストが友人のアーティストを連れて再訪してきたり、神山町に移住することを決めたりと、当初は想定していなかった広がりを見せるようになっていく。

そこでグリーンバレーはアーティスト・イン・レジデンスを発展させ、2010年頃から「ワーク・イン・レジデンス」を実施

する。神山町は典型的な中山間地域であ
る。町に仕事は少なく、働き手を受け入れ
るような雇用はない。「ワーク・イン・レ
ジデンス」は、「仕事を持っている人」であ
れば「仕事がない」というハードルをキャ
ンセルできるのではないか、という発想で
ある。結果的に自ら仕事を持っていて、働
く場所に融通が利く人物として浮かび上
がったのは、デザイナーや作家といったク
リエイティブな人材だった。

今でこそ、新型コロナウイルス感染症を
きっかけにリモートワークが普及し、地方
への移住を実行する人が増え始めている状
況だが、2010年前後はまだ全くそんな社
会状況ではなかった。しかし、前述した通
り、そもそも神山町は現代の社会システム
からこぼれ落ちた場所である。それゆえマ
スをターゲットにした施策を用意すること
はあまり意味を持たず、だからこそ、社会
適合性とは離れたところで、町独自の取り
組みを発展させることが可能となった。

たとえ少数であっても、こうした取り組
みに反応するクリエイティブな人材との巡
り合わせがもたらす効果はとても大きなも
のとなる。結果的にデザイナーやクリエイ
ターが町と関わりを持つようになり、そこ
からまたネットワークが広がっていくこと
となる。

こうしたネットワークの中で、町の雰囲
気に惹かれた企業がサテライトオフィスを
設ける事例が出始める。これらの企業は、
空き家となっていた民家を改修し、働くた
めの場所を整備する。当初は都市部の本社
から社員が出向してくるという働き方だっ
たが、そのまま社員が移住したり、現地で
の雇用が始まったりと、徐々に企業と町の
関係が深まっていくこととなる。

さらに地元の食材を活用する飲食店がで
きたり、森林資源を活用したプロダクトの
開発が行われたり、企業と町内の農家が協
働する法人が立ち上がったり、あるいは移
住者が就農したりと、現在ではとても多様
な方向に活動形態が広がっている。こうし
た事態に発展したのも、町が持っている、
外に対してオープンな雰囲気によるところ
が大きいということができるだろう。

その結果、神山町では移住者が増加し、
2011年度、2019年度に社会動態人口（転
入から転出を引いた数）がプラスになると
いう、過疎地域では大変珍しい動向を示す
こととなる。

とはいえ課題も多い。過疎地域なので空
き家は多いが、さまざまな個人事情が絡ま
り賃貸に出る物件は少なく、移住希望者が
増えてもそれを受け入れるだけの居住場所
の確保は容易ではない。学校も中学までし
かなく（高校は徳島市内の高校の農業科が
分校として一つだけあるが、普通科はな
い）、進学の問題も大きい。こうした課題
を解決するために、空き家を借り受ける施
策が用意されたり、行政が町営住宅を整備
したり、サテライトオフィスを持つ企業の
経営者が上場した際の資金を用いて高専の
開校を目指したりと、さまざまな取り組み
が継続中である。

## 3. ゴールは必要ない

あたかもいろいろな出来事に因果関係が
あるかのように書いてしまったが、もちろ
ん最初からこうしたロードマップがあった
はずもなく、偶然の積み重なりに都度反応
しているうちに現在の状況にたどり着いた
というのが実態である。

神山町の変遷が示しているのは、外部に対してオープンな環境を作り、偶然の出来事が発生する確率を上げること、そして明確なゴールをイメージするのではなく、目の前に起きた出来事にどう反応し、偶然の間にいかなる関係性を紡ぎ出していくことができるか、言葉は悪いが、場当たり的な反射神経とも呼べるような能力を鍛えていくことの重要さだろう。その積み重ねが、いわゆる「社会適合性」の範疇では獲得できない、独自性のある取り組みや成果を生み出すことへと繋がっていく。

SDGs、地方創生といった施策のもと、過疎地域に対する助成金などのメニューは増加傾向にある。そして、これらの申請書には必ず「目標」を記入しなければならない。もちろん、助成金をもらうのだからそれによって期待される成果やゴールを設定するのは当たり前である。しかし、町にとって重要なのは「ゴールへの到達」ではなく「持続」することであり、そこにはスタートもゴールもなく、町の中で人間の活動が動き続けなければならない。

そんなことはわかっている、と言われそうであるが、私がさまざまな地方創生関係の会議などに関わる中で痛感しているのは、とにかくロードマップを作り、ゴールを設定しないと前に進めない、というマインドセットの強固さと窮屈さである。余談だが、SDGsという言葉、ここにも「GOAL」が含まれているのだが、なんとかならないものか。SDOs（Sustainable Development Operations）などの方がいいのではないかと思案する日々である。

## 4. 建築とまちの持続性

このように、神山町にはさまざまな人々が出入りし、関わりを広げているのだが、私の場合は建築の設計が町との接点となっている。私はこれまで、「神山バレー・サテライトオフィス・コンプレックス（2013）」「えんがわオフィス（2013）【写真2】」「えんがわオフィスアーカイブ棟（2014）」「WEEK神山（2015）」などの設計に関わり、それ以外にもいくつかの学生ワークショップや、大学のスタジオ運営も行ってきた。振り返ってみると、私が神山町で建築の設計を行う際に心がけてきたのは、上記のように「独自の価値判断基準を模索し」「ゴールを定めず」「オープンな環境に近づく」という、まさに神山町で体感してきたことをいかに建築化するか、ということだったように思う。

本稿では、この中から「神山バレー・サテライトオフィス・コンプレックス」と「えんがわオフィス」の事例を紹介したい。

「神山バレー・サテライトオフィス・コンプレックス」は、もともと縫製工場だった空き物件を、さまざまな企業が利用するシェアオフィス・イベントスペースに改修するというものである。「ワーク・イン・レジデンス」の広がりの中で、神山町を働く場所の候補として検討する企業が出始めていたが、一方で「こんな田舎で仕事が成立するのか」と二の足を踏む企業も多かった。

そこで、「だったら、まずはお試しで気軽に神山で働くことを体験してもらおう」という趣旨から構想された事業である。建物の面積は600m²ほどだが、予算が極端に

写真2

少ないことが課題であった。また、計画の時点では「神山で働く」ということがどのように発展していくのかが未知数で、この場所の使われ方も具体的にイメージしにくい状況で設計を進める必要があった。

「予算がなく、使い方もよくわからない」という設計条件から私たちが提案したのは「成長するオフィス」という考え方である。予算は最低限必要なワークスペースと会議室を設けることだけに使い、あとは事の発展に合わせて少しずつ手を入れていけばいい、というものである。

正直にいえば予算がないことに対するヤケクソのような側面もなかったわけではないが、結果的にこの場所はことあるごとに改修が行われ、デジタルファブリケーション設備を導入したFABルームが整備され

たり、ウッドデッキが増設されたりと、施設の進化に合わせた漸進的な成長が実現している。私はこの仕事を通して、「建築が完成しないこと」の可能性を知ることができた。町での活動が継続していく上で、そこに伴走するように建築も変わっていくことがもたらす効果はとても大きい。

もちろんそのためには継続的に建物に対する投資がなされる必要があるのだが、少しずつの改修であれば、都度の予算はそれほど必要ない。助成金などのメニューをうまく使いながら対処することも可能だろう。

「えんがわオフィス」は町の中心部にある、空き家となっていた古民家を東京に本社を置く、映像関連の仕事を行う企業のサテライトオフィスに改修するというものである。神山町のサテライトオフィスの中で

は初期の取り組みの一つで、まだ町内に「町外の企業のサテライトオフィス」という存在がほとんど認知されていない状態での仕事であった。突然空き家が改修され、20名近い若者がパソコンに向かい、キーボードを叩きながら仕事をし始めるというのは、いくらアーティスト・イン・レジデンスで外から来る人に慣れているとはいえ、住民にとってそれなりのインパクトを与える事態であろうと想像された。

　ある場所で起きる出来事に関わる人々の関係性を調整するというのは、建築設計の大きな役割の一つである。そこで、古民家の外壁を取り払い全てガラス張りとすることで、建物の中からも、外からもお互いの様子がよく見えるような改修計画を立案した。ただし、建物の内外をガラス1枚で区切ってしまうと、むしろ内外の境界を顕在化させてしまうため、建物の四周に深く軒を出し、大きな「えんがわ」を配することで、内外をつなぐための中間領域を設定している。

　敷地境界にあったブロック塀は撤去し、誰でも自由に往来できるようにすることで、えんがわや敷地内の広場は社員の休憩場所であり、近所の人々の寄り合いの場所であり、時には飲み会が開かれ、夏には阿波踊りの会場となるといった具合に、「働くこと」と「生活すること」が入り乱れる場所となった。私たちが意図したのは、建築自体が「その場所が開かれている」ということを表すことであり、それはある程度は達成されたといえるだろう。

　同時に、もちろんこれは単に建築設計だけで到達できるものではなく、オフィスを運営する企業や従業員、そして神山町の住民の方々がこの偶然の出会いに対してオー

プンかつポジティブな姿勢で応答したことが大きく作用している。建築は、こうした関係構築のための場所づくりに、ちょっとだけ手助けをする、そんなあり方が望ましいだろうと考えている。

## 5.　社会の変化への応答

　上記のような仕事を通して都度神山町の魅力を実感し、関わりを続けていく中で、そもそもなぜこのような魅力的な場所に過疎や高齢化といった問題が発生したのか、なぜこの町は社会の仕組みからこぼれ落ちてしまったのだろうかという疑問を抱くようになった。

　記録によるとこの場所には800年ほど前から人が住み続けているようで、おそらく実際は千年以上だと推定されている。千年という時間を耐え抜いてきた町がいま、消滅するとの宣告を受けている。町をそんな事態に追い込んでいる原因は一体なんなのだろうか。そんなことを考えているさなか、町の住民の一人から、町がどのように姿を変えてきたのか、その経緯を聞く機会を得た。

　人間が新しい場所で生活を始める際、まず必要となるのはその環境整備である。町域のほとんどが山林で平坦な場所の乏しい神山では、山を開墾し、平らな場所を造ることが最初の作業だった。

　人々は山の木々を伐採し、石を積んで傾斜地に平場を造り、宅地や畑とした。人力で傾斜地を開墾することは大変な重労働で、その結果として得た貴重な平場は、「生きるために一番重要なもの」を確保するため、つまり住まいと食糧の確保のために使われる。

人々はそのわずかな平場に家を建て、畑では芋や麦を栽培し、周辺環境を資源とした自給自足の生活が営まれる。こうした生活は数百年続いたと考えられるが、そのあり様は近代化とともに大きく姿を変えることとなる。道路などのインフラ整備が進むことで、集落の外や市街地との交流が容易になり、外で食料を入手することが可能となる。

市街地には市場があり、魚など山では手に入らない食料が多く流通している。そこで自由に買い物ができれば、山にいても食生活の幅を広げ、きちんとした栄養を摂取し、豊かな暮らしを送ることができるようになる。市場経済との出会いによって生活における貨幣の重要性が高まり、山の生産設備である平場では、その栽培品目が「自分たちが食べるもの」から「高く売れるもの」へとシフトする。

神山町では梅などの果樹が栽培され、一時期は一年の売り上げで家が建つほどの隆盛だったという。この変化が意味するのは、畑で何を栽培するか、という判断基準が、「それを食する自分たち自身」から「市場」という社会システムに移行したということである。

しかし市場は冷酷で、いつまでも梅を高値で買ってはくれない。梅が高値で売れるとわかればあちらこちらの山がこぞって梅の栽培を始め、その結果過剰供給によって価格が暴落するという事態を招く。山は平場で栽培する品目を「売れるもの」に変えていく必要に直面することとなった（同じような市場への応答が何度か繰り返される）。

そして第二次世界大戦後、焼け野原となった都市部の復興のため、住宅需要の急激な増大が発生する。この需要増大により、今度は建材としての杉や桧が「売れる品目」として浮上する。その結果、貨幣を得るための場である平場は、杉や桧の産地として一斉に植林がなされることとなった。しかし樹木が育つよりも早く社会はその状況を変化させる。

需要の減少や外国産材の流入により、日本の林業が多くの課題に直面している現状は周知の通りである。気づけば、木を伐ることも、山に手を入れることもままならなくなってしまった。傾斜地に対する一つ一つの介入は、社会の変化に対し自分たちの生活を豊かなものにするために選択された、極めて真っ当な応答の結果だと言える。しかしその真っ当な判断を繰り返した結果、かつて先人が樹木を伐採し、石と土を分けて生きるための糧を得る場として開墾された平場は、数十年のうちに開墾前の山林へと逆戻りしてしまったのだ。

かつての平場は樹木に覆われ、畑として利用することは叶わない。貨幣を得ることもままならず、かといって自分たちの食料を育てることもできない。山は、その基盤であった生産設備を失ってしまったのだ。

この変遷を振り返ると、近代化によって「生活にとって重要なもの」がものすごいスピードで変化していき、生活の営みがそのスピードに翻弄されてきた経緯を垣間見ることができる。人間がそもそも持っている「衣食住」といった根源的な生活の速度とはかけ離れた速さで産業や経済の変化が到来し、そして去っていく。

私たちはそれに適合しようと試み、ある時は成功し、しかし成功したと思った時にはもうその相手は姿を変えていて、気がつくと取り残されてしまったかのように見え

31

図表Ⅰ-4-1　タイムスパンと最適解

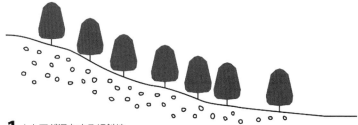

**1** 土と石が混在する傾斜地。

**2** 土と石を分け、石を積んで平場を造成。食べるための食物（麦や芋など）を育てる。

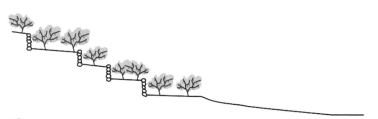

**3** 流通が到来し、「自分たちで食べるもの」よりも「売ってお金になるもの（梅など）」を作る。

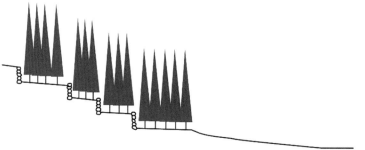

**4** 住宅産業化時代。「お金になるもの」が変わると、作られるものが変わる。（杉などの植林）

る。いつの間にか、社会で生き抜いていくために必要なのは、「続くこと」ではなく「変わること」になってしまったようだ。

　この現状を「変わること」とは逆の視点、つまり千年「続いた」側から見てみると、近代化がもたらした社会が要求しているタイムスパンがとても短いもの（例えば千年に対して数十年、あるいは数年）だと

指摘することも可能だろう。そこには、近代的なタイムスパンが要求する最適解と千年単位の最適解が異なるという問題があり、数年、数十年の最適解を追い求めた結果、町は消滅危機にさらされている。

では社会の変化に伴い、果たして町を千年持続させてきたその有効性は消失しているのだろうか。中には「近代的論理」で外側に切り捨てられただけで、現代においても有効なものもあるのではないだろうか。神山町のように、近代から落ちこぼれたとされる場所に身を投じると、近代とは何を外側に追いやってきたのか、何を見落としてきたのか、何をなかったことにしてきたのか、を点検することの重要性について考えずにはいられなくなる。

そこには、地形や植生、気候風土、手に入る素材やそれを加工する技術などといった、大変具体的なものが転がっている。こうしたものたちをあらためて社会に適合させる、つまり市場で価値を与えることを目指すのも可能だろう。現在各地で行われている「ブランディング」などは、まさにこうした志向を持った取り組みだといえる。

しかし、かつての町がたどった、「真っ当な応答を繰り返した結果、町が疲弊する」という事態を繰り返せば、それこそ町の持続性は失われてしまうだろう。そんな事態を回避するために必要なのは、私たちの生活は複数の速度を持った時間軸が重なり合って出来上がっているものであることに目を向け、その複数性に関与しながら生活環境を整えていくことへの志向だろう。わかりやすい単一のテーゼを掲げることの誘惑に負けず、わかりにくく、複雑な複数性にどう関与していけるのか、今私が取り組みたいと考えているのは、こうした問題である。

私たちが目指しているのは「持続すること」なのだ。それならば、まずは「これまで持続してきたこと」を参照することで得ることのできる手がかりは多いはずだ。ただし、「持続してきたこと」や「変わらないこと」は地味で、目立たない。「変化」への応答は派手で、目立ちやすい。でも、持続とは、これ以上ないくらい地味なものなのだろうと考えている。

# 第5章　SDGs、社会の急速な変化は日本のPPPの転換点となるか

東洋大学　難波　悠

　持続可能な開発目標（SDGs）には、ゴールを達成するための手段として、Goal 17「パートナーシップ」が掲げられている。これまで政府や世界銀行をはじめとした多国籍金融機関頼みだった開発援助では世界の開発ニーズには不十分であることから、民間資金、PPPを活用すること、また国に対してだけでなく地方自治体に対する支援、パートナーシップが必要であると謳われている。

　しかし、新型コロナウイルスの全世界規模での感染拡大、ロシアによるウクライナ侵攻は全世界的な「パートナーシップ」の難しさを浮き彫りにした。また、それらの社会情勢、環境の急速な変化は長期的で固定的なPPPの契約がどのようにして適応していくのかという新しい課題を突きつけている。

## 1. 激変する社会への対応

　2015年に国連総会で193の加盟国が全会一致でSDGsが採択された時には、これ程までの急速な社会の変化を予測できた人はいなかったにちがいない。もちろんそれまでにもSARS（重症呼吸器症候群）、リーマンショックや中東での長引く戦争などさまざまな課題があったものの、コロナのパンデミック、ウクライナ戦争、それに端を発した世界的な食糧や燃料価格の高騰、さらには国連気候変動枠組条約の締約国会議

（COP）で打ち出されているカーボンニュートラルのような新しい社会的な要請、加えてブロックチェーンやメタバースと言った技術革新もこれまで以上の速度で進むという要素も加わっている。

　いま、PPPプロジェクトにおいて喫緊の課題となっているのは、これらの急激に変化する社会にPPPの契約がどのように対応すべきかという問題である。というのも、一般的にPPPの契約は従来の方式よりも長期にわたる場合が多い。これが長期的な財政負担の安定性確保や負担の平準化などに役立ってきた面はある。

　しかしながら、ひとたび社会が不安定になり情勢が大きく変化するようになると、契約の硬直性が課題となってしまう。長期に固定された契約では、急速に変化する社会のスピードに追いつけない。PPPの契約が社会の変化のスピードについていけないとなると、PPPの長期契約はリスクとなり、公共として導入に二の足を踏むようになるだろう。

　一方で、民間事業者にとっても、需要の大幅な変動やそれへの対応を求められ、一方で新しい技術や対策を取るのに契約が足かせとなったり、次から次へと新たな社会的課題に取り組むことを求められたりすることとなると、業務内容の見通しなどが立てづらくなってしまう。官民双方にとって長期契約がリスクとなってしまうと、PPPを導入すること自体がリスクとなってしま

いかねない。変化にうまく対応することができなければPPP市場自体が消滅してしまうことも考えられる。

とはいえ、ころころと契約が変わるようでは、事業の透明性や財政の安定性、負担の見通し、事業者選定の公平性などの面からも課題が生じかねない。

リーマンショックの直後、2010年代初頭には世界中でPPP契約の再交渉が一つのトレンドとなった。イギリスで地方政府のPPP導入支援を行っている機関であるLocal Partnershipsは、業務の最大の柱として既存のPFI契約の再交渉を掲げていたほどである。また、スペインやポルトガルなど経済財政状況が芳しくない国々においては、多国籍金融機関やEUからの圧力もありPPP契約のキャンセル、公営化なども進んだ。しかし、日本においてはこういった再交渉や契約の破棄はほとんどみられなかった。これはおそらく国の財政状況や金融市場、また、それまでに実施されてきたPPP契約の内容や質によるものだろう。

コロナのパンデミックを受けて、当初PPPで問われたのはパンデミックによって施設の閉鎖が求められたり従来通りの運営が不可能となったりした場合に、それを不可抗力として認めるかどうかであった。

多くの国では、パンデミックのような官民どちらの責任にもよらない環境変化を受けて事業遂行が困難となった場合には不可抗力として認めるという考えがとられた。日本も例外ではなく、政府はパンデミックのような急速な社会状況の変化は不可抗力として考えうるとした上で、官民での適切なリスク分担、民間の事業運営に問題が生じている場合などは必要な対処をするよう政府機関や自治体に求めた。

しかし現実としては発注者（特に自治体）によって対応やその運用にばらつきがあり、難しい事業運営を求められている事業者も少なくない。

昨今もっぱら課題となっているのは、物価変動と急速な円安による資材価格の高騰である。PPP（特にPFI）は、多くの場合、従来型公共事業と比べて入札公告から提案書の提出までの期間が長い。現在のように数か月単位で資材価格が大幅に上昇する局面では数か月前に作成された予定価格では実際の価格を反映できていないことが多い。

これに対して国土交通省などはさまざまな対応策を提示してはいるものの、実際に事業を発注する自治体では、積算方法の見直しや予定価格の変更等に柔軟に対応できる状態とは言い難い。このため筆者が関与している複数の案件で事業者の辞退、公表されている予定価格を上回る価格での提案提出、入札不調などが発生している。

従来型の発注でも同様の問題は発生しているが入札公告から提案までの時間があり、また契約も長期にわたるPPPほど顕著となっていると言える。筆者は、これを回避する対策のひとつとして、公募型プロポーザル方式の場合には公募時に「予定価格」として上限価格を決めてしまうのではなく、「設計参考価格」などとして最終的に随意契約を結ぶ際に予定価格を定める方法や、価格スライドの運用をする際にその基準日を入札公告日とすることなどを提案している。

とはいえ、これらをうまく運用するのは難しいのも事実だ。従来よりPPPは普通の工事の入札に比べて参加する民間企業数が少ない傾向にあり、価格の高騰によってさらに民間事業者の参加意欲が薄れると公共

にとっても入札不調の可能性が高まり、か
つ良い提案を幅広く受け付けられる可能性
が低くなってしまう。予定価格の運用方法
を改善するなど十分な対策を打たずにこの
状況が続いてしまうと、PPPが先細りに
なっていくだろう。

　仮に事業者が決定した後もコロナのパン
デミックで明らかになったように、事業開
始後の施設閉鎖や大幅な需要変動のリスク
に官民とも頭を悩ませることになる。政府
は、需要の大幅な変動時に官民でリスクを
シェアできるようプロフィット・ロスシェ
アリング（収入の増加が資産の一定割合を
上回った場合または収入減少が一定割合以
上だった場合に官民でその増収分あるいは
減収分を折半する方法）などを提示してい
る。

　また空港のコンセッションで運営権対価
を分割払いとしていた場合には、支払いの
猶予を認めているケースもある。海外の事
業では、年度ごとに増収減収を金銭で分担
する方法だけでなく、事業期間中のリター
ンが一定割合を下回った場合に事業期間を
延長する方法を採用しているケースもあ
る。パンデミックのような社会環境の激変
や大きな需要変動は今後起らない事が望ま
しいが、仮に起こった場合にはそれに柔軟
に対応できる仕組みを考える必要がある。

## 2. 社会の要求は高まる一方

　社会環境の変化は何も戦争やパンデミッ
クだけではない。上述したように、環境対
策に対する国際的な要請はますます高まる
一方である。国際的なPPPの専門家協会
（WAPPP）においては、COPなどで国際
的な環境対策のコミットメントが新たに提

示された場合にはPPPが既存の契約であっ
てもできる限り対応をすることが望ましい
のではないか、仮に遡及的に契約を変更す
る場合にはどのようなルールを定めるべき
かといった内容が話し合われるようになっ
てきている。

　20年、30年と続くPPPの契約が社会的
な要請から取り残されないようにならなけ
れば、PPP契約そのものがレガシーリスク
となってしまう。とはいえ法律や新しい基
準は遡及適用されないのが通常である。何
でもかんでも後から追加できるようになっ
てしまっては、契約や制度の安定性が阻害
されてしまう。

　では、仮に官民が合意の下で新しい基準
国際公約等を既存の事業に遡及適用しよう
とした場合、それが間違った運用をされな
いようにするためにはどのような契約情報
を定めておくべきか、追加的な変更のコス
トや手間を誰がどのように負担するかと
いったことが検討されている。まだまだ検
討が始まったばかりであるが、PPPが向
かっていくべき方向性として世界的に認識
されている事柄であることは間違いない。

　こういった後からハードルがどんどん上
がっていくという形だけでなく、技術の進
歩によって従来的なやり方が時代遅れと
なってしまった場合に、どのように対応す
るかといったことも課題の一つだ。

　ここ数年でキャッシュレス決済が日本国
内でも急速に広まったが、公共施設などで
はまだまだ導入が遅れており、その導入が
遅れている現時点をベースとして書かれた
募集要項では「（市民からの利用料金の）
支払いは現金のみ」とされているようなプ
ロジェクトもある。

　この募集要項をベースに15〜20年間の

契約を結んでしまったら、利用する市民にとっても使いづらい状態が長期間固定されてしまうことになる。発注者はそのことを認識して現在のやり方だけにとらわれずに募集要項を作成しなければいけなくなっている。

ただ近年の技術進歩は目覚ましく、ブロックチェーン技術や人工知能（AI）、メタバースなどを利用したサービスがどんどんと身近になり、またパンデミックを受けた生活スタイルの変容も合わさって、公共サービスのあり方も急速に変化してきており、5年後10年後に利用されている技術、機器を想像するのが難しい。

情報通信技術によるものではないが、筆者が関与した事業の中に高度医療を提供する病院PFIがあった。病院PFIでは医療は公共の医師、看護師が提供するものの、治療法が日進月歩の中で建物や提供サービスを固定してしまう長期的な事業契約が十分に対応できるかどうかが懸案となった。

特に当該事業では難病治療を行う病院が含まれており、病院長から「5年後にどのような病気が難病とされ、どのような治療が行われているかは想像もできない」という話が出るほどに急速に治療法が変化していく場合に、それに対応できる形を準備段階から整えておくことが必要だ。発注時点での担当者はそういった変化が起こり得ることを想定していても、事業が始まって数年経てば発注者側の担当者も変わり、官民間で共通に持っていたはずの理解が引き継がれなくなってしまうこともある。

そこでその事業では、技術革新が起こった場合には、官民の交渉によって新しい技術を採用できること、また、新技術を採用した場合にはサービス対価も変更できるこ

とを契約に盛り込んだ。これまでの多くのPPP契約では、要求水準に変更があった場合などには契約変更を認めるなどとしていることが多く、技術革新に対して十分に対応できるかが不透明であった。

しかも変更を認める場合であっても「サービス対価の範囲内」での変更を想定して運用されていることが多い。このような場合、もし仮に数百万円あるいは数十万円支払金額を上積みできれば新技術が採用できても、サービス対価の範囲内で収めようとすれば他のサービスを減らすか質を落とすかなどの対応をしなければならなくなる。

当該事業ではサービス対価の変更ができると明記することによって、将来的に最善の方法をその時点で選択できることを契約上で担保した。

もちろんPPP事業が公共事業である以上、透明性、安定性、事業者選定の公平性などを担保することが求められるため、何でも後から変更できるようにすべきとは思わない。しかし、事業において重要な部分で大きな変化が想定される場合には、その変化に対応する方策を考え、後の担当者に対してその枠組みを提供しておくことが今後ますます重要になるだろう。

## 3. 「キャパシティがない」からの脱却が必要

これまで日本では「地域プラットフォーム」と呼ばれる取り組みによって、地域の自治体、民間事業者、金融機関などがPPPに対する理解を深め、プロジェクトを組成したり事業に参加したりすることができるようにするための取り組みが広く行われてきた。

こういった取り組みによって多くの地域でPPPが実践されるようになり、また地域の事業では地元企業の参画なども増加していると考えられる。政府は優先的検討規定の策定を従前の人口20万人以上の都市から人口10万人以上の自治体へと範囲を広げて要請している。より小規模な自治体にもPPPを導入してもらいたい、公共投資を検討する際にはPPPを検討してほしいという姿勢の表れである。

実は日本のPPPは世界的にも類を見ないほど地方自治体に広く浸透している。PFIでは、これまでに実施された事業の８割以上が地方自治体によるものである。先進国であってもこのような市場は珍しく、オーストラリア、ブラジル、アメリカでは地方のプロジェクトも多くあるものの、それ以外の国では中央政府の案件が大半を占める。これは国によるPFI事業の簡素化や導入支援、また地域プラットフォームなどをはじめ自治体が自らのプロジェクト実施能力を高めてきたことによるものであろう。

ただ筆者は、地域プラットフォームのような全員の実施能力（キャパシティ）を満遍なく上げていこうとするボトムアップ型の取り組みには早晩限界がくると感じている。みんなが準備に手間や時間がかかるPFIを一から学び実行する必要性はあまりないとも感じる。そこで検討に値すると感じているのが、経験がなく、知識が乏しい自治体、あるいは地域の事業者であっても、PPPの難解な資金調達や契約管理、法務などを理解しなくても事業を実施できるような枠組みの必要性である。

まず一つ目の考え方が、キャパシティがない自治体のキャパシティを上げていくのではなく、キャパシティを持った他者に

よって代替をする手法である。一般的に必要とされている「キャパシティビルディング」ではなく「キャパシティインジェクション」という考え方である。

こういった取り組みにはすでにいくつかの事例がある。例えば東日本大震災以降災害復興・復旧で使われるようになっている「復興CM」の手法である。東日本大震災以降、被災した自治体に代わって、都市再生機構（UR）が復興事業の計画や工事の発注などを担い、また工事の発注では民間事業者に測量や調査から設計・施工までを一括で発注するといった大胆な手法が用いられた。

海外に目を向けると、英・スコットランドで採用されている「Hub」という手法は、スコットランドを大きく５つの地域に分け、地域ごとに事業者と政府、自治体がジョイントベンチャー（JV、共同出資会社）を立ち上げて、自治体は事業を実施したいときにそのJVに事業の妥当性や採算性の確認や最適な事業手法の検討、計画づくりなどを依頼できる。

またPFI的な民間資金を使う事業手法を選択した場合には、そのJVが事業のための特定目的会社（SPC）を立ち上げて契約管理や資金調達をはじめとしたPPPの専門的な知識や経験を要する作業を担当し、その一方で実際の設計や工事、維持管理などは地元の事業者に発注する形を取っている。こういう仕組みを作ることによって、発注者あるいは民間事業者にPPPの経験や知識がなくても事業を遂行することが可能になる。

加えて、このJVは地域の企業の育成なども担っていて、技術力向上のための研修などを行って地元企業が事業に参加できる

ようにしたり、建設事業者としての格付け向上を支援したりすることで、ビジネスチャンスを広げることができるようになっている。同様の手法は英・ウェールズでも採用されている。

もう一つの考え方は、個別の法律によって細かく規定されたPFIのような手法ではなく、より簡単に実施できるPPPの手法を選択することである。公有地の活用や指定管理者のような比較的導入しやすい手法が代表的なものだろう。

また、近年では地域内の発電事業をFIT（定額買い取り制）やIPP（独立発電事業者）などの手法を用いて官民で実施している事例もある。こういったより取り組みやすい事業の形態を考えていくことも必要であろう。

## 4. SDGs達成のためにPPPの改革を

最近では事業の内容ややり方を検討する際に民間事業者の意見を聞くサウンディング手法が広く使われるようになってきている。これはこの20年間日本のPPPにおいてさまざまな試行錯誤が繰り返され、官民で協力し合って事業を作り上げていく姿勢が普及していてきていることの表れだろう。

ただし、いったん事業が始まった後のリスクの分担という面ではどうだろう。官は、民間の苦境に耳を傾け、対応する体制、姿勢を十分に持っているだろうか。民間は地域や社会のために、自治体と一緒になって取り組む事業展開ができているだろうか。

社会環境が激動し、めまぐるしく技術が進展する中では、社会環境により迅速に適用できる民間事業者のアイデアや事業手法を取り入れることが公共サービスにも有用であることは間違いなく、PPPの必要性は今後ますます高まるはずだ。しかしながら、長期の契約を硬直的に運用してしまうと、今後想定されるさまざまな変化に柔軟に対応することができない。

日本では、地方創生推進の中心にSDGsを据え、国、地方、民間、個人が多様な取り組みを進めている。

SDGsのような幅広く高い目標を達成していくには官民が協力して知恵を出し合うことが必要であるからこそ、より柔軟な契約のあり方や運用、新しいPPPのやり方といった改革が求められている。

# 第6章 SDGsの限界と展望（第17回国際PPPフォーラム）

　東洋大学では、2022年11月1日に「SDGsの限界と展望」と題して第17回国際PPPフォーラムを開催した。SDGs（持続可能な開発目標）は国連が2015年に満場一致で承認した2030年までの開発目標であるが、新型コロナウイルスの感染拡大によって、ここ数年、その進展は停滞している。

　加えて、その影響はまだ明らかになっていないものの、ロシアのウクライナ侵攻を受けた食糧やエネルギー価格高騰などによって、今後ますますの停滞、落ち込みも懸念されている。SDGsは全世界で共通の目標となり得ていたのか、なり得ていなかったとしたら何が課題であったのか、今後改善していくためには何が必要か、その中でPPPが果たすべき役割は何かを中心に話し合った。

## 1. 「SDGsは継続のための無限ゲーム」
ペドロ・ネヴェス
（UNECE
PPP for the SDGs
プロジェクトリーダー）

　開発というものは、もともとは経済的な繁栄を目指すものだった。経済学の父であるアダム・スミスは肉屋やパン屋は博愛精神から物を売るのではなく、利己心からであると語った。利益を追求することが繁栄に繋がった。

　しかし、産業革命、そして農村から人々が都市に移るようになると、人々の間で不平等が生まれ、それが対立、争いの引き金となった。そこで社会という新しい面に注目が集まった。社会学者のデュルケームは、砂と砂を固めるには間にセメントが必要だと説いた。繁栄のためには力の追求だけではだめで、社会の結束が必要だということだ。

　これらは200年も前に提唱された。アメリカでヨセミテ国立公園を造った植物学者のジョン・ミューアは、自然と人間社会の調和の必要性を説いた。つまり、発展には経済、社会、環境という3つの側面があり、その重要性が過去200年にわたって説かれている。

　政治学者のフランシス・フクヤマが産業革命から21世紀にかけての急激な経済成長を図示したグラフがある。「Factfulness」を著したハンス・ロスリングは同じ時間軸で人口を見ると同じような急激な成長カーブを描いていることを示し、その上で今後の大陸間の人口構成の変化を「ピンコード」と呼んで表現した。

　現在の世界の構成は「1・1・1・4」つまり欧州に10億人、南北アメリカに10億人、アフリカ大陸に10億人、アジアに40億人が暮らしている70億人の家族だ。それが2050年には「1・1・2・5」、今世紀末には他が変わらないにもかかわらずアフリカは増加し続け「1・1・4・5」になる。アフリ

カは、今後ますます注目されなければならない地域であり、同時に課題は山積だといえる。仏のエンジニア、ジャンコヴィシによると、二酸化炭素の排出量の増加も同じように急激な増加カーブを描いている。つまり、経済成長、人口増加による社会問題、環境問題というのは同調して進んでいて、同時に解決しなければならない。

それが「持続可能な開発」だ。持続可能な開発という考え方、あるいは持続可能な開発目標は、理解するのは難しくないが、実行するのは難しい。持続可能な開発というものをゲーム理論的に考えてみる。まず、ゲームには3つのレベルがある。最初のレベルは「ゼロサムゲーム」だ。一方が勝てば他方は負ける。スポーツ的な勝者と敗者が存在し「＋1－1＝0」となる。

次のレベルのゲームは「非ゼロサムゲーム」と呼ばれる。ゲームの参加者の得点と失点の和がゼロではないゲームのことで、結果は勝ちか負けかだけではなくなる。しかしそれでもこのゲームには終わりがある。

次なるレベルは、「終わりのないゲーム」だ。終わりのないゲームの目的は勝敗ではなく、全ての参加者が生き残りゲームを続けていくことになる。持続可能な開発ゲーム、経済、社会、環境というのはまさに永続ゲームだ。

持続可能な開発という言葉が初めて国連で使われてから50年たつ。しかし、SDGsは2015年になってようやく認められた。SDGsの意味するところは、我々にとってSDGsというアジェンダ、アクションプランが持続可能な開発を進めるために必要だったということだ。持続可能な開発という1～15の「ゲーム」をプレイする「プレイヤー」はゴール17が掲げる「パートナーシップ」で、そのゲームの「ルール」はゴール16の「正義、公平」だ。

しかし、2022年のSDGsレポートを見ると、ここ数年の変化、停滞が見て取れる。これは新型コロナウイルスの感染拡大、ロシアによるウクライナ侵攻、またあまり注目はされないがミャンマーやコンゴ民主共和国など各地で繰り返されている紛争だ。貧困撲滅の進展は遅れ、経済発展も鈍化している。

これは果たしてゲームの問題なのだろうか。それとも、ゲームのやり方が間違っているのだろうか。この問いは非常に重要なものだ。なぜなら、持続可能な開発が包含する3つの側面は不変だからだ。重要なのは、プレイヤーがプレイできる環境をつくることだ。ゲームのルールもプレイヤーがプレイしやすいように整えなければいけない。

日本はSDGsへのコミットメントと進捗では先頭集団にいる。一方で、高所得国と低所得国を比較すると低所得国ではSDGsの進捗が思わしくないのは明らかだ。ゴール1～5という社会的な面では高所得国が進んでいる。一方でゴール12、13の環境的な側面を見ると、高所得国よりも低所得国の方が進展している。

プレイヤー、ルールという点で環境が整っているはずの高所得国はもっと努力できるのではないか。これは、われわれ全員にやることが山積みであるということを意味している。

SDGsのための資金調達ということを考えた場合、教育（ゴール4）、保健（ゴール3）は貧困撲滅のために非常に重要だ。それに加えて、エネルギー（ゴール7）、責任ある消費（ゴール12）、気候変動対策

（ゴール13）、都市インフラやデジタル化（ゴール9、11）にも資金が必要だ。そして、現在の世界を見渡せば資金は潤沢にあるはずなのに、SDGsは思ったようには進捗していないのが現実だ。

ゲームのプレイヤー、パートナーシップに改めて目を向ける。ノーベル経済学賞を受賞したダグラス・ノースは人の協働の難しさを指摘している。一方でマッケイドは協働がうまくいけば合計は部分よりも大きくなると言っている。公益や戦略を担保する役割を担う公共とダイナミズムを持ち込む民間の協働というのがPPPだ。

PPPは、第一世代は建設の請負、第二世代は設計、施工、第三世代は設計、施工、資金調達、維持管理・運営とどんどん統合的な解決策を持ち込むようになった。しかし、第四世代とも言える現代では、単に統合的なソリューションの提供だけでなく、SDGsの実行も求めようとしている。プレイヤーにはこれまでよりも高度なトレーニングが必要だ。公共側の人は戦略の立案・管理能力、民間はエンジニアリング、資金調達、経済、環境、社会を同時に理解する必要もある。公共から、民間事業者に対してある程度の権限の移譲も必要だろう。

PPPの契約は10、20、30年と長期にわたり、その間に社会の環境が変わる。現在のような激変する環境下では、プロジェクトのキャッシュフローを見通すのも困難だ。また、官民に求められる役割もより高度に変化しており、ルールもどんどん変わる。双方が公共の福祉を理解し、目的達成のために柔軟に対応することが必要だ。

そのためには制度・組織を革新し、異なるプレイヤー間で信頼を構築する必要がある。そういうトップダウンのアプローチが

求められるのと同様に、事例から学ぶボトムアップのアプローチも有用だ。

## 2. 「PPPの拡大には教育とリスク抑制策の展開が必要」ジアド・ハイェック（WAPPP代表）

PPPを実施している各国政府のPPPユニットやPPPの専門家の協会であるWAPPP（世界PPPユニット・専門家協会）の代表としてPPPの現状を説明する。

SDGsがつくられた当初からPPPの必要性は明らかであった。それは、世界の開発に必要な資金の3分の1しか公共部門や開発銀行では手当できず、残りは民間の資金、主にPPPでまかなわれなければならない。パートナーシップの形態は多様で、中には外交要素もあるが、主眼はインフラ整備だ。特に途上国の開発という側面では、多国籍金融機関をはじめとした機関がPPPに注目しているものの現実は進展していない。

WAPPPが四半期ごとに公表している世界のPPPの状況を見ると、2022年は第1四半期に入札前のプロジェクトが126件で準備中の案件が82件であったにもかかわらず、第3四半期には入札前のプロジェクトは93件に減少した。さまざまな理由から、プロジェクトが延期、キャンセルされてしまっている。ただ地域別に見てみると日本を含むアジア地域や中南米では比較的PPPが積極的に使われている。この理由は後述する。

SDGsの進捗をSDGsレポートから見てみると、北欧諸国や日本はかなり進んでいるのに対して、多くの国はさほど進展していない。重要なのは、SDGsが国の計画・

戦略にどの程度組み込まれているかだ。アメリカのように、SDGsは国の計画、方向性、ロードマップとは関係ないと捉えているようなところはSDGsも進展していない。

政治家のSDGsに対する理解の欠如も課題だ。例えば、SDGsやPPPを真剣に捉えている人たちは熱心にリサーチやケーススタディをしたり、PPP専門家の認証（CP3P）を受けたり、多国籍金融機関と意見を交わしたりする。しかし、政治家は学ぶ姿勢はない。知識がない政治家は、PPPと聞くと資産の共同所有を思い浮かべる。パートナーシップをリスクの分担だとは捉えず、資産の分担だと思い込んでいる。

そして、専門家の意見には十分に耳を傾けない。政治家を正しく教育するのは難しい。PPPは往々にして時間がかかるということも理解できず、ショートカットしようとする。そうやって無理やり時間を短縮しようとすれば準備の質が落ち、プロジェクトの失敗を引き起こし、PPPへの反対に繋がる…という負のサイクルに陥る。

PPPを公共調達のツールと位置づけるのではなく、開発手段、SDGsの達成手段として位置づけるべきだ。PPPに対して政治家のコミットメントがない国に投資家は関心を示さない。政府のやる気とプロジェクトのパイプラインがなければ、特に新興国は投資を呼び込めない。透明性の欠如も多くの国で課題となっており、これをまず変えなければならない。

例えば、施設が完成してから市民の苦情が出るプロジェクトも多い。これは、公共が市民へ情報を開示し、意見を聞くことで防げるが、多くの国ではそれが行われていない。ESG投資や「人を中心とするPPP（People-first PPPs）」という概念は、そう

いう人、社会を大切にする視点をバリューフォーマネー（VFM）やビジネスプランと同様に重視するものだ。

途上国においては汚職も課題だ。レバノンのPPPユニットの事務総長を務めた際、トランスペアレンシーインターナショナルという地元のNGOと協力してPPPの入札の透明性を担保する取り組みを行った。

特に途上国においてはPPPに関する知識、経験が不足している。アフリカの開発にPPPが必要だと言う声は多く、PPP法やPPPユニットの整備は進んだものの、プロジェクトは進んでいない。それは、前述したように政治家のプロセスに対する理解不足もあれば、スキルを持った人材の不足もある。CP3Pなど知識を学ぶ場が限られている。

大学を卒業しただけで会社を経営するのは難しいように、資格だけではプロジェクトはできない。経験、それも実地経験が必要だが、その場がない。PPPはとても複雑で、金融、法律、技術、環境、社会などの幅広い知識が求められる。PPPユニットなら政治家との関わり方も学ばなければいけないし、政策立案、施策の立案、プロジェクトの優先順位付けなどに精通しなければならない。

さらに現実社会では、コンサルタントを選定するにしても、選定基準は年数や件数という形式的な実績のみで、これは組織力の評価であって個人の能力を見ていない。大手コンサル会社は、受注だけして業務を未熟な人材に任せ、質の悪いプロジェクトが生まれる。そういう選定方法から変えていく必要がある。

現在の世界の環境は非常に不透明で、特に新興国ではインフレ、金利の上昇が懸念

されている。当然、民間の借り入れのほうが金利が高くつくため、PPPは難しくなる。新興国ではどのように資金を呼び込むかが肝要だ。資金源の多様化、ユニークなプロジェクトによってニッチな投資市場、例えばESG投資やイスラム金融を使うというのも選択肢となる。

また、新興国のインフラは投資対象として認識されていない。機関投資家はローリスクで安定したリターンのインフラプロジェクトを指向するが、新興国のプロジェクトはリスクが高い。このため、リスクを抑制する方法が必要となる。投資家や企業は政府による全額保証を求めるが、全額保証をしてまでPPPをやるなら、国債を発行する方が安上がりだ。民間がリスクを取り、リスクを管理しないなら、VFMは出ない。必要なのは政府の保証ではなく、リスクを低減させるための仕組みである。

世界銀行などに頼るのではなく、政府もリスク抑制策にクリエイティブになるべきだ。コロナパンデミックは、金融リスク、政治リスク、運用リスクだけでなく、需要リスクの低減策を考える必要性を浮かび上がらせた。例えばフランスのコンセッションでは民間に一定の利益を保証するように定めており、政府はより踏み込んだパートナーとなる必要がある。チリの「最低収益現在価値モデル」では、投資家に対する最低限のリターンを確保させるために、事業期間を延長することができる仕組みを導入している。

為替リスクの大きな国では、ローカルな資本市場の創出も必要になる。海外の投資家が必要な国においては、為替リスクを低下させることがクリエイティブな方法に繋がる。多国籍金融機関はローンよりも信用

補完やローカルな資本市場のための資金注入が必要だ。

日本のようにPPPを地方で展開するということもSDGsの進展には必要だ。日本以外では、ブラジル、オーストラリアなど限られた国しか地方でPPPが進んでいない。日本は非欧州の国で唯一SDGsの推進でベスト20にランクインしている。日本が世界に貢献できる要素は多い。特に、地方レベルでのPPP展開やインフラの強靱化など世界が必要としている要素でSDGsの達成に貢献してほしい。

## 3. 「強靱性への投資のリターンは４倍」　デイビッド・ドッド（ISRC代表）

持続可能性と強靱性というのはとても広範な概念である。SDGsにこの２要素は欠かせない。SDGsに関連する４つの重要な国際的な取り組みを紹介する。パリ協定、アディスアベバ行動目標、仙台防災枠組、第３回国連人間居住会議の成果である「ニューアーバンアジェンダ」だ。これらは相互に関係し合い、SDGsの達成に必要な社会、環境、経済の発展の柱となっている。

開発において気候変動、災害リスクは無視できない。なぜなら、投資をしても災害が起これば無駄になる。災害のリスクを抑えなければ新たな投資を呼び込むのは不可能だ。気候変動、干ばつと洪水が近隣で同時に起こるような異常気象、ウクライナでの戦争のような人災、パンデミックも「災害」の一つだ。

SDGsの17のゴールに欠けているのが「強靱性」だ。ゴールの下に定められた指

標には強靱性の要素が含まれているものの、ゴールとして明確には謳われていない。「持続可能」という言葉はゴールにも複数回出てくるが、強靱性はない。いま世界はネットゼロに向かっている。これ自体は正しい方向性だが、同時に現在起こっている気候変動に適応することも求められている。

2015年に採択されたパリ協定は広く知られている。アメリカは一度離脱したものの、現在は復帰した。気候変動のための政府間パネルに参加する専門家たちは、いますぐに二酸化炭素排出を止めなければ、災害はさらに激甚化し、頻度は増えると警鐘を鳴らしている。この協定では気温上昇を産業革命以前と比較して摂氏1.5度以内に抑える努力をするという目標を掲げているが、現実は遠く及ばないだろう。世界が達成目標として掲げる2度であっても達成できるかは疑わしい。

ハビタットIIIのニューアーバンアジェンダは、アフォーダブルな適切な住宅の整備にかかる目標だ。適切な住宅というのは、災害に対する強靱性を持つ住宅の供給と言い換えることができる。

仙台防災枠組では、災害に対する理解を第一の優先事項として規定した。技術の進歩によって災害の理解、言い換えれば発生予測、被害予測の正確性は増しているが、まだまだ技術革新が必要な分野である。しかし、フェイスブックやツイッターと違って一般の消費者受けしないため、革新が進まない。ただ、世界銀行の試算によるとエネルギー、上下水、交通などのインフラの強靱性を高める＄1ドルの投資のリターンは＄4ドルに相当する。災害リスクを低減することでリターンが4倍になると考えれ

ば、防災への投資の価値が非常に高いとわかるはずだ。

とはいえ、防災は新しい価値を生み出すと言うよりも「被害の抑制」をするもので、その価値は見えにくく、理解しづらい。特に、仙台防災枠組では、新しいリスクの回避、既存リスクの低減、社会や経済的な強靱性の構築といった項目が盛り込まれている。強靱性を考えるときに、最も重要な社会資源、すなわち人々の生活を忘れてはいけない。

アディスアベバ行動目標は、開発のための資金の多様化の必要性を訴えている。開発、強靱性、気候変動対応の資金は政府だけでなく、国際機関、民間、市民社会、慈善団体などを取り込むのが有効だ。そのための多様な手法や政策が行動計画では触れられている。居住地のリスクの大小は収入と密接な関係がある。地域経営や環境管理の失敗がそのリスクをさらに大きくする。このため、気候変動に関するもっとも新しい概念として「クライメートジャスティス」という考えも生まれている。

このフォーラムに向けて、2泊3日で東日本大震災の被災地を回った。福島では、伝承館の隣に産業振興センターがあり、企業の事務所が置かれている。イノベーション構想で新しい産業の創出に向けた動きが始まっており、原発の後処理や新しいエネルギー産業など福島が今後世界をリードするチャンスを感じさせた。

11年ぶりに訪れた陸前高田は、山を削って約10メートルの盛り土をした。しかし、工事が終わる頃には住民は既に高台へ移転していて、現在も市街地には空き地が目立った。誰かを批判するつもりは一切無いが、もしこの復興がPPP、民間的な産業・

経済復興の視点で行われていたらどうなっていただろうか。

釜石市には日本製鉄があり、産業の復興、そこで働く人々の生活の復興、安全の確保の意味を強く感じさせた。また、とにかく個人が自らの身を守ること、個人の強靭性を高めることが地域、社会全体の強靭性を高めることに繋がり、それがSDGsの達成にも繋がると教えてくれた。

### 4. 「PPPを多様にする革新が必要」難波悠
（東洋大学大学院教授）

SDGsのゴール17「パートナーシップ」の手法であるPPPは、自然災害、パンデミック、戦争など有事のたびに注目が集まる。しかし、SDGsが採択された際に国連経済社会局（UNDESA）がPPPに批判的なレポートを発表したように、必ずしもPPPは役に立っていない。これは、PPPというツールの問題ではないか。

有事の際にPPPに期待が高まっても、いつも議論は「（実施すべき）地域にキャパシティがない」という域を出ない。しかし、これは非常に不公平な議論だ。自治体や途上国政府はそもそもPPPどころかプロジェクトの経験も少なく、人手も少ない。そして、有事の復興は時間との闘いだ。しかし、PPPは往々にして準備に時間がかかる。経験と能力がある人にしか使えないとするとPPPは「誰一人取り残さない」を達成できない。

さらに、有事となれば政府やそこで働く人も当事者になる。陸前高田市では、当時勤務していた293人の職員のうち68人が犠牲になり、大槌町では町長を含む33人が犠牲になった。東日本大震災では土木職員の業務量は平均で従前の2〜6倍、予算は数十倍に膨れ上がった。家や家族や職場の仲間を失った人たちが極限状態で膨大な業務に当たる。そういう状況を前提として、その状況下で使えるPPPは何か、使えるようにどう変えていくかの議論こそ必要ではないか。

日本国内では、東日本大震災の後、自治体のキャパシティ不足、業務量の増大に対応するため「復興CM」という方法が使われた。これは、キャパシティがない自治体の代わりに都市再生機構が発注者の役割として計画作りの支援や発注を行い、民間に測量、設計から施工までを一括で任せるという手法だ。

これは英・スコットランドで官民が共同出資会社を立ち上げて発注者支援を行う「Hub」というPPP手法にも共通するもので、発注者の能力を補完する取り組みだ。それ以外にも、膨大な業務量を短期間でこなすための「事業促進PPP」という手法が採用されたほか、民間主導の緩やかなPPPも使われた。従来のPFIやコンセッション、BOTといった枠にとらわれないさまざまなPPPが有効であった。同様に、世界銀行等が設置した団体が開発したSOURCEのようなツールを利用することで自治体等のPPP導入支援をすることも重要だろう。

また、甚大な被害を受けた地域では、公共、民間、公民連携だけで対応はできない。公−民の連携だけではなく、公、民、市民社会・慈善団体がそれぞれの強みを持ち寄るより多様で有機的な連携も生まれた。これらもPPPとして捉え、やりやすい方法を考えていくべきだ。

ただ、手法や主体が多様化しても、ゴー

ルそのものにも課題がある。100年前の関東大震災でも指摘されたように、復興はインフラや都市だけでは達成できない。人々の生活、仕事、営みを再生しないと成り立たない。特に、人口減少下の現代では人々の暮らし、営みと乖離した復興はますます困難になる。

SDGsや復興という難しい目標を達成するためにPPPを使おうとするのであれば、PPP自体にも革新が必要だ。人がいない、キャパシティがない、時間が無い…そういう中でPPPを導入するためにキャパシティがある人と手を組む方法、キャパシティがない人でもやれる仕組み、より緩やかで幅広いPPPのやり方を考え、役割分担していくことが必要だろう。

## 5. パネル・ディスカッション

パネル・ディスカッションは、フォーラムの冒頭にビデオメッセージとして流された元マレーシア首相のマハティール氏からの問題提起を受ける形で行われた。同氏へのインタビューは2022年10月11日クアラルンプールで行われた。インタビュアーはサム田渕東洋大学名誉教授である。あらかじめ、「SDGsの限界と展望」をテーマにし

た国際PPPフォーラム向けのメッセージであることを示したうえで、世界情勢の現状と未来という観点から、以下の見解をヒアリングした。

・世界は不確実な状態にある。アジアの国々は平和な状態でしか発展、繁栄できない。現在、平和が脅かされ、開発や成長が阻害されている。欧米はアジアの台頭を許容できない。

・特定の国が拒否権を持つ国連安保理は非民主的である。私は、常任理事国2国が非常任理事国3か国の支持を得る場合のみ行使できるように拒否権を削減すべきだと提言している。

・国家間に争いがあるのは普通のことである。問題はどう解決するか、戦争か交渉か仲裁手続きか裁判か。自分が首相の時は、シンガポールやインドネシアとの間で裁判を選択し判決に従った。同じように裁判で決着させるべきであり、他国を刺激し続ければ戦争になる。

以下がパネル・ディスカッションの概要である。パネル・ディスカッションには、基調講演を行ったペドロ・ネヴェス氏、ジアド・ハイェック氏、デヴィッド・ドッド氏および根本祐二（東洋大学教授）が参加

した。司会はサム田渕名誉教授が行った。

【根本】

　まず、パネリストと参加者の皆さんに３つの質問をしたい。第１は、ＳＤＧｓは普遍的であるべきものか、また、現に普遍的なのか。第２は、「普遍的であるべきだが現在は普遍的ではない」とすれば、どのようにして普遍性を実現すべきなのか。マハティール氏はＳＤＧｓの母体である国連の改革、また、国際司法の役割に言及していた。第３は、ＳＤＧｓを実現するためにＰＰＰはどういう役割を担うのか。ＳＤＧｓの17番目のゴールであるパートナーシップは他のゴールの実現を助ける位置にあるとされている。ＰＰＰとして何が貢献できるのか。

【司会】

　今の問題提起は、ＳＤＧｓの課題をどう克服できるのか、2030年以降のnextSDGsをどうすべきかにつながっている。私は、マハティール氏が示した国連に対する見解についてショックを受けた。アジアとアフリカを無視してＳＤＧｓを話すことに意味があるのか、ＳＤＧｓは普遍的な概念か、欧米が主導した考え方なのではないか。

【ドッド】

　ＳＤＧｓは、それぞれの国・地域に合った形に適用して実施されるべきと考えている。価値は同じでも、実現方法は国や地域に委ねられている。水、貧困の撲滅といっても、具体的に何を意味するのか、国や地域によって異なる意味があるので、それをゴールの下に記述するということではないか。そうした説明が必要なのに今は欠けているということではないか。

【ハイエック】

　ＳＤＧｓは普遍的だと思う。多くの知的な人々が長い時間をかけて検討し、190カ国

が実際に署名している。ただし、ＳＤＧｓはロードマップであり、すべての国がすべてを行うべきものではない。すべての国はロードマップに基づいて国家の計画を立てるべきだが、どこに照準を当てるかは国により異なる。また、政策決定者が意思決定したら国民も受け入れるべきものである。特に、高校生や大学生の理解が重要だ。たとえば、喫煙意識は若い人の態度が変わったので変化した。同じように、若い人がＳＤＧｓを真剣に考えるべきである。

【ネヴェス】

　ＳＤＧｓには経済、社会、環境３つの側面がある。いずれも普遍的である。価値については、社会的側面では「人」が最初である（people-first）。２つ目は環境。人類が残るための地球を守らなければならない。３つ目は経済。稼ぐ以上のものは使ってはいけない、財政が豊かであることによって富の配分、持たない者に配分することができる。いずれも普遍的である。このように17のゴールは普遍的な価値である。しかし、169のターゲット、140のインディケーターはローカル化する。価値は普遍的だが実行はローカル化しないといけない。

【司会】

　１〜15のゴールには異論はないようだ。弱点は、16（平和・公正・制度）、17（パートナーシップ）。ルールの測定基準がない、レフェリーがいない。誰がより良く実行しているか分からないし、実行していないことに対するペナルティもない。とすると、18番目に測定基準、あるいは、レフェリーシステム、分析メカニズムを入れるのが良いか。

【ネヴェス】

　マハティール氏の国連への指摘は重要

だ。そもそも、国連の目的は第3次世界大戦を起こさない、つまり平和を達成すること。そのためには、開発が必要だが、開発には平和が必要、両方とも必要ということだった。しかし、国連は次第に開発にばかりフォーカスするようになった。国連は、より積極的でなければならない。たとえば、現在安全保障理事会はあるが、気候変動理事会や難民理事会はない。また、現在のSDGsの弱点を埋めて2030年以降何をするかについては、研究と教育が大事だと思う。今の学生が世界の将来のリーダーであり、変革してほしい。従来通りということではだめで超えていかなければならない。国連の進化も必要で、レフェリーとして機能することが必要である。

【司会】

ネヴェスさんは東洋大学に対しても本日のフォーラムの結果をペーパーとして国連のPPP会議に提出するように助言してくれている。日本としてもプロセスに参加することが必要だ。レフェリーが必要だということについてはどう思うか。

【ハイェック】

一般論としてレフェリーは意味があるが、それが現実的に可能かどうか。国連が世界政府になってほしいのか。加盟国はそういう権限を国連に与えたいとは思わないだろう。平和と開発が必要というのはその通りだが、安保理と開発は関係がない。世界の問題をみると、対立の原因はアイデンティティである。「我々」対「我々でない者」という対立を生むアイデンティティの存在が、世界が一つにまとまることの阻害要因である。サミュエル・ハッチンソンは、文明というのは世界を分断したと語った。我々はこれを目の当たりにしている。

地球を守らなければならないのか、それとも、自分のアイデンティティの方が地球よりも重いと思い続けるのか。教育によって意識が高まって、世界が協力しなければならないと理解するようになってほしい。国連（という組織）は政治から離れては存在しえない。

【ドッド】

レフェリーに説明責任を与えることが重要である。理解できない者に理解できるように説明する責任があることを、世界の政策決定者は理解する必要がある。ある事柄に対して賛成か反対か、肯定か否定かの前に、まず理解するという段階があるべきだ。私は、政策決定者で法律や行動を決定する人々が、SDGsとは何か、指標が何かを理解する必要があると考えている。そうでなければ実行することは期待できない。

【根本】

結論としては、普遍的なものが存在すべきこと、現状が普遍的でないこと。普遍的なものを必要としない国にとっては普遍的である必要はない。一方、日本を含む大多数の国にとっては、普遍的な基準があった方が安定する。それがマハティール氏がおっしゃったことではないか。SDGsが出来上がったということは、大国と小国の利害を超えて、共通の普遍的価値を人類史上はじめて統一した画期的なものである。国によって定義が異なるとか、優先順位が異なるということは、個人的には認めたくない。ロシアにとっての平和、ウクライナにとっての平和は別だと認めると普遍的な平和はないことになる。しっかりと定義して、守っているか守っていないかがはっきりとわかるような基準を作る、基準に沿って○×を付ける、罰則を科すことができる

レフェリーの設定が必要だ。マハティール氏のおっしゃった国連改革や国際司法の活用は当然である。ただし、100％のレフェリーはありえない。レフェリーも間違うし、レフェリーの裏をかいて行動する人もいることを前提に考えると、レフェリーが機能しない場合にも備えられる「レジリエンス」の話になっていくのではないか。

【ネヴェス】

同感だ。違う視点から見た話を加えたい。現在、世界中に潤沢な資金があってプレイヤーもいるが、その資金が問題解決に向かっていない。市場の制度的な改革が必要である。技術的なイノベーションではなく、制度的なイノベーション（institutional innovation）である。レフェリーは強力な制度であるが組織ではない、ゲームのルールである。たとえば、高速道路の速度は120kmを超えてはならないというルールがあれば時速120キロを超すとペナルティが科されるが、超えると安全が問われる。つまり、120キロ以内に抑えることが文化になる。持続可能な開発も（ペナルティがあるから守るということではなく）文化にならないといけない。

そのためには世界政府が必要なのではなく人が理解することが必要である。資金の話に戻すと、気候変動、難民問題の解決に必要な資本が還流する仕組みには人が必要であり、人を育成するアカデミーの役割が非常に大きい。東洋大学はプロジェクトのインキュベーターの役割を持っている。アカデミーはレフェリーになりうる。力のマネジメントではなくて、知識と人々の福祉のためのレフェリーである。今、制度的なイノベーションのためのシリコンバレーが求められている。東洋大学は誰よりも先陣を切って進んでいる。

【司会】

先進国には新型コロナのワクチンがあるがアフリカにはない。SDGsですべての国に健康をというのであれば先進国はもっと投資してワクチンのためにお金を使う、次のSDGsではそうしたことを入れるべきであると考えていた。その間に、ロシアのウクライナ侵攻が起きてしまった。予想できないことに対してどう準備すべきだろうか。

【ハイェック】

一部の主権を放棄してでも協力することが重要なことだが、ここ70年間その精神を忘れてしまった。民主主義が独裁によって失われてしまった。ロシアだけでなく各国で起きている。ユネスコの前文には、戦争は人々の心から生まれると言っている。SDGsは、人々の心を覚醒させようとしている。気候変動を理解して、シンクタンクも政治家も覚醒することが必要である。権威主義、ナショナリズムに対して戦いを挑まないといけない。

【ドッド】

今自分の国（アメリカ）で何が起きているか、民主主義、自由の砦であるはずだけれども、ハイェックさんのおっしゃる通りである。我々自身でできる以上のことを努力しないと、都市も国も死滅してしまう。適応するのか、死滅するのか。政治的な機能不全に加えて、地上で戦争が行われているということを考えると、個人やコミュニティを超えて、他の世界と手をつないで努力しなければならないことを理解しないといけない。

【根本】

教育とレフェリーの2つの要素の指摘があった。教育に関しては、ネヴェスさんか

ら、この分野のシリコンバレーが必要だという提言があった。東洋大学はこの分野のシリコンバレーになるように努力したい。ただし、教育は重要だが時間がかかる。今困っていることを解決することに間に合わないとすると、レフェリーの問題に戻る。どういうルールを作ってどういうレフェリーがいれば良いか、皆さんの見解を聞きたい。

【ドッド】

説明責任とは、自分に対しての説明責任であり、お互いに対する説明責任である。人々をつなぐ何らかのものを理解することが必要である。互いに理解しなければ、世界はお互いに対して説明責任を持ちえない。制度的なイノベーションを起こすシリコンバレーというのは、本日のフォーラムで一番素晴らしい発言だったと思う。人々を一つにする方法の、貧困から救う革新が必要である。

【ハイエック】

レフェリーが誰かは、グローバルレベルでは見えていないが、レフェリーの重要性はあると思う。科学者は気候変動の警告を発してきて、今ようやく政策決定者にたどり着いた。科学者はそういう意識を持っていた。私たちは親から貧しい国では子どもは飢餓で死ぬのだから、食事を残してはいけない、他の人も飢えないようにしないといけないと教わった。これが脳に刷り込まれている。現代のレフェリーというのはシリコンバレーかもしれない。いずれにせよ、知恵によって解決するというメッセージを発信していくことだと思う。

【根本】

気候変動についても、科学的な警告だけなく、PPP的な感覚で市場がレフェリーを務める排出権取引、カーボンオフセット、炭素税などがある。どういう問題についても市場的な解決方法が存在するし、それはシリコンバレーが果たすべきことだと思う。

【ネヴェス】

社会的な問題の解決には、社会科学者が制度的なイノベーションを生み出す必要がある。アカデミーは社会的な革新を生み出すような環境、風土づくりができるのではないか。レフェリーは、政治的なボーダーに制約されるものではない。つまり、アジア発で良いではないか。また、世界のさまざまな政策はイデオロギーベースからエビデンスベースに動く必要がある。SDGsで必要な測定可能なインパクトは、イデオロギーからは出てこない。エビデンスをベースにしたソリューションが求められている。

【ドッド】

投資の新しい分野としてESG投資、インパクト投資がある。両方で34兆ドルが充てられている。この資金を世の中を良い方向に変えたいという意思をもってSDGsに投資されるようにすべきである。現在、米国民はSDGsについて多く話されていない。しかし、Z世代はSDGsを理解している。米国が世界を支配しているという意識が劇的に変わっている。

【ハイエック】

確かに、若い世代は、われわれが思っているよりもSDGsを理解している。若い人が変えていってくれると期待している。

【ネヴェス】

若い人に期待できる一つの証はこの会議である。今、Sustainable developerを市場が求めている。その講座を作りましょう。経済、法律、デザイン、工学系の勉強をするマルチではなくトランスな人材である。

【根本】

　まず問題を理解すること、最終的には革新を起こすこと、これが今日の結論だと思う。しかし、理解と革新の間には距離がある。これを埋めるものとして、エビデンスベースがある。エビデンスをしっかり見ることで革新の兆しを感じ取ることができる。もう一つは、アカウンタビリティ。自分がエビデンスから感じ取った発見を第三者に伝えることがでないと革新には結びつかない。

【司会】

　今日の成果は国連の会議で発表する。大学としてもシリコンバレー型のイノベーションセンターを設置し、次のSDGsをスタートできるよう考えていきたい。

フォーラム：難波悠（東洋大学）
パネルディスカッション：根本祐二（東洋大学）

# 第II部

## 公民連携の動き
### 2022～2023 年

## 序章 PPP/PFIの推進アクションプラン

東洋大学　難波　悠

### 1. 新しい数値目標は30兆円に

2022年6月、政府は「PPP/PFI推進アクションプラン」の令和4年改定版を発表した。今回は、従来2013〜2022年度に累計21兆円としていた数値目標が事業期間を前倒しして達成されたことから、2022〜2031年度に累計30兆円を目指すとする新しい数値目標を打ち出した。特に、今後5年間を強化期間と位置づけ重点的に支援を実施する。

10年間で9兆円と見ると大変な上積みに見えるが、2020年度末の時点で既に26.7兆円を達成しており、真水での増加は3.3兆円である（記事執筆時点で2021年度末の累計額は公表されていない）。

一見、やや保守的な目標のようにも見えるが、後述するように、推進に対する国の主眼が小規模自治体や身近な施設となっており、関西国際空港をはじめとした大規模な空港コンセッション事業が複数あったこの10年間に比べて決して低い目標ではない。

これまで政府がコンセッション導入の重点分野に位置づけていた分野の多くで実施件数の数値目標を達成しているが、水道、下水道、コロナ禍の影響を、大きく受けたクルーズ船旅客ターミナルなどが目標を下回っており、今後これらの分野での拡大や新しく追加されたスタジアム・アリーナや大学施設なども進める。

### 2. 新たな官民連携を新しい資本主義の中核に

今回のアクションプランでは、岸田政権が打ち出す「新しい資本主義」の中核として、「新たな官民連携」が掲げられた。

アクションプランによると、この新たな官民連携とは、広域連携による施設の集約・再編への支援、インフラの維持管理費削減、土木インフラ整備へのPPP/PFI活用、PPP/PFI事業へのデジタル技術の活用、より多様な分野へのPPP/PFIの活用などを指しているようである。

今後新たにPPP/PFIの導入を進めようとする分野としては、従来から上がっている上下水道などのほか、文化・スポーツ施設、身近な施設（公民館や公園）、デジタル田園都市やデジタルトランスフォーメーション（DX）に代表されるようなデジタル技術の社会実装などである。また、活用において制約の多い国有地の活用や、近年拡大しているPark-PFI的手法の他分野への活用（河川、港湾、国立公園等）も盛り込まれている。

加えて、指標連動方式（いわゆるアベイラビリティ・ペイメント方式）、分野横断的包括的民間委託、共同発注などの新しい発注方式にも触れられている。指標連動方式に関しては、国土交通省が複数の自治体に対して導入可能性の検討を支援してお

り、インフラや公共施設の包括管理などの分野で検討が進んでいる。民間事業者の取り組みを評価するための指標設定など課題も多く一筋縄ではいかないものの、今後注目される手法の一つである。

分野横断的包括的民間委託は、例えば道路だけではなく、橋梁、河川、公園、公共施設など異なる分野の施設やインフラを包括的に委託する方法である。これについても、いくつかの自治体で導入可能性の検討が進んでいる。また、これに類似した手法としてすでに地域維持型JVのような形で多工種、複数年の地域のインフラ維持管理のための契約の取り組みなども行われている。

今後は企業と自治体がどのように連携して地域のインフラ、公共施設を維持管理していくのかということを考える必要がある。

また、自治体が単独で検討するのではなく、広域化による共同発注、共同利用、共同管理のような手法の検討も各地で進んでいくだろう。こういった手法はインフラの維持管理だけでなく、現在さまざまな自治体が検討を進めているDXの分野でも有効であろう。

## 3. 新たな政策課題の解決に

これまでのアクションプランと異なる特徴の一つが、分野別の目標や方向性だけでなく、「カーボンニュートラル」「DX」といった国が目指す新しい政策課題に対してPPP/PFIが貢献できるようにしようという考え方を打ち出したことだ。

欧州では、経済発展、中小企業活用、社会格差の解消、社会的に不利な立場にいる人の社会参画促進など政府が掲げる目標を達成するために公共調達による多額の購買

を活用しようとする考えが強く、EUでは社会的価値の創出のためのガイドブックが作成されているほか、イギリスでは年間一定額以上の国の入札の参加要件としてカーボンニュートラルへのコミットメントを求めたり、一定規模以上のプロジェクトの入札では社会的価値の創出を評価項目に入れることなどを求めている。

日本でも、既に事業者選定の評価項目に地域社会への貢献や環境配慮なども盛り込まれているが、今後はさらにカーボンニュートラル、DXなどへの対応への配慮が求められるようになるだろう。

現在人口10万人以上の自治体に優先的検討規定を策定するよう求めており、2023年度中に対象の全自治体での策定を目指している。

また、PPP/PFI推進機構と連携して自治体の首長向けのトップセールスを充実させることや、精神的な取り組みに対して表彰制度を創設することを掲げている。また民間事業者による事業提案を促進するため、提案者へのインセンティブ付与の方針を示した。

## 4. PFI法改正

政府は、2022年10月に召集された臨時国会でPFI法の改正を可決した。改正案の目玉はコンセッションにおいて事業開始後に増築や改修などをしやすくするもの。コンセッションの運営権は事業開始後に施設の規模や配置を原則として変更できない。例えば、スポーツ施設をコンセッション事業として運営し始めた後、その施設を本拠地とするチームがプロスポーツリーグの規定を満たすために客席を増築するといった

ケースが想定されている。

　また、15年間の時限措置として設置され2027年度末に設置期限を迎える民間資金等活用事業推進機構（PPP/PFI推進機構）の設置期限を2032年度末まで5年間延長する。合わせて同機構の機能を拡充し、地方金融機関に対しての支援を強化することを目指している。

　加えて、国がPFIの適用拡大を進めようとするスポーツ施設や公民館は、これまでPFI法の対象施設として「その他公益施設」に含まれる施設としていたが、スポーツ施設や集会施設を対象施設として明示的に記載した。

## 5. 民間提案のインセンティブ付与

　政府はPFI法第6条に基づく民間提案が行われ、実施方針が策定された事業の事業者選定において、総合評価落札方式またはプロポーザル方式で民間提案を実施した企業に対する加点措置を行う取り組みを推進するため実施要領を策定し、省庁や地方公共団体に対して通知を発出した。

　これは2022年のPPP/PFI推進アクションプランにおいて「民間事業者のイニシアティブを活用した案件形成を進めるため、民間事業者による提案が積極的に活用されるよう、実効性の高い環境整備を行う」としていることを受けた措置。例示としてVFMが10%の場合に総得点の5～10%をボーナスとして付与する考え方を示した。

## 6. PFIの現状

　政府が公表している「PFIの現状について」によると、2020年度末時点での実施方針公表件数は累計875件となった。

　新型コロナウイルスの感染拡大を受けて不透明さが増していることもあり、年度別の実施方針公表件数を見ると、2016年度以降は右肩上がりに上昇していたが、2020年度は5年ぶりに減少に転じ、公表件数59件と2017年度の水準を下回った。これは一つには、コロナ禍によって経済の減速が懸念されたことにより、検討を一時中断、またはプロジェクトを中止する自治体もあったことによるとみられる。コロナ対策の交付金の増加が影響している面もあるかもしれない。

　ただし、コンセッション事業については、2020年度の実施方針公表件数は6件と安定的に推移している。これらは国による推進施策、支援施策の効果と言えるだろう。

　また、現時点で大きな懸案事項となっているのが、資材価格の高騰である。コロナ禍の生産、物流、輸出入への影響、ウッドショック、ロシアのウクライナ侵攻による原油価格の高騰、各国でのインフレが重なり、一部の資材では急激に価格が上昇している。国土交通省は物価高騰を受け、単品スライド条項の運用方法などについてさまざまな施策を打ち出してはいるものの、PPP/PFIの導入を目指している自治体にこれらの施策が充分に浸透しているとは言いづらい。

　PPP/PFI事業においても入札参加者の辞退や予定価格超過による失格、入札不調なども発生している。コンセッションやPFI事業では、事業者の募集要項公表から提案提出までの期間が長期間となるため、物価上昇の影響を受けやすい。

　発注に当たっては、単品スライドの柔軟な運用なども求められるだろう。

第1章

# 公民連携の動き
# （公共サービス型）

## 1. PPP/PFI

　宮城県は2022年4月から水道用水供給、工業用水、流域下水道の処理場を統合したコンセッション事業を開始した。水道水供給事業は25市町村、工業用水は74事業所、流域下水道は21市町村が対象となる。

　運営事業者は、メタウォーターなど10社が設立したSPC。県はこれまでも浄水場の運営管理は民間に委託していたが、コンセッション事業ではそれに加えて薬品や資材の調達、設備の修繕・更新工事を民間に任せる。従来の委託よりも長期の契約ができるため、雇用の安定化や人材育成、技術革新なども期待できる。民間運営により20年間の総事業費は計約337億円削減される見込み。県の試算によると、今後40年間で水道料金は1.2〜1.5倍に上げる必要があるが、民間による効率化によって料金値上げを抑制できると見込んでいる。

　神奈川県三浦市は、下水道事業のコンセッションを2023年度に導入する。事業者として前田建設工業を代表とする5社グループを選定した。同市の下水道は人口減少などにより使用料収入が減少しており、歳入の6割を一般会計からの繰入金となっている。市は、経営改善のため22年夏に下水道使用料を4.4％値上げした。コンセッションによって繰入金の抑制、使用料値上げの抑制を図りたい考えだ。

　国土交通省は、コロナ禍で空港利用者が減少する中でも民間事業者の参画意欲を高めるため、空港コンセッションの事業者審査を簡略化することを検討している。1次審査について応募者が3者以下の場合は資格審査にとどめる。2次審査に関しては、審査項目の配点や採点方法などについて案件ごとに検討する。

　また、民間事業者による運営が始まった後に、滑走路など既存施設の改修費用などを国が補償する瑕疵担保責任について、運営開始からの期間や損害額の要件を緩和することも検討している。

図表Ⅱ-1-1　PPP／PFIの動き

| 年月日 | 見出し | 内　容 |
|---|---|---|
| 2021/10/1 | 大規模PFI、契約解除へ＝198億円、協議を断念―愛知県西尾市 | PFI事業を活用して市の公共施設を維持運営する契約について、愛知県西尾市は事業を担うSPCとの契約を、2022年の3月末で解除すると発表した。 |
| 2021/10/21 | 廃棄物処理に民間資金＝兵庫県相生市 | 兵庫県相生市は、民間資金を活用した廃棄物処理施設の建設・運営に向け、神鋼環境ソリューションなど3社と公民連携協定を締結した。今後設立する特別目的会社（SPC）が事業主体となり、2029年度からの施設稼働を目指す。 |

| 2021/11/22 | 水道運営権売却、国が許可＝全国初、22年4月事業開始－宮城県 | 宮城県は、上水道の運営権を民間に売却する全国初の「コンセッション方式」の導入に向け、厚生労働省から事業実施の許可を受けたと発表した。2022年4月から運用を始める。県は、事業者として選定した水処理大手「メタウォーター」など10社のグループによる特別目的会社と来週中にも契約を結ぶ。 |
|---|---|---|
| 2021/12/ 9 | 公民学の連携でオープンイノベーションの推進・地域課題の解決へ＝大阪府豊中市 | 豊中市は、市や民間事業者、NPO法人、教育機関といった多様な主体が繋がり、連携することにより、市民サービスの向上や、複雑化・多様化する地域課題の解決をめざす取り組みを行う「公民学連携」を推進している。 |
| 2021/12/22 | デジタル社会へ5原則＝書面・目視など3年で見直し－政府臨調 | 政府は、デジタル臨時行政調査会を開き、規制・行政改革の共通指針となる5項目の「デジタル原則」をまとめた。書面や目視を義務付けた手続きの全面的な見直しや官民連携などを盛り込んだ。この原則を基に今後3年で既存の法律や制度、組織を改め、デジタル社会にふさわしい体制への刷新を目指す。<br>デジタル原則は①デジタル完結・自動化②機動的で柔軟なガバナンス③官民連携④相互運用性の確保⑤共通基盤の利用－の5項目で構成する。 |
| 2022/ 1 / 5 | 特集・水道事業に民間運営＝宮城県で4月導入－料金上昇抑制狙う | 宮城県は4月から、全国の自治体で初めて上水道事業に民間運営を導入する。民間の経営手法や技術を取り入れて業務を効率化し、将来の水道料金の上昇を抑えるのが狙いだ。仙台市や名取市など25市町村に供給される水道が対象。 |
| 2022/ 1 /13 | グリーンインフラで全国初の公民連携＝プラットフォームを設立－さいたま市 | さいたま市は、自然環境が持つ機能を生かしてインフラ整備や土地利用などを行う「グリーンインフラ」を推進する公民連携のプラットフォームを設立した。プラットフォームでは、グリーンインフラを活用した駅周辺のまちづくりの指針を定めた「未来ビジョン（仮称）」を22年度までに策定し、これをたたき台に街の将来を議論していく。 |
| 2022/ 1 /14 | お散歩アプリで健康増進＝岩手県紫波町 | 岩手県紫波町は、歩数によってポイントが付与されるお散歩アプリ「よりみちしわ」を同町に本店を置くIT企業エルテスと共同開発した。アプリを使って町内を歩くことで、健康を増進し、町内での新たな発見を促す狙い。町のデジタル分野の公民連携プロジェクトの第2弾。 |
| 2022/ 1 /19 | 県立高専を設置へ＝滋賀県 | 滋賀県は、県内産業を支える技術者を育成するため、高等専門学校を設置する方針だ。公立大学法人滋賀県立大学による運営を想定している。PFIを利用。構想骨子を3月に策定し、今夏に設置場所を決定する。 |
| 2022/ 2 /17 | eスポーツ企業と普及促進＝大阪府大東市 | 大阪府大東市は、ゲームの腕を競い合う「eスポーツ」の普及に向け関連企業と連携して、市内に専用パソコンを設置した活動拠点を整備する。市は、eスポーツ企業「リベラルマインド」から、eスポーツ用に特化したゲーミングパソコン5台と机などの寄贈を受けた。小学校跡地にできた公民連携拠点「アクティブ・スクウェア・大東」に配備し、市民に活用してもらう。 |
| 2022/ 3 /14 | 駅前再開発でツタヤ図書館＝大阪府門真市 | 大阪府門真市は、京阪電鉄古川橋駅前で、図書館や文化会館を備えた生涯学習施設の建設に着手する。市中心部のにぎわいづくりが狙いで、TSUTAYAを展開するカルチュア・コンビニエンス・クラブ（CCC）が運営を担う。 |
| 2022/ 3 /23 | 官民連携で「Nゲージ」公園＝埼玉県鶴ケ島市 | 埼玉県鶴ケ島市は、鉄道模型メーカーの関水金属と連携して、新たな交流拠点となる「Nゲージとガーデンパーク」（仮称）を整備する。市内2カ所目となる同社の新工場建設決定を受け、2019年に締結した連携協定を踏まえた取り組み。市は、公園の整備費用として1億5000万円を見込む。そのうち1億円を同社が負担。 |
| 2022/ 3 /24 | 感染症、災害によるリスク分担＝民営化目指す空港で－国交省 | 国土交通省は、国管理空港のコンセッションをめぐり、新型コロナウイルス感染症や自然災害など不測の事態によって生じる損害リスクを運営会社と国が分担する仕組みを導入する方向で検討する。まずはコンセッション導入に向けて手続きを進めている新潟、大分、小松の3空港の契約で反映させる方針だ。 |
| 2022/ 4 / 1 | 水道の民間運営スタート＝効率化で料金値上げ抑制－宮城 | 宮城県で、県が管理する上水道事業の民間運営がスタートした。全国初の試みで、県内35市町村のうち仙台市など25市町村への水の供給が対象。人口減少などで水道事業の経営が悪化する中、民間の技術を生かして業務を効率化し、将来の水道料金値上げを抑える狙いだ。 |
| 2022/ 4 /18 | 屋内型の児童遊戯施設を開館＝コンセプトは「インクルーシブ」－山形市 | 山形市は、屋内型の児童遊戯施設「シェルターインクルーシブプレイス　コパル」をオープンした。全国初となる車いすで乗れるブランコも導入した。運営と維持管理費を含む総事業費は約38億円。コスト削減と効率化のため、PFI事業として整備した。 |
| 2022/ 5 /18 | 官民連携で路線バス運行＝支援制度整備を－国交省検討会 | 国土交通省の有識者検討会は、官民連携（PPP）による支援制度の整備など、地域の路線バス維持に向けた論点をまとめた。6月上旬に中間報告を策定する予定だ。これを受け同省は、交通事業者への財政支援など新たな仕組みの検討に乗り出す方針だ。 |

| | | |
|---|---|---|
| 2022/ 5 /25 | 「SDGs×ふるさと納税」でこども食堂支援＝岩手県一関市 | 岩手県一関市は「SDGs未来都市」の選定を受けており、ふるさと納税制度を活用した取り組みを開始した。内閣府の地方創生SDGs官民連携プラットフォームでの出会い（こども食堂支援機構からの提案）をきっかけに事業化に着手。 |
| 2022/ 6 / 3 | 官民連携、10年で30兆円拡大＝スポーツ施設も運営権売却—政府 | 政府は、PFIなど官民が連携する事業の規模を今後10年間で30兆円拡大する行動計画をまとめた。施設の運営権を民間に売却する「コンセッション方式」の対象を従来の空港や上下水道からスポーツ、文化施設にも拡大することなどで実現を目指す。 |
| 2022/ 6 / 9 | 障害者就労の応援組織結成＝宮城県 | 障害者就労施設の安定的な受注体制を確保するため、宮城県や企業などが参加する官民連携の応援組織が仙台市内で発足した。より多くの企業から単価の高い業務を受注できるようにすることで、働く障害者の工賃向上を目指す。 |
| 2022/ 6 /16 | コンセッション審査の簡略化検討＝空港運営の民間委託促進—国交省 | 国土交通省は、国が管理する空港の運営を民間に委託する「コンセッション方式」をめぐり、事業者の審査方法を簡略化する方向で検討している。選定した事業者との契約内容も要件を緩和するなど、見直したい考え。新型コロナウイルスの影響で空港利用者が大幅に減る中でも、多くの事業者の応募を促し、競争性を確保する狙いがある。 |
| 2022/ 6 /20 | 医療刑務所跡地、PFIで整備＝東京都八王子市 | 東京都八王子市は、JRと私鉄の八王子駅から約800メートルの場所にある医療刑務所跡地（約5ヘクタール）をまちの新たなシンボルとするため、PFI方式で「集いの拠点」を整備する。市は年度内に施設の建設事業者を選び、2026年度の供用開始を目指す。 |
| 2022/ 6 /24 | 公募型で古民家風カフェ整備＝宮崎県延岡市 | 宮崎県延岡市は、都市公園法に基づくPark−PFIを活用し、延岡城跡地の城山公園内に古民家風カフェを整備する民間事業者を公募する。市の財政負担を軽減しながら、市民が集い、観光客を呼び寄せるにぎわい拠点の創出を目指す。 |
| 2022/ 7 / 7 | 河川敷地でPFI導入検討＝維持管理効率化へ民間活用—国交省 | 国土交通省は、民間事業者の河川空間の利用を促すための新たな仕組みの導入を検討する。都市公園に取り入れられている「Park−PFI」と同様の枠組みを想定。河川の維持管理に収益を還元する事業者の敷地利用に優遇措置を設け、河川周辺の地域の活性化と維持管理の効率化につなげる。事業者のニーズを踏まえて導入時期を探る。 |
| 2022/ 7 /25 | PFI新方式で体育館着工＝アジア最大級、25年完成—愛知県 | 愛知県は、県新体育館の建設に着手した。体育館整備の分野では全国初というPFIの「BTコンセッション」方式を採用。新体育館では、NTTドコモなど7社が出資する特別目的会社（SPC）「愛知国際アリーナ」が約400億円で施設を整備。うち約200億円を県が負担し、完成後に所有権が県に移る。その後、県が愛知国際アリーナに運営権を設定する。 |
| 2022/ 7 /29 | 下水道事業を民営に＝神奈川県三浦市 | 神奈川県三浦市は、使用料収入が減少している下水道事業について、市が施設を所有したまま運営を民間に任せるコンセッション方式を2023年度に導入する。前田建設工業を代表とする5社グループを優先交渉権者に選定し、基本協定を7月に締結。23年度から20年間にわたり運営を任せる。 |
| 2022/ 7 /29 | 小学校の水泳授業、1カ所に集約＝プール改修費を節約—福井県越前市 | 福井県越前市は今年度、小学校6校で校内での水泳授業を取りやめ、代わりに市内の公園に新設した屋内プールに集約して実施する。老朽化した学校プールの改修費を節約するのが目的。市は、市内の武生中央公園にあるプールをPFI方式で建て替えた。都市公園法に基づくPark-PFIを活用。 |
| 2022/ 8 / 8 | 地元主体のPFIで図書館整備＝沖縄県読谷村 | 沖縄県読谷村は、PFI事業として、村立図書館を中核とする「読谷村総合情報センター」を整備する。このほど地元企業主体の特別目的会社（SPC）と建築・設計、20年間の維持管理・運営などについて契約した。事業費は約37億5200万円。2025年10月の開館を目指す。 |
| 2022/ 8 /16 | 公民連携で協定締結＝名古屋市と三菱UFJ銀 | 名古屋市と三菱UFJ銀行は、市の公民連携の取り組みを推進するため、公民連携パートナーシップ協定を結んだ。1月に締結した包括連携協定に基づくもので、同行は金融機関としてのノウハウやネットワークを生かし、社会課題解決に協力する。 |
| 2022/ 8 /22 | 公園内の店舗、整備しやすく＝自治体向け交付金拡充—国交省 | 国土交通省は、自治体と民間事業者が連携して都市公園の中にカフェや売店などを設置する場合、設置前に行う調査費用の一部を支援する方針を固めた。現在は整備費用に限定している自治体向け交付金の対象を調査費用にも拡大。 |
| 2022/ 8 /22 | 新秩父宮、鹿島など整備事業者に＝27年末に使用開始—ラグビー | 日本スポーツ振興センターは、東京・明治神宮外苑の再開発に伴い建て替える秩父宮ラグビー場を整備、運営する事業者に、鹿島建設を代表とするグループを選んだと発表した。PFI方式を採用。グループには鹿島の他、三井不動産、東京ドームなどが名を連ねる。 |
| 2022/10/11 | まちづくり支援でファンド＝国交省事業の第1号適用—前橋市 | 前橋市は、民間が中心となって取り組む中心市街地のまちづくり事業を資金面から支援するため、「前橋市アーバンデザインファンド」を設置する。国土交通省の「共助推進型まちづくりファンド支援事業」の適用第1号として、民間都市開発推進機構から出資を受ける。 |

| 2022/10/18 | 官民連携でリユース拠点＝東京都八王子市 | 東京都八王子市は、地域情報サイトを運営する「ジモティー」との官民連携により、家庭で使わなくなった家具、家電や余った食品などを持ち込めるリユース拠点「ジモティースポット八王子」を市内のホールに開設した。 |
| 2022/10/18 | 空港隣接のビジネス拠点開業＝和歌山県 | 和歌山県は、南紀白浜空港に隣接するビジネス拠点「オフィスクラウド9」を開業した。オフィスや共有スペース、会議室などを備え、運営は企業が担う。公募で事業者に選ばれたオリエンタルコンサルタンツと浅川組が建設し、9月までに施設が完成した。工事費は県と白浜町がそれぞれ3000万円補助。県が施設の土地を両社に有料で貸し出し、両社が施設を整備・運営する官民連携PPP方式を取った。 |

## 2. 委託／指定管理／市場化

　自治体の公の施設の指定管理を担う企業等で構成する一般社団法人の指定管理者協会は、2021年度の提言として、モニタリングに関する提言をまとめた。特にコロナ禍で従前の実績等との数値比較が困難となっていることもあり、自治体の経営改革や地域への貢献に向けてモニタリングのあり方を検討した。

　モニタリングの実態として、統一された様式、方法、頻度などが定められておらず、自己評価の方法も明確でない。また、モニタリング結果がどのように活用されるのかも明確ではない。課題として、モニタリングと評価の違い、考え方が自治体毎に異なること、「目的」「主体」「対象」「手法」も自治体によって多様であった。指定管理者のモニタリング方法等の見直しを行った事例としては、報告書様式の標準化、履行チェックシートやモニタリングシートの導入、「評価項目」と「検査項目」の区別の明確化、モニタリングとPDCAサイクルの連動などを行った神奈川県相模原市の事例や、全庁組織による統一的なモニタリングや利用者満足度と重要度のクロス分析、統一的な項目によるモニタリングレポートやアピールシートなどを導入し経営改善に繋げた東京都北区の事例などを挙げた。

　群馬県前橋市は、中心市街地活性化事業を民間に委託し、その成果に連動して報酬を支払うソーシャルインパクトボンド（SIB）を導入した。対象は「馬場川通り」で期間は約2年半。報酬は歩行者数に応じて4段階に設定した。受託したのは、市が都市再生推進法人に指定している一般社団法人前橋デザインコミッション。SIBは医療や福祉分野などでの取り組みが多く、まちづくり分野での導入は全国初。

図表Ⅱ-1-2　委託／指定管理／市場化テストの動き

| 年月日 | 見出し | 内　　容 |
|---|---|---|
| 2021/10/ 8 | 県庁にコワーキングスペース整備へ＝鹿児島県 | 鹿児島県は、桜島を一望できる展望スペースとして一般開放している県庁最上階に、官民連携のコワーキングスペースを整備する。企画提案コンペを経て選定した県内のNPO法人に整備と運営を委託する。 |
| 2021/10/26 | 歩行者の増減で委託先の報酬変動＝成果連動型で市街地活性化―群馬県前橋市 | 群馬県前橋市は、市中心部で歩行者数の増加を図る中心市街地活性化事業を、成果連動型の業務委託により実施している。事業による歩行者の増減に応じて報酬が変動する仕組みで、最大570万円の差が生じる。また、成果確定までの事業費は民間資金を活用した「ソーシャル・インパクト・ボンド（SIB）」の仕組みで調達する。 |

| 2021/11/ 4 | 用地業務全般の民間委託検討＝民間と自治体のスキル向上へ―国交省 | 国土交通省は、土地の測量や建物の調査など用地取得に関連する業務全般を、包括的に民間事業者に委託する方向で検討を始めた。公共事業が減り、調査などを担う民間の補償コンサルタントも減少傾向にある。包括的に発注することで事業者の利益を増やすとともに、スキルの底上げも狙う。 |
|---|---|---|
| 2021/11/ 8 | 施設包括管理へサウンディング調査＝兵庫県豊岡市 | 兵庫県豊岡市は、複数の市有施設について、管理業務の一括委託に向けた「サウンディング調査」を実施する。調査対象は、直接管理の193施設と指定管理の67施設、公園57施設の設備点検や保守管理、修繕。 |
| 2021/11/25 | 3図書館に指定管理者制度＝神奈川県平塚市 | 神奈川県平塚市は、2022年度から市立図書館4カ所のうち北図書館、西図書館、南図書館の3カ所に指定管理者制度を導入する。指定管理者は、図書館運営事業などを行っているヴィアックス。指定管理料は6億5200万円程度と見積もっている。 |
| 2022/ 3 / 1 | 公民連携スクールを開設へ＝大阪府大東市 | 大阪府大東市は、市内の中学校に籍を置いたまま通学できる公民連携スクールを2023年度に開設する。学校生活になじめない子どもに多様な学びの場を確保するのが狙いで、市内の中学生20人程度を受け入れる見込み。スクールは民間事業者が運営。 |
| 2022/ 3 /24 | 市民課窓口業務を委託＝高松市 | 高松市は、業務の効率化と市民サービスの向上を目指すため、市民課の窓口業務の一部を民間事業者「ニチイ学館」に委託する。期間は4月から2025年3月までの3年間で、正規職員と会計年度任用職員の計11人で担っている業務を委ねる。年間経費は現在の約4700万円から1割減の約4200万円となる。 |
| 2022/ 4 /12 | 軽症者の健康観察を民間委託＝感染急増受け―宮崎県 | 宮崎県の河野俊嗣知事は定例記者会見で、新型コロナウイルス感染者のうち軽症や無症状の若年層など重症化リスクの低い自宅療養者の健康観察業務を民間企業に委託し、近く「自宅療養者フォローアップセンター」を設置すると発表した。 |
| 2022/ 4 /25 | 世代間交流、健康増進で官民連携＝千葉県旭市 | 千葉県旭市は、イオンタウンなどの事業者グループと連携し、「生涯活躍のまち・みらいあさひ」の整備を進めている。イオンタウン旭内には、市が設置し、イオンタウンが管理運営する「おひさまテラス」が入居。 |
| 2022/ 7 / 8 | 原木販売の流通センター設立＝和歌山県有田川町 | 和歌山県有田川町は、林業者が製材業者に原木を販売する流通センターを設立した。これまで地元の売り手も買い手も遠方の市場に出向く必要があったが、センターを介した売買により地元業者の運賃負担を軽減し、所得増を目指す。運営は、指定管理者の地元建設会社が担う。 |
| 2022/ 9 /12 | 民間委託で空き家、移住相談窓口＝東京都新島村 | 東京都新島村は、村内の一般社団法人「新島OIGIE」に委託し、空き家の利用と村への移住定住に関する相談窓口を開設した。空き家所有者、移住希望者の間を仲立ちし、移住促進を図る。開設に合わせ、オイギーには移住定住サイト「Flowlife」を立ち上げてもらった。 |
| 2022/ 9 /27 | 小学校の水泳授業を民間委託＝津市教委 | 津市教育委員会は、プールが老朽化した一部の小学校で水泳授業の民間委託を今年度から始めた。民間委託するのは、市内の5つの小学校。いずれも建設から39〜50年が経過し、大規模修繕や建て替えが必要なプールがある。それぞれ学校から片道30分以内の場所にある民間スクールを活用する。今年度の予算額は665万円。 |
| 2022/ 9 /28 | 空き家バンク運営、一部を民間委託＝長崎県五島市 | 長崎県五島市は、空き家バンクの運営業務の一部を民間委託する。委託先はNPO法人五島空き家マッチング研究所で、期間は10月から2023年3月まで。空き物件の登録、利用希望者への物件情報の提供、物件案内の連絡調整などの業務を委託し、市内不動産事業者とも連携してもらう。 |
| 2022/ 9 /30 | 災害教訓で防災「道の駅」計画＝宮城県白石市 | 宮城県白石市は、市内に東北自動車道のスマートインターチェンジが2025年度に新設されるのに合わせて建設する、スポーツ施設を併合した道の駅の基本計画を策定した。運営方法は、民間事業者の活力を生かし、官民が連携できる指定管理者制度などを検討している。 |

## 3. 民営化

　沖縄県久米島町は、コロナ禍で休館しているサウナ「バーデハウス久米島」を民営化する。コロナ禍前は市民や観光客などで年間約4.5万人が利用していたが、維持修

繕費などの増大で町が毎年3000万〜5000万円を拠出して運営を支えていた。コロナ禍での休館を受けて、運営会社の第三セクターも清算していた。

　フランス政府は、国が大部分の株式を保有しているフランス電力（EDF）を100％国有化した。ロシアのウクライナ侵攻など

を受けたエネルギー価格高騰などへの対応や、温暖化対策としての原発事業を政府が後押しする狙い。EDFは国有会社として創設され、2005年に株式を上場して一部民営化されていた。

図表Ⅱ-1-3　民営化の動き

| 年月日 | 見出し | 内　容 |
|---|---|---|
| 2021/11/5 | コロナで閉館のサウナ、民営化へ＝沖縄県久米島町 | 沖縄県久米島町は、保有する温浴施設を民営化する。観光資源の海洋深層水を使ったサウナなどを備え、町民や観光客が利用していたが、新型コロナウイルス禍の利用客減で休館中。民間による運営を目指し、市場調査を進めている。 |
| 2022/3/3 | 市民に空港で使える商品券＝北海道千歳市 | 北海道千歳市は、新千歳空港の利用促進のため、空港内で使える商品券を市民に配布するなどの新規事業を実施する。同空港は20年の民営化で活況が期待されたが、コロナ禍の航空需要低迷で厳しい状況が続いている。 |
| 2022/3/29 | JR西、大阪―神戸間など値上げ＝民営化後初、23年4月購入分から | JR西日本は、大阪―神戸間など京阪神地区の運賃を値上げすると発表した。2023年4月購入分から適用する。消費税増税を除き1987年の民営化後初の値上げとなる。新型コロナウイルス感染拡大による利用者激減で悪化した収益を改善させる狙いがある。 |
| 2022/7/7 | フランス電力、完全国有化へ＝燃料価格高、温暖化対策で | 【パリ時事】フランスのボルヌ首相は政府が株式の約84％を保有するフランス電力（EDF）について100％国有化する方針を表明した。ロシアのウクライナ侵攻などを受けたエネルギー価格高騰や温暖化対策に対応する狙い。完全国有化により、財政難に陥っているEDFの原発事業を政府が後押しする姿勢を明確にした格好だ。 |

## 4. 第三セクター

　総務省がまとめた2021年度の第三セクター等について地方公共団体が有する財政的リスクの状況に関する調査結果（2021年3月31日時点）によると、調査対象となる法人数は1126法人（前年度比14法人増）で、このうち第三セクターが687法人（同19法人増）、地方三公社が439法人（同5法人減）となった。

　1126法人のうち債務超過は248法人で、事業の内容に応じて資産を時価で評価した場合に債務超過となる法人は8法人、土地開発公社387法人のうち債務保証を付した借入金によって取得された土地で保有期間が5年以上の土地簿価総額が当該地方公共団体の標準財政規模の10％以上の公社が17法人となった。

　また、当該地方公共団体の標準財政規模に対する損失補償、債務保証および短期貸付金の合計額の割合が実質赤字比率の早期健全化基準相当を上回ったのが47法人だった。

　全国の三セク鉄道40社の2021年度経営実績によると、経常損益が赤字となった会社は前年度比1社減の39社だった。人口減少やコロナ禍による外出自粛の影響を受けたものの、年度後半からは輸送人員が回復傾向となり32社で増加した。40社全体の経常損失は126億3971万円で、前年度よも増加した。ただし、黒字に転じた平成筑豊鉄道を含めた16社で経常損益が改善した。輸送人員は40社全体で前年度比7.6％増となった。

　福井県は、道路公社を22年9月末で解散することを決め、公社の累積債務約26億9400万円を県と勝山市が全額放棄することを決めた。

　公社が保有していた2つの有料道路は県道、市道として無料開放した。対象は「レインボーライン」と「法恩寺山有料道路」。

法恩寺山有料道路の料金収受機関が9月末で終了することや、レインボーラインは道路運送法上の道路で国の災害復旧事業の対象とならず、補修費がかさんでいた。北陸新幹線の延伸や観光路線を無料化したことによる観光誘致が期待されている。

図表Ⅱ-1-4　第三セクターの動き

| 年月日 | 見出し | 内　容 |
|---|---|---|
| 2021/10/7 | AIオンデマンドバスで寺巡り＝福井県小浜市 | 福井県小浜市の第三セクター「まちづくり小浜」や市などは、市内の寺を巡るAIの乗り合いオンデマンドバスを運行している。都市部の観光客のアクセスを向上させるのが狙い。運賃は無料とし、運転手を含め10人乗りのトヨタ自動車「ハイエース」を計3台導入した。 |
| 2021/11/16 | 新交通システムへの参画拒否＝採算見込めず－横浜市の三セク | 横浜市が出資する第三セクター「横浜シーサイドライン」は、市内の旧米軍上瀬谷通信施設跡地と相鉄線瀬谷駅を結ぶ新交通システム整備事業について、採算性や継続性が見込めないとして、参画を拒否する方針を決めた。常務会で正式決定し、市に回答する。 |
| 2021/11/28 | くま川鉄道、一部運転再開＝熊本豪雨で被災、1年5カ月ぶり | 2020年7月、熊本県南部などを襲った豪雨で被災し、全線で運休していた第三セクターくま川鉄道が一部区間で運転を再開した。運行を再開したのは肥後西村（錦町）－湯前間の約19キロ。 |
| 2021/12/25 | DMV、世界初の運行開始＝道路と線路、同じ車両で－徳島 | 徳島、高知両県を結ぶ第三セクターの阿佐海岸鉄道は、道路と線路を同じ車両で走行する「デュアル・モード・ビークル（DMV）」営業運行を世界で初めて開始した。地元関係者は、観光地へのアクセス向上や鉄道ファンの集客などを期待している。 |
| 2022/1/19 | 三セクに事業認可＝福井並行在来線－国交省 | 北陸新幹線（金沢－敦賀）の開業に伴ってJR西日本から経営分離される福井県内の並行在来線をめぐり、国土交通省は、第三セクターの準備会社などによる「鉄道事業再構築実施計画」を認定した。 |
| 2022/3/15 | 地域DXセンター整備へ＝Maasや自動運転関連企業誘致－長野県塩尻市 | 長野県塩尻市は、産学官のDXを推進するため、中心市街地に「地域DXセンター」（仮称）を整備する。市は、テナントが退去したショッピングセンターの2階（2100平方メートル）を改修して、サテライトオフィスやコワーキング施設、交流スペースを設置する。塩尻市振興公社が整備と運用を担う。 |
| 2022/4/21 | 地域エネルギー会社の設立準備＝神奈川県川崎市 | 神奈川県川崎市は、ごみ処理施設で発生する熱を利用して電力を供給する地域エネルギー会社の設立に向けて準備を進めている。23年度に稼働する橘処理センターを含む3施設で、ごみを焼却する際に発生する熱エネルギーにより120ギガワット時の電力量が見込める。 |
| 2022/4/27 | 道路公社解散で路線無料化＝観光誘客と安定管理目指す－福井県 | 福井県は、9月末で道路公社を解散する。公社の累積債務約26億9400万円について、県と勝山市は全額放棄することを決め、それぞれの議会で可決された。2つの有料道路は、県道と市道になり無料化される。 |
| 2022/5/17 | 太陽光パネル導入を加速＝都有施設、目標引き上げ－東京都 | 東京都は、事務所や警察署、学校といった都有施設への太陽光発電設備の導入を加速させる。2024年度末の累計設置量に関する目標を従来の1万2000キロワットから2万キロワットに引き上げた。設置の候補となる施設は都が管理する事務所や警察署、消防署、都立学校など約3000カ所。 |
| 2022/6/6 | 新空港線、負担割合で都と合意＝2035年開業想定－東京都大田区 | 東京都大田区の松原忠義区長は、羽田空港と都心部のアクセス改善に向けた「新空港線」整備事業について臨時の記者会見を開いた。事業費の地方負担は区が7割、都が3割とすることで都側と合意したことを明らかにした。区は2035年の一部開業を見込んでいる。　事業費は1360億円で、国と地方（都・区）、第三セクターが3分の1ずつ負担する。 |
| 2022/7/1 | 都立病院が独立行政法人に＝東京都 | 東京都が全額出資する地方独立行政法人「東京都立病院機構」が設立された。都立の全8病院と保健医療公社の全6病院、がん検診センターが一体となり、独立行政法人に移行する。 |
| 2022/7/14 | 初期投資なしで太陽光導入＝兵庫県 | 兵庫県は、初期投資を掛けずに太陽光発電設備を導入できる「PPA方式」を活用して、2022年度内に県施設などに発電設備を設置する。設置場所は、広域防災センターや姫路警察署をはじめ県と県道路公社の施設計14カ所を想定。カーポート型の設備を設置するなどして発電し、生じた電力はそれぞれの施設に供給する。 |
| 2022/7/19 | 三セク鉄道、39社赤字＝人口減少やコロナ影響－21年度経営実績 | 第三セクター鉄道等協議会は、全国の三セク鉄道40社の2021年度経営実績を発表した。経常損益が赤字の会社は前年度から1社減少し39社。人口減少に加え、新型コロナウイルス対策の緊急事態宣言の発令に伴う外出自粛などが響いた。ただ、輸送人員は年度後半から回復傾向となり、32社で増加した。40社全体の経常損失は126億3971万円。 |

| | | |
|---|---|---|
| 2022/ 7 /21 | 駅周辺整備に24億円基金＝福井県、福井市 | 福井県と福井市は、福井駅周辺の老朽店舗の改装などを後押しするため、「県都まちなか再生ファンド」を設けた。基金の規模は24億円を予定し、2022年度から5年をかけて事業を展開する。ファンドは、県と市がそれぞれ12億円を拠出。基金の使途などについては、市が51％出資する第三セクターの「まちづくり福井」が事務局となり、産学官の関係者らで構成される委員会が検討する。 |
| 2022/ 7 /27 | IC隣接地にコストコ誘致＝山梨県南アルプス市 | 山梨県南アルプス市は、中部横断自動車道南アルプスインターチェンジ（IC）に隣接する土地に、会員制量販店「コストコ」を誘致する。地元食材の直売所やアウトドア観光の案内所なども併設される予定。この区画には、15年に第三セクターが運営する6次産業化拠点施設が開業したが、経営難により約7カ月で営業停止となった経緯があり、集客を見込める民間企業の誘致を目指していた。 |
| 2022/ 8 /24 | アリーナ効果年54億円＝整備費、運営主体は示されず－福井 | 福井県と福井市、福井商工会議所でつくる「県都にぎわい創生協議会」が23日、福井市内で第6回会合を開き、福井駅周辺で整備が計画されているアリーナの経済波及効果を年間54億円とする試算を明らかにした。第三セクター「まちづくり福井」を中心に、特定目的会社（SPC）が整備を、民間企業が運営を担い、県や市が支援する。 |
| 2022/ 9 / 1 | 並行在来線、三セクで赤字圧縮＝北海道 | 北海道は、北海道新幹線の2030年度の札幌延伸に伴い、JR北海道から経営分離される並行在来線・函館線の函館―長万部間について、第三セクター方式で全線存続させた場合、分離後30年間の累積赤字が816億円となる試算を発表した。初期投資の見直しなどで、昨年4月の予測で示した944億円から127億円を圧縮した。 |
| 2022/ 9 /13 | 函館線の貨物路線維持を協議＝北海道、JR2社と―国交省 | 国土交通省は、2030年度に予定されている北海道新幹線の札幌延伸に伴い、JR北海道から経営分離される並行在来線・函館線の函館―長万部間（約148キロ）を貨物鉄道専用の路線として維持できるか、北海道、JR北海道、JR貨物との4者で協議すると明らかにした。 |

## 第2章 公民連携の動き（公共資産活用型）

### 1. 公共資産活用

公共施設マネジメントの進展によって、公共資産の活用も新たな課題となっている。単に資産の活用策を見つけるだけでなく、民間の投資を呼び込むためにどのように公共施設を利用するか、開発の利益をどのように公共に帰属させるかも検討課題となる。

英国では、公共が資産を現物出資し、民間が同等の資金を出資して共同出資の合同会社を作り、公共施設や民間収益施設など地域の開発を行う「Local Asset Backed Vehicle（LABV）」と呼ばれる手法がいくつかの開発で使われている。

このほど、山口県山陽小野田市で、同市、小野田商工会議所、公募で選ばれた合人社計画研究所、山口銀行、地元の企業などの企業で構成する合同会社を立ち上げた。

初弾の事業として、市内の商工センター跡地開発として市役所の出張所、銀行の支店、地元大学の学生寮などが入居する複合施設を整備する。市は公有地を現物出資するが、合同会社の経営は民間に任せ、配当は受けない。公募で選ばれた事業者は、建て替え費用を出資する。

図表Ⅱ-2-1　公共資産活用の動き

| 年月日 | 見出し | 内　容 |
|---|---|---|
| 2021/11/9 | こどもホスピスが21日開所＝土地、人件費を支援—横浜市 | 横浜市の山中竹春市長は、小児がんなど難病の子どもと家族の療養生活を支援する「こどもホスピス」が金沢区に開所すると発表した。同様の施設は大阪市にあり、全国で2例目という。ホスピスはNPOが設立・運営。市はホスピス用の市有地を30年間無償で貸し付けるほか、年間500万円を上限に5年間、常駐する看護師の人件費を支援する。 |
| 2021/11/17 | 感染症に備え、保健所移転へ＝大阪府戦略会議 | 大阪市は戦略会議を開き、新型コロナウイルスなどの感染症の拡大に備えて、民間ビル内などにある保健所を市有施設のホテルに移転する方針を確認した。2024年度までの改修工事終了を目指す。 |
| 2021/12/3 | 再エネ推進へ民間活用＝愛知県豊橋市 | 愛知県豊橋市は、再生可能エネルギーの導入を進めるため、市有施設に再エネ設備を設置する民間事業者を公募する。建て替え予定がなく、再エネ設備が設置されていない施設が対象で、市民館や保育園など15施設を選定した。 |
| 2021/12/7 | 25年度に児童相談所開設＝大阪府豊中市 | 大阪府豊中市は、2025年度に児童相談所を設置する。児相は、社会福祉士や精神保健福祉士などの資格を持つ職員150人体制で運営。開設までに公募を行う方針。施設は新築せず、既存の市有施設を改修し、費用を節減する考えだ。 |
| 2021/12/17 | 遊休公共施設でマーケットの社会実験＝大阪府高石市 | 大阪府高石市は、遊休公共施設を有効活用してマーケットを開催する社会実験を進めている。事業者同士や市民との交流を促進しつつ、新たな地域経済の循環を生み出す狙い。 |
| 2022/1/4 | 再エネ拡大へ初期費用なし契約＝市有施設に太陽光発電—札幌市 | 札幌市は、市有施設に太陽光発電設備を設置する民間事業者を公募する。施設所有者が初期費用なしで設備を設置できる「電力購入契約（PPA）」を活用し、再生可能エネルギーの導入拡大を図る。 |

| 2022/ 1 /14 | 駐車場をスケボー練習用に開放＝熊本市 | 熊本市は、市総合屋内プール「アクアドームくまもと」の駐車場を、スケートボードなどの練習用に開放した。市有施設でスケボーの使用を認めるのは初めて。周辺に住宅などが少なく、樹木で囲まれているため、騒音被害を軽減できる。 |
|---|---|---|
| 2022/ 1 /14 | 林業専門の地域商社設立へ＝北海道ニセコ町 | 北海道ニセコ町は2022年度、林業に特化した地域商社を立ち上げる。新設する地域商社の運営では、森林価値を高める事業を手掛ける「トビムシ」と連携する予定。近隣の木材加工業者にも参加を呼び掛け、地域ぐるみで取り組む。 |
| 2022/ 2 /18 | 地熱発電建設で立地協定＝鹿児島県湧水町 | 鹿児島県湧水町は、宮崎県との県境にある栗野岳中腹の町有地での地熱発電所整備に向け、地熱発電事業などを手掛ける「町おこしエネルギー」と立地協定を締結した。掘削調査で十分な地熱が確認できれば、温泉付きの宿泊施設や観光農園といった体験型観光施設などを付近に設けたい考え。 |
| 2022/ 2 /18 | 洪水予測データの活用検証＝長野県 | 長野県は、行政や企業、住民ら地域の関係者が連携して行う「流域治水」の推進に向け、洪水予測データを活用した防災減災対策について検証を始めた。より迅速で適切な避難行動や被災地の早期特定による復旧の効率化などにデータを生かす方法を探る。 |
| 2022/ 4 /12 | 任天堂、新研究棟を建設＝27年完成予定、ゲームの開発機能強化 | 任天堂は、京都市南区の本社ビル隣接地（同市同区）にある市有地を取得し、新たに研究開発棟を建設すると発表した。取得する市有地は、京都市が公募型プロポーザル方式で取得者を募っていた。取得する市有地の敷地面積は約1万平方メートルで、入札額は50億円。 |
| 2022/ 4 /13 | 公設民営でスーパー誘致＝北海道歌志内市 | 北海道歌志内市は、市民の買い物需要に応えるため、公設民営型の商業施設を新設する。市内はスーパーがなく買い物が不便な状況で、市は自ら施設を整備して小型スーパーを誘致する計画。市は事業者にテナントとして貸し出し、賃料を受け取る。 |
| 2022/ 6 / 3 | 市有施設を民間に有償提供＝福島市 | 福島市は、現在利用されていない市有施設を民間事業者に売却、貸し付けを行う制度を新設した。対象は市内の小学校や幼稚園、教職員住宅など6施設で、今後も追加する予定だ。希望事業者は施設の利活用計画を提出し、市が審査した上で売却または貸し付けを行う。 |
| 2022/ 6 /15 | 市有地活用へサウンディング調査＝京都市 | 京都市の門川大作市長は、京都駅近くの市有地について、企業や市民から活用方法を聞く「サウンディング市場調査」を実施すると発表した。対象となる土地は京都駅から徒歩6分の所にあり、縦約34メートル、横120メートルの計約4000平方メートル。 |
| 2022/ 6 /23 | 県有施設に太陽光導入＝発電事業者が設置－福井県 | 福井県は、2050年の二酸化炭素排出実質ゼロを目指す取り組みの一環として、「電力購入契約（PPA）」モデルを活用して県有施設4カ所に太陽光発電を導入する。対象の4施設は、工業技術センター、県立図書館、こども療育センターと坂井合同庁舎。 |
| 2022/ 8 /29 | 旧小学校をドローン教習所に＝千葉県東庄町 | 千葉県東庄町は、閉校となった小学校をドローンの教習所として活用する。町が校舎を無償提供し、全国トップクラスのパイロット養成施設の開設を目指す。教習所以外にも、産業用ドローンを点検・整備し、田畑や樹木への薬剤散布などを行い、地元の雇用を促進する。 |
| 2022/ 8 /31 | 国内初、LABVプロジェクトで共同事業体＝24年に複合施設－山口県山陽小野田市 | 山口県山陽小野田市などは、同市内で記者会見を開き、官民連携手法の「LABV」方式を採用し、公共施設の跡地再開発を展開する共同事業体「山陽小野田LABVプロジェクト合同会社」を設立したと発表した。設立は6月30日。 |
| 2022/ 9 /16 | 筑波山の麓にBMXコース＝茨城県つくば市 | 茨城県つくば市は、山肌が夕日に照らされると紫色に見えるため「紫峰」とも呼ばれる筑波山の麓に、自転車競技「BMX」コースやサイクリストの拠点を整備する。旧筑波東中学校を活用。旧校舎に更衣室、シャワー施設、ロッカー、休憩所、トイレ、自転車の貸し出し・整備・修理場所、会議室を設ける。 |
| 2022/10/ 5 | 準大手ゼネコンと包括連携＝遊休施設を共有オフィスに－茨城県常総市 | 茨城県常総市は、準大手ゼネコンの前田建設工業などを傘下に置く持ち株会社インフロニア・ホールディングスと包括連携協定を結んだ。テレワークの普及を背景にコワーキングスペースの需要が拡大していることから、空いている公共施設や民間施設を共有オフィスとして有効に活用したい考え。 |

## 2. 命名権／広告

○命名権

これまで命名権の多くは競技場や美術館、中央公民館といった大規模施設や歩道橋や公衆トイレなどの小規模インフラの維持管理費用に充てるための取り組みが多

かった。

　最近では、公共施設マネジメントの観点からさらに適用範囲を広げる自治体もある。茨城県は、従前2施設を対象としていたネーミングライツを164施設を対象に拡大して事業者からの提案を募集し、2施設の更新を含む18施設についてネーミングライツパートナーを決定した。これによって、命名権料収入も年額1720万円から4916万円に増加する。

　札幌ドームを管理運営する第三セクター、株式会社札幌ドームがネーミングライツを2023年度以降に売却する計画。プロ野球日本ハムが本拠地を北広島市の新球場に移転することが決まっていることから、安定した収入源を確保する方策の一環。株式会社札幌ドームは22年度まで同ドームの指定管理者となっており、23年度以降も同社が指定管理者になった後にネーミングライツの条件を決定する。

図表Ⅱ-2-2　ネーミングライツ（命名権）の動き

| 年月日 | 見出し | 内　容 |
|---|---|---|
| 2022/1/17 | 「ベルーナドーム」誕生＝埼玉県所沢市 | 埼玉県上尾市に本社を置く通信販売大手の「ベルーナ」は、同県所沢市の埼玉西武ライオンズと「西武ドーム」の施設命名権スポンサー契約を結んだと発表した。2022年3月1日から新名称「ベルーナドーム」となる。契約期間は5年間。 |
| 2022/1/31 | 164施設で命名権募集＝茨城県 | 茨城県は、県有の164施設でネーミングライツの募集を始めた。これまでは2施設で募集していたが、大幅に対象を拡充した。募集するのは、最低希望金額が年910万円の県立図書館、年585万円の国民宿舎「鵜の岬」・カントリープラザ「鵜の岬」、年500万円のつくば国際会議場大ホールなど。歩道橋やダム、道路も対象。 |
| 2022/2/17 | 施設命名権、事業者から自由提案＝福岡県北九州市 | 福岡県北九州市は、市有施設について、民間事業者からの自由な提案に基づくネーミングライツを導入する。提案型命名権制度の開始に際し、市とパートナーシップ協定を締結する広告代理店を募り、制度の周知や事業者の掘り起こしを担ってもらう。報酬は完全成果型とし、広告代理店の紹介で命名権の導入に至った場合、命名権料の20％相当額を支払う。 |
| 2022/3/8 | 「島津アリーナ京都」の愛称継続＝命名権契約更新で合意－京都府 | 京都府は、府立体育館について「島津アリーナ京都」の愛称を継続すると発表した。府と島津製作所が同日までにネーミングライツの契約更新で合意した。契約期間は2022年4月1日～27年3月31日の5年間。契約金額は計1億円で、島津側が年2000万円ずつ支払う。 |
| 2022/3/17 | 市電駅名、副呼称に命名権＝鹿児島市 | 鹿児島市交通局は2022年度、市営の路面電車の駅名に、副呼称として民間企業などからの提案によるネーミングライツを導入する。新型コロナウイルスの影響で21年ぶりの赤字となった市電事業の収益状況の改善が目的。契約期間は原則3年間の予定で、23年1月から副呼称が導入される計画だ。 |
| 2022/3/24 | ネーミングライツ18施設へ拡大＝茨城県 | 茨城県は、県有施設で募集していたネーミングライツ・パートナーで新たに16施設の応募があり、更新の2施設と合わせて18施設のパートナーを決めたと発表した。ネーミングライツ料も年額1720万円から4916万円に増加する。取手競輪場が楽天ケイドリームスバンク取手（年800万円）、つくば国際会議場大ホールがLeo Esakiメインホール（同550万円）、笠松運動公園陸上競技場が水戸信用金庫スタジアム（同490万円）など。 |
| 2022/4/26 | 観光文化交流拠点に命名権＝「シャボン玉石けん」と契約＝沖縄県糸満市 | 沖縄県糸満市は、新設した観光文化交流拠点施設にネーミングライツを導入し、シャボン玉石けんと契約したと発表した。施設の名称は「シャボン玉石けん　くくる糸満」となる。契約期間は、2022年4月1日～25年3月31日の3年間。契約料は年間360万円。 |
| 2022/6/13 | 参院選、学食トレーに広告＝青森県選管 | 青森県選挙管理委員会は、夏の参院選に向け、県内7大学の学生食堂で周知活動を行う。食堂で使うトレー用の啓発広告を作製。参院選があることを知らない学生もいるため、普段食事をする場所で選挙の情報に触れてもらう狙いだ。 |
| 2022/6/17 | 公共施設の命名権導入＝広島県北広島町 | 広島県北広島町は、新たな財源を確保するため、公共施設の愛称を命名できる「ネーミングライツパートナー」制度を導入した。21年12月に公募していた千代田運動公園のパートナーとして、町内に工場を持つ熊平製作所を決定。契約額は年間50万円で、収益は施設の維持管理費に充てる。 |

| 2022/8/25 | 施設命名権導入へサウンディング調査＝島根県出雲市 | 島根県出雲市は、市が所有する公共施設でのネーミングライツ導入に向け、民間事業者と活用方法を検討する「サウンディング調査」を実施している。9月末まで調査を行い、10月に結果を公表する予定。 |
| 2022/9/22 | 札幌ドームが命名権売却へ＝安定収入確保が狙い | 札幌ドームを管理運営する第三セクター、株式会社札幌ドームがネーミングライツを、2023年度以降に売却する方針を固めたことが分かった。今季まで本拠地として使用するプロ野球日本ハムが、北海道北広島市で建設中の新球場に来季から移転することを受け、安定した収入源を確保する狙いがある。 |
| 2022/9/27 | 初のネーミングライツパートナー募集＝千葉県佐倉市 | 千葉県佐倉市は、ネーミングライツパートナーの募集を始めた。対象は「市民音楽ホール」と「市立美術館」。参考価格は、音楽ホールが年100万円、美術館が同120万円。 |

## ○広告

行政のDX（デジタルトランスフォーメーション）は、各種申請や支払いだけでなく、行政情報の提供にも及んでいる。それに合わせて広告収入を利用した新たな取り組みも出てきている。

茨城県石岡市は、住民や市民団体が地域情報を投稿できる地域活性化のための「準公式サイト」を開設する。広告収入を財源として民間企業が運営するため、市の費用負担はない。

広告を利用して自治体負担がない行政情報誌を制作しているサイネックスから提案を受けた。

また、収入を公共サービスに充てる広告の活用方法だけでなく、ふるさと納税の喚起や移住を検討する人の関心を引くためには自治体自身の広告も有効である。富山県小矢部市は、移住呼びかけのつり革広告をJR山手線に掲載したところ、移住サイトの検索数が3割増加したという。

図表Ⅱ-2-3　広告の動き

| 年月日 | 見出し | 内　容 |
|---|---|---|
| 2021/10/6 | 市内事業者の広告費を補助＝高知市 | 高知市は、新型コロナウイルスの影響で売り上げの低迷が続いている来店型店舗を支援するため、1事業者当たりの広告費を最大30万円補助する。テレビのローカルCMや新聞の折り込みチラシを活用してもらい、県内需要の喚起を図る。 |
| 2022/1/4 | 消防オリジナルカレンダーを無料配布＝相模原市 | 相模原市消防局は、市が使っている消防車などの写真を掲載した2022年のオリジナルカレンダーを1000部作製し、市内の4消防署で希望者に無料で配布した。市内の印刷会社が加盟している「相模原市印刷広告協同組合」が作製に協力し、市による費用負担はなかった。 |
| 2022/1/4 | つり革広告で移住サイトの閲覧3割以上増＝テレワークに期待―富山県小矢部市 | 富山県小矢部市がテレワーク移住を呼びかける広告をJR山手線のつり革に掲出したところ、移住ポータルサイトの閲覧数が3割以上増加した。21年10月10日～11月6日に山手線（1編成）のつり革約1300本に広告を掲出した。 |
| 2022/1/11 | ユーチューブチャンネルを収益化＝奈良県生駒市 | 奈良県生駒市は、市公式ユーチューブチャンネルの収益化手続きを行い、これにより動画の再生回数に応じて広告収入が得られるようになった。市によると、ユーチューブの公式チャンネルを収益化したのは、県内市町村で初という。 |
| 2022/1/14 | AIで観光情報提供＝岐阜県高山市 | 岐阜県高山市は、JR高山駅構内に設置したAIカメラを活用し、観光客の属性に応じた観光情報を提供する実証実験を行っている。NECソリューションイノベータ、名古屋大学との連携協定に基づく取り組みで、デジタルサイネージ広告表示の有用性や課題を検証し、市の周遊観光施策に活用する狙いだ。期間は1月末まで。 |
| 2022/3/2 | SNSから専用サイトに誘導＝情報発信で新手法―山梨県 | 山梨県は、県の魅力を発信する情報を集約した専用サイト「ハイクオリティやまなし」を開設した。インターネット交流サイト（SNS）のバナー広告表示などから同サイトに誘導する仕組みを構築。 |

| 2022/ 3 / 7 | 窓口メール呼び出しシステム導入＝愛知県小牧市 | 愛知県小牧市は、市役所窓口の呼び出し案内をメールで通知するシステムを導入した。混雑状況などもウェブ上で確認することができる。導入費用は、窓口近くに設置したモニター広告による収入で賄う。対象は、各種証明書の発行や戸籍の届け出など約10の手続き。 |
|---|---|---|
| 2022/ 3 /10 | 図書館で雑誌スポンサー制度＝福岡県柳川市 | 福岡県柳川市は、市立図書館の雑誌コーナーを充実させるため、企業などが雑誌の購入費用を負担する代わりに、カバーに広告を掲載できるスポンサー制度を導入する。広告掲載は4月1日以降で、スポンサーを随時募集している。 |
| 2022/ 3 /25 | 屋外広告物手続きをオンライン化＝政令市初、クレジット決済OK－福岡市 | 福岡市は、屋外広告物に関する事業者向けの手続きをオンライン化すると発表した。スマートフォンなどを使って、許可申請や手数料のクレジット決済などが可能となり、来所せずに手続きが完結。 |
| 2022/ 3 /30 | 大阪ファミレスにテーブル広告＝兵庫県猪名川町 | 兵庫県猪名川町は2022年度、ファミリーレストランのテーブルに町の魅力をPRするステッカーを貼る事業に取り組む。転出者が多い状況も踏まえ、移住への関心が高い子育て世代がよく利用するファミレスに着目。大阪府の北摂地域を中心に計90店舗で実施する。 |
| 2022/ 4 / 5 | 無料生理用ナプキン装置導入＝東京都江戸川区 | 東京都江戸川区は、ベンチャー企業と連携し、生理用品を無償提供する装置を区立図書館や区役所本庁舎など10施設の個室トイレに設置した。スマートフォンに専用のアプリをダウンロードし、装置にかざすと生理用ナプキンを受け取ることができる。 |
| 2022/ 6 / 6 | ユーチューブで歳入確保＝大阪府豊中市 | 大阪府豊中市は、市の公式ユーチューブチャンネル「とよなかチャンネル」を利用し、動画再生時に掲載される広告から収入を得て歳入確保につなげる。目標額は定めていないが、今年度中にチャンネル登録者数を7000人に増やしたい考え。 |
| 2022/ 6 / 8 | 広報業務、効果測定ツールで効率化＝東京都千代田区 | 東京都千代田区は、広報業務を効率化するため、クラウド型の広報効果測定ツールを導入した。職員の事務作業を減らし、より創造的な業務に取り組んでもらう狙い。費用は月額20万円で、PR会社「ビルコム」に委託した。 |
| 2022/ 7 /27 | 住民参加型の「準公式サイト」開設へ＝茨城県石岡市 | 茨城県石岡市は、民間企業と連携し、住民や市民団体が投稿できる地域情報サイトを11月にも開設する。地域活性化が狙いで、「準公式サイト」と位置付ける。広告収入を財源に民間企業が運営するため、市の持ち出しはゼロ。 |
| 2022/ 8 /31 | 公用車への広告募集＝長崎県諫早市 | 長崎県諫早市は、市内に事業所・店舗などを置く法人または個人を対象に、市の公用車に掲載する広告を募集している。掲載料は1台当たり年3万1430円と設定。申し込みを随時受け付けており、1年に満たない場合は掲載期間に応じて日割り計算で対応する。 |

# 第3章 公民連携の動き（規制・誘導型）

## 1. 雇用／産業振興

　近年は、高齢化が進んでいる地域の企業の事業承継を民間企業と協力して支援する自治体が増加している。福井県と福井商工会議所は自治体として初めて経営志願者と県内事業者のマッチングを行う「サーチファンド」と連携して事業承継支援を始めた。

　サーチファンドには国内で4社が参入しており、日本M&Aセンターや日本政策投資銀行などの合弁会社「サーチファンド・ジャパン」をはじめ3社が協力する。県は、サーチャーの県内視察費用に最大50万円、承継後に従業員を雇用した場合に一律300万円を支給する。県内事業者が承継準備に要する費用も補助する。

　同県の事業承継・引継ぎ支援センターによると第三者への事業承継に関する相談は増加傾向にある。他の自治体では、転職支援などを行う事業者と連携しているケースもある。

　移住者への働き口提供や季節毎に繁忙期の異なる地域内のさまざまな仕事への人手確保などの目的で「特定地域づくり事業協同組合」を立ち上げる地域が増えている。

　福島県三島町、柳津町、昭和村の20事業者が「奥会津地域づくり協同組合」を立ち上げた。3町村にまたがる組合は全国で初めて。広域連携することにより多様な業種、派遣先を確保することができる。協同組合を構成するのは宿泊業、縫製業、販売業、運送業、農業、除雪業などで構成する。

図表Ⅱ-3-1　雇用／産業振興の動き

| 年月日 | 見出し | 内　容 |
|---|---|---|
| 2021/10/11 | 商店街に拠点設置、高齢者の就業支援＝広島県竹原市 | 広島県竹原市は、市商工会議所などと連携し、高齢者の就業支援に乗り出す。中心市街地の竹原駅前商店街に支援拠点となる「AAサポ」を10月に開設。希望する高齢者の就業支援などを一元的に担う。厚生労働省の委託事業で、期間は2024年3月まで。 |
| 2021/11/2 | 企業誘致へ、オフィス開設に補助金＝長崎県佐世保市 | 長崎県佐世保市は、市内に本社機能の一部を移転するIT関連企業などに対し、補助金を支給する制度を設けた。新たなオフィスの開設や従業員の雇用を支援する。対象は、市内に本店や支店、事業所などを持たない事業者。市内で3年以上、事業を継続することなどが条件。 |
| 2021/11/11 | 事業承継促進で3信金と協定＝滋賀県 | 滋賀県は、連携して県内で事業承継を促進する協定を県内3信用金庫と締結した。都道府県と信用金庫のみによる事業承継に関する協定締結は全国で初めてという。 |
| 2021/11/25 | コテージでワーケーション誘致＝北海道苫小牧市 | 北海道苫小牧市は、市内オートキャンプ場のコテージを活用したワーケーションの拠点整備に乗り出す。ワーケーション拠点は「オートリゾート苫小牧アルテン」。市は施設内にWi-Fiを新たに整備した。現地までの交通費や滞在費は市が負担する。 |
| 2021/11/30 | 企業立地奨励条例を改正へ＝長崎市 | 長崎市は、産業振興や雇用機会の拡大を目的とする企業立地奨励条例の改正案を議会に提出した。現行条例は、従業員を10人以上増やすことを条件に賃借料などを補助している。改正案では、従業員数の要件を、中小企業と同等の「5人以上」に緩和した。 |

| 2021/12/ 2 | 就業体験の留学生に10万円＝北海道紋別市 | 北海道紋別市は、就業体験で市内の事業所を訪れる留学生に、交通費などとして1人10万円を支給する事業を始めた。人手不足対策として、留学生の市内就職を促す。長期就労ができる人材を確保し、将来的には技能実習生の監督なども担ってもらう狙いだ。 |
|---|---|---|
| 2021/12/ 3 | プレミアム付き商品券、土日も販売＝北海道千歳市 | 北海道千歳市は、市内の消費回復に向け、プレミアム率50％の商品券の販売を始めた。前回は郵便局で販売したが、今回はイオン千歳店を販売会場に追加し、土日や夜間の購入にも対応する。6000円分の商品券を1冊4000円で販売する。 |
| 2021/12/ 9 | 最高5000円分当たるスクラッチカード配布＝飲食店を支援－千葉県佐倉市 | 千葉県佐倉市は、市内の飲食店で、最高5000円の割引券が当たるスクラッチカードを配布するキャンペーンを開始すると発表した。1000円以上の飲食1会計当たり1枚のカードを配布。1等5000円のほか、2等3000円、3等1000円、4等200円の割引券が当たる。 |
| 2021/12/13 | キャッシュレス端末導入に補助＝商店街の取り組み対象－埼玉県 | 埼玉県は、商店街単位で取り組むキャッシュレス決済導入を支援する。決済端末の導入では、10店舗以上が参加し、それが会員の9割以上に当たる場合か、商店街の20店舗以上が同時に取り組む場合は全額を補助する。この要件に満たなくても半額を補助する。 |
| 2021/12/14 | ワーケーションのHP開設＝神奈川県逗子市 | 神奈川県逗子市は、仕事と余暇を組み合わせた「ワーケーション」に関する情報を一元的に発信するホームページを開設した。市内8カ所のワークスペース事業者や観光協会と連携。 |
| 2021/12/16 | 全県版の企業誘致ガイドブック＝徳島県 | 徳島県は、サテライトオフィス誘致の取り組みを紹介する全県版ガイドブックを作成した。東部、南部、西部の圏域ごとに、特徴や自然の魅力を写真で紹介。サテライトオフィスを開設した企業に経緯や良かった点などをインタビューした記事も掲載した。 |
| 2022/ 1 /13 | 宿泊施設立地に1億円補助＝福岡県大牟田市 | 福岡県大牟田市は、ホテルなどの宿泊施設の立地に最大1億円補助する。宿泊施設立地促進補助金交付要綱を制定した。2027年3月末までに市が認めた事業が対象。客室数不足を解消し、消費拡大と地域経済活性化を図る。 |
| 2022/ 1 /18 | 東京事務所の設置検討＝北海道旭川市 | 北海道旭川市は、4月に東京事務所を設置する方向で検討している。市は現在、近隣3町（鷹栖町、東神楽町、東川町）と企業誘致に向けたサテライトオフィスを東京都千代田区内に置いているが、事務所にすることで誘致以外の分野でも、国との情報共有や連携強化を図りたい考え。 |
| 2022/ 1 /19 | 在籍型出向に独自助成＝石川県金沢市 | 石川県金沢市は、経営環境が悪化した企業が雇用を維持したまま従業員を他社に出向させる「在籍型出向」に対する独自の助成制度を創設する。市内事業者の雇用の維持・確保を後押ししたい考え。 |
| 2022/ 1 /19 | 人材サービス企業と協定＝サテライトオフィス開設－奈良市 | 奈良市は、人材サービス企業パーソルテンプスタッフが市の補助制度を活用して市内にサテライトオフィスを開設することを受け、地域の経済振興や雇用創出を目的とした協定を同社と締結した。 |
| 2022/ 1 /25 | 地域の人材確保へネットワーク会議＝北海道宗谷総合振興局 | 北海道稚内市など10市町村を管轄する道宗谷総合振興局は、地元の経済団体など計58団体と人手不足の課題について話し合う「宗谷地域雇用ネットワーク会議NEXT」を発足させた。10市町村に加え、各地元の商工会議所や農協、金融機関、高校、大学などが参加。 |
| 2022/ 2 / 3 | IC直結の物流拠点整備へ＝日本初、城陽市で26年竣工－京都府 | 京都府は、城陽市の東部丘陵地に整備する基幹物流施設の開発計画を発表した。三菱地所や伊藤忠商事などが事業者となる。建設が進む新名神高速道路のインターチェンジ（IC）から直結する日本初の基幹物流施設になる。2026年の竣工を予定している。 |
| 2022/ 2 / 9 | 中小企業再生へ税優遇拡充＝私的整理、補助金増額－政府 | 新型コロナウイルス禍で経営に打撃を受けた中小企業の事業再生を後押しするため、政府が私的整理で再建を目指す事業者への優遇税制を拡充することが明らかになった。私的整理後の事業再生に向けた計画策定に当たり、弁護士や公認会計士ら専門家に支払う経費に対する補助金も増額する。全国銀行協会が策定中の中小企業向け私的整理指針と併せ、4月から適用する。 |
| 2022/ 3 / 1 | 免許外指導を遠隔支援＝高知県教委 | 高知県教育委員会は、オンラインで教育センターと各学校を結び、中学校での免許外指導を支援する。美術と技術が対象で、教員の負担軽減や授業の専門性向上が目的。指導役となる講師の人件費や設備の導入費などとして、2022年度当初予算案に1400万円を計上した。 |
| 2022/ 3 / 4 | 中小企業の迅速な再生支援＝「私的整理」新指針、4月適用－全銀協研究会 | 全国銀行協会の有識者研究会は、経営が困難になった中小企業の債務を話し合いで整理する「私的整理」手続きの新たなガイドライン（指針）を発表した。債務者である中小企業と債権者である金融機関の双方の役割を明確化し、コロナ禍で打撃を受けた中小企業の迅速な再生を後押しする。 |

| 2022/ 3 / 7 | 暴力団員の離脱・就労を支援＝福岡県北九州市 | 福岡県北九州市は2022年度、暴力団員の離脱・就労を支援する事業に乗り出す。暴力団の弱体化を図り、安全・安心なまちづくりにつなげたい考えだ。「暴力団員の社会復帰対策推進事業」として同年度当初予算案に1000万円を計上した。 |
|---|---|---|
| 2022/ 3 /17 | 人材育成拠点の明倫学舎4号館開設＝再活用の木造校舎に企業誘致―山口県萩市 | 山口県萩市は、旧明倫小学校の木造校舎を改修し、市が誘致したIT関連企業など6団体のオフィスや、ワーケーションにも利用できるコワーキングスペースを備えた「萩・明倫学舎4号館」をオープンさせた。整備事業費は一部別棟分を含め約4億3400万円。 |
| 2022/ 3 /17 | データセンター誘致に成功＝福井県 | 福井県は大阪市に本社を構えるベンチャー企業「マイビット」を県内に誘致した。4月から敦賀市でデータセンター事業を行う。電気料金の安さや県の補助が充実していることなどから福井県を選んだという。 |
| 2022/ 3 /22 | 地域新電力設立を検討＝23年度事業開始目指す―長野県松本市 | 長野県松本市は、再生可能エネルギーを使って電力小売りを手掛ける地域エネルギー事業会社の設立を検討する。自治体も出資する「地域新電力」と呼ばれる取り組みで、脱炭素社会の推進とエネルギーの地産地消が狙い。 |
| 2022/ 3 /25 | JFE高炉休止で雇用対策など協議＝行政機関連携本部が川崎市で初会合 | JFEスチール東日本製鉄所京浜地区の高炉休止を23年に控え、国や地元自治体らが対応を協議する「関係行政機関連携本部」の第1回本部会議が川崎市役所で開かれた。厚生労働省、経済産業省、神奈川県、川崎市、横浜市で構成。 |
| 2022/ 3 /25 | 働き手確保へ事業協同組合＝山梨県早川町 | 山梨県早川町は、地域の働き手を確保するため、「早川地域づくり事業協同組合」を設立した。繁忙期などに、雇用した人材を組合員である各事業者に派遣する。組合は、町内の旅館や森林組合、NPO法人など、4つの事業者で構成。現在、職員を募集している。 |
| 2022/ 3 /29 | 育休取得の男性と企業に奨励金＝福島県南相馬市 | 福島県南相馬市は、育児休暇を取得した男性の市民と勤務先企業に奨励金を支給する制度を始める。雇用保険に加入している、1歳2カ月以下の子どもを持つ男性市民が対象。支給額は取得日数7日以上1カ月未満で5万円、1カ月以上で20万円。 |
| 2022/ 4 / 7 | 高校生・大学生が起業体験＝島根県松江市 | 島根県松江市は2022年度、高校生や大学生らが起業を体験できるプログラムを実施する。プログラムに参加するグループとして高校生から30組、大学生・高専生から10組を募集。5月から6月にかけて開始する。新事業を考案する費用として1グループ5万円を支給する。 |
| 2022/ 4 / 8 | 氷河期世代の奨学金返還を支援＝中小企業就職で最大5万円―大阪府枚方市 | 大阪府枚方市は、市内に居住する就職氷河期世代の安定就労と経済負担を軽減するため、奨学金の返還費用の一部として最大5万円を補助する制度を創設した。過去5年以内に非正規雇用や無職の状態から市内の中小企業で採用され、6カ月以上就業している人が対象。 |
| 2022/ 4 /11 | 空き物件活用補助金を拡充＝山口県下関市 | 山口県下関市は2022年度、商店の空き物件を活用して事業を始める中小企業への支援を拡充した。店舗家賃と改装費の補助率、上限額を引き上げたもの。店舗家賃はこれまで3カ月分として、10万円を上限に3分の1を補助していたが、この上限を20万円に引き上げた。 |
| 2022/ 4 /13 | 創業・ベンチャー支援などで連携＝九州大と包括協定―福岡県 | 福岡県は、九州大学と包括連携協定を締結した。新規プロジェクトの創出などを目指すほか、創業・ベンチャー支援や脱炭素分野への参入促進に取り組む。県が大学と包括連携協定を締結するのは初めて。 |
| 2022/ 4 /18 | ドローンスクールを開校＝山梨県早川町 | 山梨県早川町は、ドローンの操縦技術などを習得できる「南アルプスドローンスクール」を開校する。地域活性化につなげたい考えで、物流や災害時の救助活動での利用、愛好家が集まる観光地にすることなども視野に入れる。 |
| 2022/ 5 / 6 | 古民家改装、シェアオフィスに＝移住・企業誘致目指す―長野県小諸市 | 長野県小諸市は、不動産事業を手掛ける山翠舎賃貸の協力を得て、市街地に古民家を改装したシェアオフィス・コワーキングスペース「合間」を設けた。テレワーク拠点として活用してもらい、首都圏からの移住・関係人口の増加やIT企業誘致につなげる。市内には既に民間のシェアオフィスがあるが、市が関与するのは初めて。 |
| 2022/ 5 /11 | バイオ企業の技術開発に補助金＝沖縄県 | 沖縄県は、バイオ関連の健康・医療産業を県経済の柱に育てるため、県内で技術開発に取り組む企業に補助金を交付する。多額の先行投資が必要な分野で成功できるよう、ベンチャー企業などを支援する。2022年度の事業費は2億円。 |
| 2022/ 5 /17 | 障害者就労の農園開設支援＝大阪府大東市 | 大阪府大東市は、障害者が働く企業向けの貸し農園を運営する「エスプールプラス」と確認書を締結した。障害者雇用の促進が狙いで、市内での農園開設に向け福祉施設への情報提供などを支援する。 |
| 2022/ 5 /17 | 事業承継でハンドブック＝鹿児島県 | 鹿児島県は、後継者不足に悩む中小企業に事業承継を指南するハンドブックを作った。経営者らが読みやすいよう要点を整理し、約30ページにまとめるなど工夫を凝らした。中小企業支援課によると、県内企業の約5割で後継者が不在の状態で、事業承継は喫緊の課題だ。 |

| 2022/ 5 /18 | 地元企業に20万円支援金＝大阪府泉佐野市 | 大阪府泉佐野市は、新型コロナウイルスの感染拡大で売り上げがコロナ禍前より10％以上減少した地元企業向けに、市独自の「事業復活支援金」を支給する。一律20万円で、9月末まで申請を受け付けている。審査が通れば順次支給を始める。 |
|---|---|---|
| 2022/ 5 /23 | 公務員、氷河期試験2年延長へ＝各年度150人以上の採用継続―政府 | 政府は、就職氷河期世代を対象とした国家公務員の中途採用試験を2023、24年度も実施し、継続して各年度150人以上採用する方針を決めた。地方公務員についても引き続き同世代の採用を積極的に進めるよう、総務省から各自治体の人事担当部局や人事委員会に対し、通知を出している。 |
| 2022/ 5 /25 | 産業の課題分析でタスクフォース＝新潟県三条市 | 新潟県三条市は、市内の産業の課題を分析し、対策を検討する産学官の「未来経済協創タスクフォース」を立ち上げた。タスクフォースの下には雇用、労働環境を重点的に検討する「雇用競争力強化ワーキンググループ」も創設。7月から本格運用を始める。 |
| 2022/ 6 / 1 | データセンター誘致へ補助制度＝新設は最大10億円―石川県 | 石川県は、データセンターの誘致に向け、最大10億円の補助制度を創設する。県内を補助率が異なる3地域に分け、新設は10〜25％、増設は7.5〜15％に設定した。限度額は新設が10億円、増設は5億円。土地・建物の取得費や、県外からの移転費用などが対象。 |
| 2022/ 6 / 1 | 避難民向けに就労支援窓口＝企業に雇用呼び掛け―東京都 | 東京都は、都内で生活するウクライナ避難民の就労支援を強化する。専門の相談窓口を開設して仕事に関する情報提供を行うほか、企業側に積極的な採用を呼び掛ける。 |
| 2022/ 6 /29 | 全国初、サーチファンドが事業承継支援＝福井県など | 福井県と福井商工会議所は、経営志願者と県内事業者とのマッチングや資金援助を行う「サーチファンド」と連携した事業承継支援を始めた。県事業承継・引継ぎ支援センターによると、第三者への事業承継の相談は増加傾向にあり、後継者探しの新しい選択肢として期待される。地方自治体とサーチファンドの連携は全国初という。 |
| 2022/ 6 /29 | 中小の副業人材活用へ補助＝宮城県 | 宮城県は、副業・兼業人材を活用する中小企業を後押しするため、人材紹介会社の手数料や派遣に掛かる交通費などを最大70万円補助する事業を始めた。雇用対策課によると、県内ではまだ副業・兼業人材の活用が盛んではなく、補助金によってハードルを下げる狙いがあるという。 |
| 2022/ 7 / 6 | DX促進で三者協定＝静岡県川根本町 | 静岡県川根本町は、町内の事業者と中小企業のDX促進に向け、島田掛川信用金庫と町商工会との間で「事業者DX応援プロジェクト」を立ち上げ、三者協定を締結した。 |
| 2022/ 7 / 7 | 四国銀、マネーフォワードと包括連携＝中小企業のDX支援 | 四国銀行は、家計簿アプリなどを手掛けるマネーフォワードと包括連携し、中小企業のDXを支援する新サービスを提供すると発表した。契約企業が、所有する多数の銀行口座を一括して管理できるようにするほか、業務管理やインボイス制度などに対応する。 |
| 2022/ 7 /15 | DX新商品の販路拡大支援＝福岡県北九州市 | 福岡県北九州市は、例年実施している市内企業の新商品販路拡大支援事業に、業務改善ツールなどDX関連の商品・サービスを対象とした「DX促進枠」を新設する。地場企業の競争力強化を図るとともに、先進的な商品の導入で企業や官公庁などのDXを一層加速させる狙いだ。 |
| 2022/ 7 /21 | 中小企業の生産性向上後押し＝岡山県 | 岡山県は、生産性を向上させる設備の導入や新事業の展開を目指す中小企業を支援するため、必要経費の一部を補助する。新型コロナウイルスや物価高騰の影響で資金繰りが厳しい中、デジタル化推進などの意欲的な取り組みを後押しする。 |
| 2022/ 7 /25 | 市内就業者の奨学金返還支援＝石川県かほく市 | 石川県かほく市は、市内事業所で勤務する若者の奨学金返還を支援する制度を創設した。大学や高校を卒業し、市内に本社や工場を置く事業所に正規雇用されている30歳未満の住民が対象。奨学金の返還について、年間20万円を上限に補助率3分の2で助成する。 |
| 2022/ 7 /27 | 企業インターンのオンライン化支援＝福島県 | 福島県は、県内中小企業が採用活動の一環として学生向けに行うインターンシップのオンライン化を支援する。マイナビ福島支社に委託し、希望する企業にプログラムの作成や進行方法などノウハウを提供する。 |
| 2022/ 7 /29 | 「モノづくり女子塾」を開催＝岐阜県 | 岐阜県は、製造業でのリーダーシップなどについて女性が学べる講座「モノづくり女子塾」を開催する。講座を通じて管理職として必要なスキルを身に付けてもらい、製造業に従事する女性のさらなる活躍を後押しする。 |
| 2022/ 7 /29 | 立地企業64社、過去最多＝市の支援で21年度―福岡市 | 福岡市は、2021年度の「成長分野と本社機能」の市への立地企業数が64社に達し、08年の統計開始以降で過去最多の実績になったと発表した。立地交付金など、市が何らかの形で支援した企業を集計。 |
| 2022/ 8 / 1 | 障害者就労へ庁内にワークステーション＝宮崎県延岡市 | 宮崎県延岡市は、障害者の職業体験の機会を創出して雇用促進を図るため、庁舎内にワークステーションを設置した。文書の仕分けやデータ入力などを担当してもらう。市が障害者を会計年度任用職員として雇用。 |

| | | |
|---|---|---|
| 2022/8/2 | 奨学金返済に最大50万円支援＝東京都八王子市 | 東京都八王子市は、市内の大学などの卒業者に市内で就業し、定住してもらえるよう、学生時代に受けた奨学金の返済に対し5年間で最大50万円を支援する事業をスタートさせる。在学中に本人名義で奨学金を借りた人が対象。卒業後、2023年10月までに定住や就業を始め、5年以上続ける意思があることなどが条件。 |
| 2022/8/3 | 3町村にまたがる「地域づくり組合」＝福島県三島町など | 福島県三島町、柳津町、昭和村の20事業者は、「特定地域づくり事業協同組合」の認定を受けるため、「奥会津地域づくり協同組合」を設立した。直面する人口減少や高齢化に地域全体で対処し、働き手の確保や移住・定住の促進につなげる。 |
| 2022/8/12 | 全町民に1万円分商品券＝青森県階上町 | 青森県階上町は、全町民に1人当たり1万円分の商品券を交付した。町内にある大型スーパーやドラッグストアなどでも使える7000円分の共通券と、地元の中小事業所の取扱店に限定した3000円分の専用券の2種類。 |
| 2022/8/17 | 沿岸部の「相双地域」で農業バスツアー＝福島県 | 福島県は、担い手不足が深刻な沿岸部北側の「相双地域」で、就農希望者向けの農業体験バスツアーを実施した。地域の農業者との意見交換や農作業の体験を通じ、農業の現状と展望を伝え、新規就農者の確保に取り組む。 |
| 2022/8/22 | 自動車税を全額給付＝燃油価格高騰で、22年度分―青森県むつ市 | 青森県むつ市は、市内の事業者が保有するトラックやバスなどについて、2022年度に納付した自動車税と軽自動車税の税額分を全額現金給付する。自動車税（県税）の還付には県の条例を改正する必要があるが、迅速な支援につなげるため、既に支払った税金分を給付する形を取る。燃油価格高騰で厳しい経営に直面する企業の事業継続を下支えする。 |
| 2022/8/24 | 副業支援で無料デジタル講座＝富山県上市町 | 富山県上市町は、ユーチューブやインスタグラムなどインターネット交流サイトの編集、運営に関する知識を学ぶ「デジタル人材育成講座」を開始した。デジタルスキル習得の機会を提供し、副業や、子育て、介護中の在宅ワークに意欲のある人を支援する。参加費は無料。 |
| 2022/8/29 | 官民連携で企業誘致＝再開発をPR―札幌市 | 札幌市は、北海道外企業の誘致に向け、官民組織を立ち上げた。再開発情報の発信や首都圏での企業誘致セミナーを行い、2032年までに150社の誘致を目指す。 |
| 2022/8/30 | 育児介護で退職の職員を再雇用＝栃木県那須塩原市 | 栃木県那須塩原市は9月から、育児または介護を理由に退職した職員を再雇用する「カムバック制度」を開始する。再雇用を申し込めるのは、過去10年以内に退職し、実務経験が5年以上ある元職員。 |
| 2022/9/1 | 「事業承継ホットライン」を開設します＝愛媛県西条市 | 愛媛県西条市、株式会社西条産業情報支援センターは、M＆A総合支援プラットフォーム「BATONZ」を運営する株式会社バトンズとともに「西条市×BATONZ事業承継ホットライン」を開設する。 |
| 2022/9/2 | ベンチャー企業とテレワーク人材育成＝徳島県小松島市 | 徳島県小松島市は、テレワーク人材の育成を目的とした実証実験を始めるIT事業や人材派遣業を手掛ける神奈川県のベンチャー企業シェアエックスと連携協定を締結。実証実験では3〜5人の市民を募集し、今年度中に10人のテレワーク人材の育成を目指す。 |
| 2022/9/8 | 無利子融資、今月末で終了＝コロナ禍の資金繰り支援―政府 | 政府は、新型コロナウイルス感染拡大で打撃を受けた中小企業への資金繰り支援として実施してきた政府系金融機関による実質無利子・無担保融資を今月末で終了すると発表した。今後は収益力向上や事業再構築のための金融支援に軸足を移す。 |
| 2022/9/21 | 企業誘致、デジタルで離島振興＝活性化交付金を拡充―国交省 | 国土交通省は2023年度、定住促進などを目的とした「離島活性化交付金」の対象を拡充し、企業誘致や島民の生活環境改善事業を加える。改正法が成立すれば、交付金の事業対象を広げる。具体的には、テレワークの浸透や社会のデジタル化で、離島でも本土に近い働き方が可能になってきたことを生かした企業誘致の促進や、関係人口の創出を新たに支援。 |
| 2022/9/21 | 価格対策緊急支援金を拡充＝埼玉県草加市 | 埼玉県草加市は、原油や原材料などの価格高騰で事業継続に支障が生じている中小企業を対象にした独自の緊急支援金を拡充した。これまでは農家を対象にしていたが、運輸業など幅広い事業者にも拡大する内容で、申請の受け付けを始めた。 |

## 2. 市街地・まちづくり

　大阪府と大阪市は、府内の大規模再開発などを一元的に行うための「大阪都市計画局」を発足させた。JR大阪駅北側のうめき

た地区や新大阪駅前の再開発などを担当する。府と市の職員130人で構成し、府の咲洲庁舎内に設置する。「大阪都構想」が否決されたことを受けて府・市の行政運営一元化の一環。

　千葉県富里市は、都市計画の提案制度を

活用して企業誘致を進めている。同市は市域の9割が市街化調整区域で土地利用が進みづらかった。

しかし、成田空港に近く、東関東自動車道のインターチェンジが近いことから交通利便性は高いため、提案制度を設けることで企業誘致の促進を目指した。加えて奨励措置を設けたことで、企業誘致に成功した。複数企業からの引き合いがあるという。専門員を配置し、土地所有者に対して奨励策の紹介や、企業とのマッチングなども行っている。

長野県上田市は、空き家をリフォームして貸し出す「空き家セカンドユース事業」を始めた。県宅地建物取引業協会と連携し、空き家を改修して移住希望者などに貸し出す。

すでにセカンドユース事業を行っている他自治体では、自治体が空き家を借り上げて移住者に転貸する方式をとっているが、同市の事業では宅建業協会の会員企業が空き家を買い取り、リフォームして賃貸する。市はリフォーム費用の半額を事業者に対して補助する。

図表Ⅱ-3-2　市街地・まちづくりの動き

| 年月日 | 見出し | 内　容 |
|---|---|---|
| 2021/10/ 6 | 土地寄付受け入れで指針＝茨城県笠間市 | 茨城県笠間市は、土地の寄付要望が増えるのを想定し、受け入れ要件をまとめた指針を作った。維持管理の負担が少ないことなどを求めている。どのような土地であれば、市が受け入れるかを明確にするのが狙い。将来のまちづくりに活用できる土地の寄付が増えることを期待している。 |
| 2021/11/ 1 | 府市一体でまちづくり推進を＝大阪都市計画局が発足 | 大阪府内の大規模再開発を府と大阪市が一元的に担うための共同組織「大阪都市計画局」が発足した。大阪都市計画局は府・市から集まった職員130人体制で府の咲洲庁舎内に設置。初代局長には、市出身の角田悟史氏が就いた。 |
| 2021/11/ 8 | 予算にSDGsゴール設定＝大分県別府市 | 大分県別府市は、2022年度当初予算編成で、事業ごとに国連の持続可能な開発目標（SDGs）のゴールとの関係を示す方針だ。予算要求の段階から各部局の事業がSDGsとどう関わるか意識するよう職員に促し、市政全体で国際目標の実現に取り組むのが狙い。 |
| 2021/11/12 | 芝生化でにぎわい創出へ＝岡山市 | コンパクトシティー政策を進める岡山市は、「歩いて楽しいまちづくり」を推進するため、市中心部の「下石井公園」のグラウンドに人工芝を張る実証実験を始めた。中心部を東西に結ぶ県庁通りなどと合わせ、同公園を拠点ににぎわいを創出し、市内の回遊性向上につなげたい考えだ。 |
| 2021/11/15 | 街中にアリーナ整備を検討＝福井県など | 福井県と福井市、福井商工会議所は、2024年の北陸新幹線県内開業を見据えたまちづくり構想を協議する「第3回県都にぎわい創生協議会」を開いた。協議会では、福井市の街中にアリーナを整備する必要があることなどが取り上げられた。 |
| 2021/11/15 | ブロックチェーン推進を宣言＝福岡県飯塚市 | 福岡県飯塚市の片峯誠市長は、福岡市内で開催されたブロックチェーン技術に関するイベントで、市を挙げて同技術を推進する「飯塚市ブロックチェーン推進宣言」を発表した。産学官の連携を図り、人材育成や産業形成、まちづくりの3分野で導入を促進する。 |
| 2021/11/24 | オンデマンド配車を実証実験＝日産と連携─福島県浪江町 | 福島県浪江町と日産自動車は、AIなどを用いたオンデマンド配車サービスの実証実験を始めた。2月に同町を含む3自治体と日産自動車などは、東日本大震災からの復興促進と持続可能なまちづくりの実現を目指す連携協定を締結している。 |
| 2021/11/24 | 民間複業人材登用の実証実験＝愛知県南知多町 | 愛知県南知多町は、町職員の行財政マネジメント能力の底上げを図るため、民間の複業人材を登用する実証実験を始めた。8月に民間企業とのマッチングサービスを運営するアナザーワークスと協定を締結。無報酬の条件で公募を開始したところ、民間人1人を「行財政マネジメント総合政策アドバイザー」として登用することになった。 |
| 2021/12/ 9 | 庁舎に電子地域通貨チャージ機＝岐阜県高山市 | 岐阜県高山市は、本庁舎に電子地域通貨「さるぼぼコイン」のチャージ機を設置した。市税や住民票などの手数料の納付が可能なコインを来庁者がチャージできるようにした。市民の利便性向上のほか、地域通貨の流通量の増加を目指す。 |

|  |  |  |
|---|---|---|
| 2021/12/10 | 空き家利活用へ無料の物件調査＝広島県坂町 | 広島県坂町は、空き家の解消とその利活用を図ろうと、無料の物件調査を通じて資産価値や物件の将来性などを「見える化」する事業を始めている。空き家の賃貸化や店舗化への転換を図り、定住人口の増加と地域活性化につなげたい考えだ。 |
| 2022/1/20 | キッチンカーでにぎわい創出＝岡山市 | 岡山市は、中心市街地の活性化に向け、企業と連携してキッチンカーを駐車場に出店する事業を始めた。担当者は「テークアウトして周辺の公園などで食事をしてもらうことで、回遊性を高めたい」と話している。 |
| 2022/2/2 | ボランティアのマッチングサイト＝千葉県 | 千葉県は、ボランティアを希望する人と受け入れたい団体をつなぐため、マッチングサイト「ちばボランティアナビ」を開設した。東京五輪・パラリンピックを契機に高まった社会貢献活動を普及促進するのが狙い。 |
| 2022/2/14 | 乗り合いタクシーにEV導入＝鹿児島県西之表市 | 鹿児島県西之表市は、バスなどの公共交通がない地域と市街地を結ぶ予約型乗り合いタクシーに、電気自動車を導入した。二酸化炭素削減や燃料費圧縮に加え、EVの普及にもつなげたい考え。出光興産との共同実証実験の一環で、ガソリンスタンドでの充電事業がビジネスとして成り立つかどうかも検証する。 |
| 2022/2/24 | NTTグループ、スマートシティーの国際認証取得＝国内初、名古屋のビル街区 | NTTグループは、ITを活用した次世代型都市「スマートシティー」に関する国際規格「ISO37106」の認証を名古屋市内の所有ビル街区で取得したと発表した。同認証の取得は国内初で、不動産価値の向上などが期待できる。 |
| 2022/2/25 | 仮想空間で観光・食情報発信＝兵庫県養父市 | 兵庫県養父市は、インターネット上の仮想空間「メタバース」を利用し、観光や伝統文化、食などについて情報発信する事業に乗り出す。「仮想養父市」を設け、市内外の人々がアバターを通じて交流できる場とし、「市とのつながりを持ちたい」と希望する人口の増加を目指す。 |
| 2022/3/16 | 空港利用でレンタカー代補助＝福島県 | 福島県は2022年度、福島空港の利用促進のため、同空港を往復利用して県内で宿泊する旅行者に対し、レンタカー料金を一部補助する事業を始める。空港内にあるレンタカー会社が対象で、補助額は1台6590円。利用目的は問わない。 |
| 2022/3/17 | 空き家活用で高校生の居場所作り＝長野県須坂市 | 長野県須坂市は、地域おこし協力隊などと共同で、空き家や古民家を活用して高校生の居場所を作る「LET'S TRY」プロジェクトを立ち上げた。市内の高校生が自らの居場所を自分たちで作り、運営することを目指す。 |
| 2022/3/29 | 日産など8社とまちづくりの共同声明＝福島県浪江町、双葉町、南相馬市 | 福島県浪江町と双葉町、南相馬市は、日産自動車やイオン東北など8社と持続可能なまちづくりに関する共同声明を発表した。日産自動車が開発する電気自動車の先進技術を生かした取り組みを進める。 |
| 2022/4/6 | 都市計画税を課税停止＝市街地活性化狙う―栃木県高根沢町 | 栃木県高根沢町は、2022年度から25年度までの4年間、町民に対する都市計画税の課税を停止する。課税停止により市街地を活性化し、町内への移住・定住を促進したい考えだ。現在、町では市街化区域に住む町民のうち、約6300世帯が納税している。 |
| 2022/4/8 | 有機、低糖質食品ブランド化へ＝新潟県新発田市 | 新潟県新発田市は、オーガニック農産物や低糖質食品のブランドを立ち上げ、開発や研究、販路拡大に取り組む。市内の食品事業者、民間の商品開発担当者らを交えたプロジェクトチーム（PT）を6月ごろに設置し、3年計画で進める。 |
| 2022/4/20 | 市の事業に市内のデザイナーを活用＝東京都狛江市 | 東京都狛江市は、市内在住者を中心に、狛江市に縁のあるデザイナーをネットワーク化した「KOMAE Designer's Lab.」を立ち上げ、市の事業やプロジェクトへの参画を促す取り組みを始めた。 |
| 2022/4/21 | DeNAとまちづくりで連携協定＝横浜市 | 横浜市は、インターネット関連のDeNAとまちづくりに関する連携協定を締結した。国連が掲げる持続可能な開発目標（SDGs）の達成や脱炭素社会の実現に向け、体験型の企画を提供する。 |
| 2022/4/22 | 「デジタルツイン」の共同事業体設立＝石川県加賀市 | 石川県加賀市は、物理的環境を仮想空間で再現する「デジタルツイン」の構築に向け、産学官が参画するコンソーシアムを設立した。将来的に都市設計や防災分野のシミュレーションに生かすことで、最適なまちづくりにつなげる狙いがある。 |
| 2022/4/22 | SA生かした地域活性化で研究会＝福島県南相馬市 | 福島県南相馬市は、常磐自動車道のサービスエリアとスマートインターチェンジがある地域自治区「鹿島区」で、人の流れを地域活性化につなげる方策を検討する。自治体と大学、民間企業の関係者が集まり、研究会を発足。 |
| 2022/5/2 | 空き家内覧にVR活用＝宮崎県木城町 | 宮崎県木城町は、仮想現実（VR）技術を活用した空き家のバーチャル内覧を開始した。空き家バンクに登録された物件の室内や周辺を360度VRカメラで撮影し、パノラマビュー化することで、物件の詳細情報を提供。町への移住促進や、空き家の有効活用を図る。 |
| 2022/5/9 | 中心市街地と中山間地の連携強化＝コンパクト化推進も―国交省 | 国土交通省は、人口減少が続く中、将来にわたって持続可能なまちづくりを進めるため、中心市街地と中山間地域の連携強化に向けた支援策の検討に着手する。連携強化策としては、小さな拠点と中心市街地などを公共交通機関で結び、人の往来を増やす案などが浮上。国交省は今後、予算措置を含めた具体的な支援策を検討する。 |

| 2022/ 5 /10 | 浸水面積、震災時の1.2倍＝最大津波、防潮堤決壊を想定―宮城県 | 宮城県は、数百年に１度起きると予測される最大クラスの津波が起きた場合の浸水想定を公表した。浸水面積は東日本大震災の約1.2倍に及ぶと予想され、沿岸15市町は想定を基に防災計画やハザードマップなどを改定し、住民の避難に役立てる。 |
|---|---|---|
| 2022/ 5 /16 | 空き家をリフォームして賃貸＝宅建協会と連携、移住希望者に―長野県上田市 | 長野県上田市は、空き家をリフォームして貸し出す「空き家セカンドユース事業」を始めた。県宅地建物取引業協会と連携し、移住希望者に賃貸住宅として提供する。セカンドユース事業を通じて、「賃貸を希望する移住希望者と売却を望む空き家所有者とのミスマッチの解消」（住宅課）を目指す。 |
| 2022/ 5 /23 | 手ぶらキャッシュレスで実証実験＝福島県玉川村 | 福島県玉川村は、指の静脈認証を活用して買い物ができる「手ぶらキャッシュレス」の実証実験を開始する。村はNTTデータ、日立製作所、三菱HCキャピタルと連携協定を締結。まちづくりや産業、防災などさまざまな分野のデジタル化推進に向けた取り組みを進める方針で、この実験が連携事業の第１弾となる。 |
| 2022/ 5 /27 | 産官学連携の拠点施設がオープン＝福島県浪江町 | 福島県浪江町は、産官学連携で県沿岸部のまちづくりを支援する施設「浜通り地域デザインセンターなみえ」のオープニングセレモニーを開催した。町と東京大学、日産自動車が連携し、さまざまな事業に取り組む拠点となる。 |
| 2022/ 5 /31 | 庁敷地を街のにぎわいに活用＝広島県 | 広島県は、広島市中心部にある県庁の駐車場などの敷地を街のにぎわいや憩いの場として活用する方針だ。民間事業者からアイデアや事業参入の意向などを情報収集する調査に着手した。 |
| 2022/ 6 / 2 | 空き家活用、優勝者に500万円＝石川県加賀市 | 石川県加賀市は、空き家のリノベーションによる事業展開に関して優れたアイデアを出した優勝者に最大500万円を助成する「空き家リノベぐらんぷり」の選考に向け、提案の募集を始めた。2022年度当初予算に事業費約1000万円を計上している。 |
| 2022/ 6 / 7 | 福島再生交付金に指標設定＝対象項目ごとに事業検証―復興庁 | 復興庁は、東日本大震災の原発事故による長期避難者の帰還を支援する「福島再生加速化交付金」について、事業効果を検証する指標の設定を検討する。交付対象の項目ごとにレビューシートを作成し、住民の居住者数など数値目標を設ける方向。 |
| 2022/ 6 /13 | 旧消防局敷地活用へ調査＝広島県呉市 | 広島県呉市は、中心部にある旧市消防局・西消防署庁舎敷地について、民間事業者から活用策を聞く「サウンディング調査」を実施する。人の流れやにぎわいを生み出すようなアイデアを幅広く募り、中心部の活性化につなげたい考え。 |
| 2022/ 6 /15 | 山村地域向け事業に補助金＝愛知県豊田市 | 愛知県豊田市は、市が山村条例で「山村地域」と定めた地域など計６地区で、▽移動販売▽買い物代行サービス▽無人店舗販売▽宅配サービス―のいずれかを営む事業者に必要経費を補助する。対象となる経費は、広告宣伝費や賃借料、無人決済システムの使用料など。補助率は50％で、上限は150万円。 |
| 2022/ 6 /28 | 全学童クラブに無線通信整備＝東京都西東京市 | 東京都西東京市は、市内のすべての学童クラブにWi-Fi環境を整備する。放課後に学童クラブを利用する子どもらがタブレットなどを使って宿題や調べものができるようにする。国の政策で児童１人１台の端末配備が進んでいるのを受け、施設内にWi-Fi環境を整備することにした。 |
| 2022/ 6 /29 | 企業版ふるさと納税、対象に４事業追加＝東京都町田市 | 東京都町田市は、企業版ふるさと納税による寄付の対象を拡大するため、受け入れ先となっている「まち・ひと・しごと創生基金」の根拠条例を６月議会で改正する。これまで市の代表的な公園の整備プロジェクトに対象を限定してきたが、基金の目的に「経済活動を盛んにする」など４事業を追加。 |
| 2022/ 6 /30 | 復興拠点の避難指示解除＝原発立地自治体で初、居住再開へ―福島県大熊町 | 東京電力福島第１原発事故に伴う帰還困難区域のうち、福島県大熊町の「特定復興再生拠点区域」の避難指示が解除された。帰還困難区域での居住再開につながる避難指示解除は葛尾村に次いで２番目で、原発立地自治体では初めて。 |
| 2022/ 7 / 4 | 脱炭素で北大と共同研究＝北海道興部町 | 北海道興部町は、北海道大学と町の脱炭素化に向けた共同研究契約を結んだ。同町では、基幹産業の酪農業で発生する牛のふん尿を有効活用したバイオガスプラントが稼働している。バイオマス資源のエネルギー利用などを研究している同大大学院工学研究院の知見を生かし、町の特性を踏まえた脱炭素化を進めたい考え。 |
| 2022/ 7 /14 | 全町避難の双葉町、一部居住可能に＝来月末、復興拠点の指示解除へ―原発事故から11年余・福島 | 福島県双葉町や政府などは、東京電力福島第１原発事故による帰還困難区域のうち、町内の「特定復興再生拠点区域」に出している避難指示を８月30日に解除することで合意した。原発立地自治体である双葉町は、2011年３月の事故以降、県内で唯一、全町避難が続いていた。解除されれば約11年５カ月ぶりに町内での居住が可能となる。 |
| 2022/ 7 /15 | 空き店舗活用でセミナー＝大阪府泉佐野市 | 大阪府泉佐野市は、空き店舗、空き家の活用を進めるため、遊休不動産オーナー向けのセミナーや、空き物件でビジネスを企画する起業家を対象としたワークショップを開催する。不動産活用のメリットをオーナーに説明した上で、起業家とのマッチングを目指す。 |
| 2022/ 7 /20 | 空き公舎を若者向けにリノベーション＝長崎県 | 長崎県は、若者や子育て世帯を主要ターゲットに、空き家などをリノベーションして賃貸住宅として提供する仕組みを構築する。2022年度にまず長崎市内と佐世保市内の県空き公舎を改修し、民間の空き物件の活用も促したい考えだ。 |

| 2022/7/21 | 廃棄物撤去で行政代執行へ＝東京都立川市 | 東京都立川市は、市内民有地で違法な収集運搬により集められた大量の廃棄物が野積みされたまま放置され、近隣住民に悪影響を与えているため、行政代執行により撤去する。市は代執行完了後、占有者に対し費用回収手続きを取るとともに、刑事告発を検討する。 |
|---|---|---|
| 2022/7/26 | 地域通貨でコロナ対策、観光振興＝普及率ほぼ100％－静岡県西伊豆町 | 静岡県西伊豆町が、新型コロナウイルス感染拡大を受け、2020年度から導入した電子地域通貨「サンセットコイン」が、消費喚起に一役買っている。スマートフォンや専用の電子カードを使い、利用者にポイントを付与してQRコードを読み取り決済する。住民への普及率はほぼ100％。 |
| 2022/7/28 | ホテルのルームキーで図書館蔵書貸し出し＝宮崎県都城市 | 宮崎県都城市は、民間ホテルのカード型ルームキーで、隣接する市立図書館の蔵書を貸し出すサービスを開始する。対象となるのは、市中心部に今春オープンした民間複合施設「TERRASTA」の中核施設のホテル。ホテルの隣接地には、市立図書館をはじめ文化、保健、子育てなどの機能を集約した中心市街地中核施設「MallMall」が先行して開業。 |
| 2022/8/16 | 東京・青梅線沿線で謎解きイベント＝東京都昭島市など | JR東日本青梅線沿線の東京都昭島、立川、福生、羽村、青梅5市でつくる「青梅線エリア女子旅推進委員会」は、同線沿線を訪ねて地域の謎解きをしてもらうイベント「青梅線女子旅謎解きゲーム」を開催している。期間は9月25日まで。 |
| 2022/8/19 | ビッグデータ活用を支援＝交通課題解決へ実証事業公募－国交省 | 国土交通省は、携帯電話の位置情報といったビッグデータを駆使して、渋滞など地域が抱える交通課題の解決を目指す実証事業を行う団体の公募を始めた。情報取得に必要な経費を支援して、ビッグデータの活用を後押しするのが狙い。 |
| 2022/8/29 | 空き店舗を協力隊の拠点に＝北海道壮瞥町 | 北海道壮瞥町は、町内の空き店舗を地域おこし協力隊の活動拠点として整備した。町民らが集うコミュニティースペースとして開放するほか、イベント開催や移住相談も受け付け、気軽に立ち寄れる場所を目指す。 |
| 2022/9/5 | 市内活動で学生らに補助＝福島県白河市 | 福島県白河市は、同市を研究や活動の拠点として利用する大学のゼミなどに活動費を一部補助する「まちラボ学生プロジェクト支援事業」を行っている。対象は全国の大学や短期大学、高等専門学校などに在籍する学生でつくるゼミやサークル、まちづくりに関心のある団体。 |
| 2022/9/8 | 居住誘導区域への移転促進＝立地適正化区域外も支援－国交省 | 国土交通省は、立地適正化計画区域外の災害発生リスクが高い地域から、同計画の居住誘導区域内に住宅を移転する場合の支援を拡充する。大規模災害が頻発する中、住宅の集約を進め、コンパクトで災害に強いまちづくりを進める。 |
| 2022/9/9 | 国内最大級の木材市場誘致＝都市計画提案制度で－千葉県富里市 | 千葉県富里市は近年、都市計画の提案制度を活用した民間企業誘致に取り組んでいる。奨励措置を設けるなどして呼び掛けた結果、このほど同制度に基づく第1号として、国内最大級の木材市場の本社移転が実現する見通しとなり、着実な成果を見せつつある。 |
| 2022/9/9 | 農地利用の「地域計画」支援事業＝市町村の策定後押し－農水省 | 農林水産省は2023年度、市町村が農地利用の将来像を示す「地域計画」の策定を後押しするため、話し合いの調整に当たる専門人材の人件費補助などの支援事業を新設する方針だ。 |
| 2022/9/13 | 駅前の大型商業施設取得へ＝茨城県日立市 | 茨城県日立市は、JR日立駅前の大型商業施設「日立ショッピングセンター」を9億5000万円で取得する。将来にわたってまちづくりの核となる施設を取得する妥当性や必要性があると判断した。 |
| 2022/9/22 | 住宅街で無人配送ロボを走行＝北海道石狩市 | 北海道石狩市は、今秋から市内住宅街で「無人自動配送ロボット」の実証実験を行う。京セラコミュニケーションシステムと連携して実施。同社のロボットを公道で走らせ、配達や移動販売、買い物支援などを行う。 |
| 2022/9/26 | 市街地再開発へ社会実験＝三重県四日市市 | 三重県四日市市は、中心市街地の再開発を見据え社会実験を始めた。近鉄四日市駅からJR四日市駅間を結ぶ「中央通り」に仮設のスケートボードパークを設置するほか、飲食や物販のブースが出店する。土日にはイベントも開催し、市街地のにぎわい創出効果を検証する。 |

## 3. 人口増加

近年はリモートワークを行える企業の増加で以前に比べて自由な働き方ができる人の移住の後押しになっているものの、移住者が移住する前の居住地が移住先から遠い場合は、仕事の確保が課題となることは依然として多い。特定地域づくり事業協同組合などで地域内の多様な業種で受け皿を用意する地域も多い。

栃木県佐野市は、ご当地グルメの「佐野

「ラーメン」を市内で開業する人に対する支援策を2020年8月に開始したところ、移住者の増加、新規開業に繋がっている。

同市は、2カ月で佐野ラーメンの調理法や開業準備の方法を教える「佐野ラーメン予備校」を設置した。予備校は修業先の紹介や空き店舗を生かし、ラーメン店主らによる試食会等を行う。8世帯18人が移住し、3店舗が開業した。国の地方創生交付金を活用しており、現行の制度は23年度末までとなるが、その後は体験ツアーやグッズの販売で事業費の確保を目指す。

移住者支援に取り組んでいる自治体では、住民票を置いていない二地域居住者や移住希望者が子どもを学校に通わせることができる「デュアルスクール」などに取り組んでいる。岐阜県美濃市は未就学児がい

る世帯を対象に「保育園留学」を導入するための実証実験を民間のベンチャー企業との協力で行った。

宮崎県は、県内の市町村ごとに少子化に影響を与えると思われる要因を分析し、少子化対策のモデル事業を行う自治体に対する補助を実施する。同県は全国に比較して合計特殊出生率は高いが、県内市町村を比較するとばらつきがあることから、政府が作成した少子化対策地域評価ツールで分析する。

分析するデータは生活環境、家族・住生活、未婚化・晩婚化、医療・保健環境、子育て支援サービス、経済・雇用の6分野で、県内自治体の偏差値を算出。それを基に意見交換を行い、強みや改善点を把握して3市町村を対象にモデル事業を支援する。

### 図表Ⅱ-3-3　人口増加の動き

| 年月日 | 見出し | 内　容 |
|---|---|---|
| 2021/10/29 | 移住相談、2.5万件減少＝コロナでイベント開催難―総務省 | 総務省は、2020年度の都道府県や市町村の移住に関する相談受付件数が、29万1082件だったと発表した。新型コロナウイルスの感染拡大の影響でイベント開催が難しかったことから、前年度と比べて2万4662件少なかった。15年度の調査開始以来、初めて前年度比で減少に転じた。 |
| 2021/11/15 | 「関係人口」による村応援団結成＝留学生が情報発信―福岡県東峰村 | 福岡県東峰村は、村外から村の産業活性化などに寄与する「関係人口」による応援団を結成した。外部人材と連携した新たなコミュニティー形成を目指すもので、留学生5人が村外への情報発信を担う。今後5年間で応援団員を1000人規模まで拡大したい考えだ。 |
| 2021/12/13 | 奨学金返還、520団体が支援＝若者の地方定着推進―創生本部 | 内閣官房のまち・ひと・しごと創生本部事務局は、自治体による奨学金返還支援の取り組み状況をまとめた。6月1日時点で33府県487市町村の計520団体が支援を実施。都道府県では7割、市町村では3割弱に取り組みが広がっている。 |
| 2021/12/15 | 温泉施設にテレワーク環境整備＝岡山県真庭市 | 岡山県真庭市は、温泉街の市営温泉施設を改修し、テレワーク設備を導入した都市部との交流拠点を新たに整備する。環境整備するのは「湯原温泉館」。和室や休憩スペースがある3階フロアの一部を改修し、コワーキングスペースと会議室、シェアオフィスを設置する。 |
| 2021/12/23 | 旧職員寮を移住・創業支援拠点に＝富山県 | 富山県は、空き家となっていた旧県職員住宅を創業支援施設とUIJターン者向けの住居として再活用する。鈍化している創業支援を後押しし、UIJターンを促して若者の流出を抑えたい考えだ。 |
| 2021/12/24 | 宅地造成で村有地を無償譲渡＝北海道真狩村 | 北海道真狩村は、村への移住促進策として、約1万平方メートルの村有地を事業者に無償で譲渡する。分譲宅地の造成が条件で、事業者から土地活用に関する企画を募り、魅力ある開発につなげたい考え。業者の分譲価格に上限を設け、近隣地区の地価高騰に歯止めをかける狙いもある。 |
| 2022/ 1 /17 | 新築住宅購入で最大100万円＝北海道当別町 | 北海道当別町は、町内で新築住宅を購入した住民に最大100万円の支援金を交付する。移住・定住促進策の一環で1月から適用、2024年度末まで継続する。JRの新駅が3月に誕生するのを機に人を呼び込む狙いだ。 |

| | | |
|---|---|---|
| 2022/ 1 /20 | 関係人口創出へ地域デジタル通貨＝滋賀県 | 滋賀県は、関係人口の創出を目指し、地域の体験活動に参加した人が県内で使用できるデジタル地域通貨を2022年度から導入する方向で検討している。県単位での導入は全国初の試みという。 |
| 2022/ 1 /27 | 空き家流通へ解体費補助＝神奈川県逗子市 | 神奈川県逗子市は、空き家の流通を促すため、権利関係の整理や解体費用などに幅広く使える補助制度を創設する。空き家が物件として市場に出れば、都市部から同市への移住やワーケーション用の住宅の受け皿となるとみている。 |
| 2022/ 2 / 2 | 移住者の受け皿で事業協同組合＝愛媛県松野町 | 愛媛県松野町は、移住者の雇用の受け皿となる「森の国まつの事業協同組合」を創設した。農林業など6事業者から成り、繁忙期に組合の従業員を派遣。レジャーのガイドや農作物の収穫など事業者の仕事をしてもらう。 |
| 2022/ 2 /21 | 複数の子いる世帯の保育料減免拡充＝神奈川県横須賀市 | 神奈川県横須賀市は2022年度から、2人以上の子どもがいる世帯に対する幼児教育・保育料の減免を拡充する。0〜2歳児について市独自に対象拡大や上乗せ支援を行い、子育て世帯の経済的負担を軽減する。 |
| 2022/ 2 /28 | 「お試し移住」に補助金＝愛知県田原市 | 愛知県田原市は2022年度、市への移住を検討する人に滞在費などを補助する「お試し移住」を始める。市への移住を検討し、4泊以上市に滞在する人が対象。宿泊費用とレンタカー代の一部を補助する。 |
| 2022/ 3 / 2 | 公立小中学校の給食費無償化＝岡山県備前市 | 岡山県備前市は、4月から公立小中学校の給食費を無償化する。子育て支援を強化し、若い世代の移住定住を促進する狙い。17年度から第2子を半額、第3子以降を無償にしていた。全面無償化に伴う財源は市の基金を取り崩して確保する。 |
| 2022/ 3 /16 | 移住促進へ新幹線定期を補助＝滋賀県米原市 | 滋賀県米原市は、市内に新幹線の駅がある利便性を生かし、市内への移住やU・Iターンを促進するため、40歳未満を対象に通勤定期代を補助する。1カ月の新幹線定期代のうち、通勤手当を差し引いた金額の半分について、月額2万円を上限に最長2年間支援する。 |
| 2022/ 3 /16 | 「東京ゲームショウ」出展へ＝eスポーツで移住促進—鹿児島県伊佐市 | 鹿児島県伊佐市は2022年度、コンピューターゲームで腕を競い合う「eスポーツ」を軸にした移住・定住促進に力を入れる。幕張メッセで開催される世界有数のゲーム見本市「東京ゲームショウ2022」に、市の魅力を発信する特設ブースを出展する。 |
| 2022/ 3 /16 | 空き家活用で建築業者や住民と連携＝島根県 | 島根県は2022年度、中山間地域や離島などで空き家を有効活用する取り組みへの支援に乗り出す。地元工務店や住民が主体となって空き家の流通を促進したり、一定期間居住する「お試し移住」の場として空き家を使ったりする場合、市町村とともに費用を補助する。 |
| 2022/ 3 /17 | 移住者の新築に最大470万円—北海道芦別市 | 北海道芦別市は、市内で新築住宅を取得する市民への補助制度を創設する。空き家対策も盛り込んだ新制度で、移住者には最大470万円の持ち家取得奨励金を用意。人口減が進む中、市外からの移住者確保を狙う。 |
| 2022/ 3 /24 | 移住・定住支援センターが開所＝福島県葛尾村 | 福島県葛尾村で移住・定住支援センター「こんにちは　かつらお」が開所した。移住・定住に関する相談を受け付け、空き地・空き家バンクや求人情報の管理などを行う。村は2021年9月に移住生活を体験できる住宅を整備しており、今後はセンターが運営するという。 |
| 2022/ 3 /28 | 人口減少地域への移住に支援金＝大阪府和泉市 | 大阪府和泉市は、人口減少が激しい一部地域への移住者に対する支援金制度を始める。同市内で人口の多いエリアから引っ越してくる人も対象とする。39歳以下の夫婦か、中学生以下の子どもがいる世帯が、対象地域内で新築住宅を購入する場合に100万円を支給。 |
| 2022/ 4 / 6 | 無料宿泊施設をオープン＝移住相談窓口併設—福島県富岡町 | 福島県富岡町は、移住者を呼び込むため、希望者が無料で利用できる宿泊施設を開設した。移住相談窓口も併設し、移住先の物件や支援制度などを紹介する。就農体験や、町の清掃活動など地元住民と交流する体験プログラムへの参加が要件で、最大4泊5日宿泊することができる。 |
| 2022/ 4 /11 | 仮想空間で移住相談＝奈良県宇陀市 | 奈良県宇陀市は、伊藤忠テクノソリューションズと共同で、インターネット上の仮想空間「メタバース」を使った移住相談イベントを行った。市によると、メタバースでの移住相談は全国でも非常に珍しいという。 |
| 2022/ 4 /13 | 民間人材が移住し課題解決＝宮城県女川町 | 宮城県女川町は、町に移住した日立システムズの社員3人と共に町の課題解決を図る取り組みを始めた。民間人材の意見や提案を取り入れ、町を拠点にさまざまな活動をする人の呼び込みや地域活性化につなげたい考え。 |
| 2022/ 4 /13 | 無料でAI婚活体験を＝20代の独身男女を募集—埼玉県 | 埼玉県は、20代の若者が早い段階で交際相手に出会えるよう支援するため、AIで相性の良い人を紹介するマッチングシステムを無料で半年間利用できる体験者の募集を5月から開始する。少子化対策の一環。 |
| 2022/ 4 /13 | U・Iターンサイトを統合＝福井県大野市 | 福井県大野市は、Uターン者向けの「大野へかえろう」プロジェクト公式サイトと、Iターン者向けサイトの「オオノグラシ」を統合した。市の施策にはU・Iターン共通のものも多く、サイトの統合により利用者と管理者双方の利便性向上が期待される。 |

| | | |
|---|---|---|
| 2022/4/19 | 市役所地下にテレワークスペース＝大阪府阪南市 | 大阪府阪南市は、市役所地下の食堂跡地約130平方メートルをテレワークスペースに改修した。新型コロナウイルス禍でテレワークが普及する中、仕事と余暇を組み合わせたワーケーションなどで市内外の企業や個人に活用してもらい、交流人口を増やす狙い。 |
| 2022/4/25 | 移住コンシェルジュを配置＝新潟県十日町市 | 新潟県十日町市は、U・Iターンや移住を検討する人にきめ細かな支援を行う「移住コンシェルジュ」を配置した。民間事業者に運営を委託して土曜日も開所するなど、相談体制を強化。補助制度や就職、住宅、教育環境などの紹介に加え、雪かきといった移住後の悩み相談にも対応する。 |
| 2022/4/25 | 一人親限定の移住フェア＝石川県穴水町 | 石川県穴水町は、都市部に住む一人親家庭限定の移住フェアを開催する。一人親を支援する町としてアピールし、移住・定住につなげたい考え。希望者は2泊3日の日程で、町の案内を受けるほか、マリンスポーツ体験や住民との交流活動を行う予定だ。 |
| 2022/4/27 | 関係人口増加へ宿泊費など補助＝広島県尾道、竹原、三原市 | 広島県尾道、竹原、三原3市は、特定の地域と継続的につながりを持つ「関係人口」の増加を目指し、県外から副業やコミュニティー活動などで訪れる人に宿泊費やレンタカー代を補助する事業をJR西日本と共同で始めた。JR西管内の鉄道移動費も、交通系ICカード「ICOCA」のポイントで40％還元する。 |
| 2022/4/27 | サブリースで空き家利用＝福島県三島町 | 福島県三島町は、町が所有者から家を借り上げ入居者を募り転貸する「町版サブリース」のモデル事業を始めた。空き家の利活用や移住・定住者誘致につなげたい考えだ。2022年度から借り上げる物件を選定、23年度以降に入居希望者を募る。 |
| 2022/5/2 | 移住者向けに道職員住宅購入＝北海道真狩村 | 北海道真狩村は、村内にある道所有の職員向け共同住宅を購入し、移住者用の住宅として提供する。村内には民間の空き物件が少なく、村が直接住まいを確保することで移住促進を図る。 |
| 2022/5/6 | 「人口減少対策本部」を設置＝鹿児島県鹿屋市 | 鹿児島県鹿屋市は、中西茂市長を本部長とする「人口減少対策本部」を市長公室に設置した。各部局の人口減少対策を横断的に統括し、連動性を持たせて速やかに事業を実施する狙い。 |
| 2022/5/10 | 出産祝い金を支給＝熊本県八代市 | 熊本県八代市は、2022年4月1日以降に生まれた子どもを対象に「出産祝い金」を支給している。21年度は国による18歳以下への10万円給付事業があったが、22年度以降に生まれた子どもにもお金が行き渡るようにする。 |
| 2022/5/11 | 定住促進へ暮らしを数値で可視化＝茨城県龍ケ崎市 | 茨城県龍ケ崎市は、住民の暮らしを数値で可視化したPR冊子を作成した。東京駅まで電車で1時間程度という立地条件を踏まえ、家賃や戸建て価格、住居の広さなどを東京都内と比較したデータを提示。暮らしやすさを強調し、定住を促進したい考え。 |
| 2022/5/18 | 市町村の少子化対策にデータ活用＝宮崎県 | 宮崎県は、子育て支援サービスや生活環境など、少子化に影響を及ぼすと考えられる要因を市町村ごとに分析して、対策に生かす事業に取り組む。少子化対策のモデル事業を行う3自治体に定額の補助を実施する。 |
| 2022/5/20 | 東京圏以外からのUターンで支援金＝国助成対象外をカバー＝青森県弘前市 | 青森県弘前市は、国による移住助成がある東京圏を除く県外在住のUターン者を対象に、市内に戻って県内企業に就職した場合、支援金を交付する。支援金を呼び水に、生産年齢人口の増加や地元企業の人材確保につなげる狙い。 |
| 2022/6/7 | お試しテレワークに助成＝石川県 | 石川県は2022年度、県内でテレワークを試行する企業を対象に助成制度を創設する。県内でテレワークを行う従業員の交通費や滞在施設費、コワーキングスペース利用費などについて、1人当たり10万円を上限に補助率50％で助成する。 |
| 2022/6/8 | 市まるごとサテライトオフィスに＝山梨県富士吉田市 | 山梨県富士吉田市は、市内各地にワークスペースを開設し、ワーケーションの需要を首都圏から呼び込む「まるごとサテライトオフィス構想」をまとめた。交流人口の拡大や将来の移住増加につなげる。22年度は構想の核となる交流拠点を整備し、将来的にワークスペースを50カ所に増やすことを目指す。 |
| 2022/6/13 | 「協力隊インターン」で学生受け入れへ＝山形県南陽市 | 山形県南陽市は、市と包括連携協定を結んでいる大正大学の学生を「地域おこし協力隊インターン」として受け入れる。同大の授業の一環で、地域活性化の現場を学んでもらうことが目的。 |
| 2022/6/21 | 多摩島しょ移住相談窓口を開設＝東京都 | 東京都は、都内市町村とともに地域の魅力を発信し、移住・定住を促進するため、「東京多摩島しょ移住定住相談窓口」を開設した。窓口には、多摩と島しょ地域を紹介するパンフレットや移住に関する資料を備えて情報提供する。移住希望者からの相談にも応じる。 |
| 2022/6/23 | 空き家バンクサイトを新設＝パノラマ写真で詳細情報提供－熊本県宇城市 | 熊本県宇城市は、360度のパノラマ写真で物件を紹介する公式ホームページ「空き家・空き地バンク360」の運用を開始した。遠隔地でも詳細な情報が得られるよう、天井や床を含めた360度で物件の内部を確認することができる。 |

| | | |
|---|---|---|
| 2022/ 6 /29 | 町長宅でおもてなし＝民泊仲介大手と連携―北海道清水町 | 北海道清水町と民泊仲介サイト大手「Airbnb Japan」は、民泊施設の提供に向けた包括連携協定を結んだ。民泊施設として、町長や町職員の住宅を提供するほか、町が運営する移住体験住宅や宿泊者の受け入れを歓迎する町民の家を同社の民泊サイトに掲載する。 |
| 2022/ 7 /12 | 移住希望者の住居探し支援＝茨城県常総市 | 茨城県常総市は、移住を考えている人の住居探しを支援している。定住人口を増やし、空き家や空き地の取引を活発化させるのが狙い。老朽化した危険な空き家の解体を促進するため、企業を通じ、希望する住民に解体業者の紹介も始めた。 |
| 2022/ 7 /13 | 桃の木のオーナー制度＝福島県国見町 | 福島県国見町は、桃の木１本を複数人で共有し、育成過程を観察しながら収穫体験ができる桃の木のオーナー制度を行っている。町の特産品を通じて農家とのつながりを生み、交流人口を増加させる狙いがある。参加費は年間２万8000円。 |
| 2022/ 7 /15 | 就活支援に民間若手社員を活用＝岡山県 | 岡山県は、就職活動中の学生の悩みや不安に答える専門支援員を民間企業から募る取り組みを2022年度から始めた。県内企業で働く魅力を伝えることで、Uターン就職や県外からの就職を促進する狙い。 |
| 2022/ 7 /20 | 二地域居住推進でツアー＝岡山県 | 岡山県は、都市と地方にそれぞれ生活拠点を持つ「二地域居住」を推進するため、県外在住者を対象にモデルツアーを始めた。参加者の希望に応じ、現地での農作業体験や地域住民との交流を行うほか、コワーキングスペースが整ったオフィス環境を宿泊場所として提供する。 |
| 2022/ 7 /21 | 若者の定住促進へ家賃補助＝テレワーカーも対象―長野市 | 長野市は、移住や定住を促進するため、新たな家賃補助制度を創設した。転入日時点で40歳未満であることや、中学生以下の子どもがいることなども要件とした。この他、テレワークで働く人も申請が可能で、年齢制限はない。 |
| 2022/ 7 /22 | 住宅取得補助、子育て世代に重点＝北海道むかわ町 | 北海道むかわ町は、定住促進策の一環として、子育て世代に特化した住宅取得支援制度を2023年度にも創設する。補助額は１世帯当たり100万円規模を想定。支援する年齢層を絞り込むことで、若い世代の転入意欲を後押しする。 |
| 2022/ 8 / 1 | ワーケーションで組織づくりを＝北海道長沼町 | 北海道長沼町は、チームづくりを体験するプランを盛り込んだワーケーションの受け入れを始めた。企業研修での活用を想定し、町内の豊かな自然を満喫できるプランを設定。町の魅力を直接感じてもらい、関係人口の拡大を目指す。 |
| 2022/ 8 /12 | AIマッチング、女性無料に＝茨城県 | 茨城県は、AIを活用したマッチングシステムで男女の出会いを支援する「いばらき出会いサポートセンター」への入会について、女性の登録料を無料にした。男性と比べて女性の会員数が少ないためで、無料期間は８月２日～11月１日。 |
| 2022/ 8 /12 | 電子地域通貨「ビワコ」導入＝滋賀県 | 滋賀県は、スマートフォンなどでやりとりできるコミュニティー通貨「ビワコ」を導入した。琵琶湖の外来魚を釣ったり、湖岸を清掃したりすることで獲得でき、ふなずしの漬け方を教えてもらうなどの体験に使用できる。 |
| 2022/ 8 /16 | オーダーメードのお試し移住を企画＝福島県 | 福島県は、移住希望者と地域のミスマッチを防ぐため、オーダーメードで地域の暮らしを一定期間体験できるエリア「お試し移住村」を県内３カ所に設定した。県の移住相談員らが県外の移住希望者と面談。移住先でやりたいことや思い描く生活スタイルを掘り下げ、それぞれに合わせた地域や体験内容を調整し、提案する。 |
| 2022/ 8 /16 | 移住者呼び込む佐野ラーメン＝「予備校」が開業サポート―栃木県佐野市 | 栃木県佐野市が、ご当地グルメ「佐野ラーメン」の店を市内で開業する意欲のある人を呼び込む支援策を始めたところ、８世帯計18人の移住につながった。うち３店舗が新規開業し、繁盛店も生まれている。 |
| 2022/ 8 /18 | 移住者に最大50万円助成＝熊本県八代市 | 熊本県八代市は、県外から市内に移住した若者世代を対象に最大50万円を助成する。対象は、５年以上居住する意思を持って県外から転入し、８月１日以降に市内の住宅を取得または賃借した20～39歳の世帯主。 |
| 2022/ 8 /18 | 交流増へ２万円分ポイント＝大阪府泉佐野市 | 大阪府泉佐野市は、格安航空会社ピーチ・アビエーションと連携し、抽選で1000人に市内の飲食店などで使える地域通貨「さのちょくポイント」5000円分と、ピーチ社の航空券を購入できる「ピーチポイント」１万5000円分の計２万円分が当たるキャンペーンを始めた。 |
| 2022/ 8 /24 | 大学生ら参加し「半農半X」モニターツアー＝徳島県鳴門市 | 徳島県鳴門市は大学生らを対象として、農業と他の仕事を組み合わせた「半農半X」のモニターツアーを開催した。県内の大学生や高校生が参加し、農家での農作業などを体験。移住推進策について意見交換した。 |
| 2022/ 8 /29 | 妊婦に給付金10万円＝大阪府岬町 | 大阪府岬町は、新型コロナウイルス禍で精神的または経済的に不安を抱える妊婦を支援するため、妊婦１人当たり10万円の給付金を臨時に支給する。財源には新型コロナ対策の地方創生臨時交付金を充てる。 |
| 2022/ 9 / 2 | 移住サイトで包み隠さず紹介＝福島県檜枝岐村 | 福島県檜枝岐村は、移住を検討したり興味があったりする人に向けて移住情報を発信するウェブサイトを開設した。サイトでは、「おむつやミルクは村内で購入できない」「民間の就業先は乏しい」など村の状況を包み隠さず紹介。 |

| 2022/9/5 | 仮設跡地をリモートワーク利用＝岩手県住田町 | 岩手県住田町は、東日本大震災の仮設住宅の跡地を再利用し、震災の記録を展示したり、リモートワークなどで利用したりする施設の整備を始めた。震災の記憶をつなぐとともに、多様な働き方ができる場をつくることで、地域活性化や定住率向上を目指す。 |
|---|---|---|
| 2022/9/6 | 企業の奨学金代理返還を支援＝長崎県佐世保市 | 長崎県佐世保市は、社員の奨学金を代理返還する企業に補助金を交付する。若年層の移住・定住を促す取り組みの一環として行うもので、代理返還支援の対象者が市内に居住していることなどが要件となる。 |
| 2022/9/12 | 浜通りに移住・就業で支援金＝原発事故の影響で人口減－福島県 | 福島県は、東京電力福島第1原発事故の影響で人口減少が加速する県沿岸部に人を呼び込もうと、県外から浜通り地域の12市町村へ移住し、就業した人に支援金を交付している。対象となるのは、2021年7月1日以降に12市町村のいずれかに転入して就業または起業した人。 |
| 2022/9/13 | 復興支援の派遣職員をサポーター登録＝宮城県石巻市 | 宮城県石巻市は、東日本大震災の復興支援で全国の自治体から派遣された職員を「いしのまき応縁サポーター」として登録する取り組みを始めた。サポーターには、市の広報誌や観光・イベント情報を不定期で送付。今後、イベントへの招待なども検討する。 |
| 2022/9/21 | 費用相談付き移住ツアー＝北海道安平町 | 北海道安平町は、移住に関心がある町外在住者対象の現地ツアーで、ファイナンシャルプランナーによる個別相談を取り入れた。住居確保や教育に掛かる費用を詳しく知ることで、町での暮らしを具体的にイメージしてもらう狙い。 |
| 2022/9/22 | 車で仕事・移動のワーケーション＝長野県伊那市 | 長野県伊那市は、地元の観光事業者らに委託し、キャンピングカー仕様の車両をテレワークの拠点や移動手段として活用するワーケーションサービスを開始する。移動の制約なく豊かな自然の中で仕事をしつつ、市民や地元企業との交流、農業体験もできるプランを提供。 |
| 2022/9/29 | 職住一体の創業支援センターを公開＝富山県 | 富山県は、全国的にも珍しい職住一体の創業支援センター「SCOP TOYAMA」を報道陣に公開した。旧職員住宅3棟を改修した施設の中央にある創業支援センターは、コワーキングスペースやシェアオフィス、飲食や物販で創業を目指す人向けの店舗を完備。 |

# 4. 市民参加

　行政のデジタルトランスフォーメーション（DX）に併せて、市民参加の手法もデジタル化が進んでいる。

　横浜市は、特定の市政テーマに対してウェブサイト上の掲示板にアイデアや意見を書き込む実証実験を行った。従来のメールや投稿フォームに比べて対話型のやりとりとすることで市民とアイデアを練り上げる効果が期待できるという。

　長野県千曲市は広聴アプリを導入。さまざまな分野での行政に対する意見を市民から書き込んでもらい、双方向のやりとりを可能にする。他の利用者も見ることができる。

　同様の取り組みとしては栃木県塩谷町が設置したウェブサイト「塩谷町民全員会議」などもある。アメリカでは、電話などを利用してリアルタイムで市民からの市政に関する意見や質問を受け付け、進行役となる市議会議員や市の担当課が回答する「テレフォン議会」などを開催している自治体も複数ある。

　大阪府高石市は、乳児を抱える子育て世帯の孤立を防ぐことを目的として、市に認定された「すこやか見守りサポーター」が乳児家庭を訪問して育児の相談や商品券などの支給を行う事業を行っている。地域のボランティアがかかわることで地域とのつながりを深めてもらい、コロナ禍でも孤立を防ぐことが狙い。10時間の講習を受講してもらい見守りサポーターとして認定する。

図表Ⅱ-3-4　市民参加の動き

| 年月日 | 見出し | 内　容 |
|---|---|---|
| 2021/10/25 | 地域住民が乳児家庭を訪問支援＝大阪府高石市 | 大阪府高石市は、市に認定された地域ボランティアが乳児家庭を訪問し、育児に関する相談や商品券などの支給を行う事業を進めている。地域の住民が支援することで、子育て家庭の孤立化を防ぐ狙い。 |
| 2021/12/13 | 住民投票、外国人が参加＝市議会委員会で条例案可決―東京・武蔵野 | 東京都武蔵野市議会の総務委員会は、市が提出した外国人の住民投票参加を認める条例案を賛成多数で可決した。市によると、同様の制度は神奈川県逗子市、大阪府豊中市で導入されており、成立すれば全国3例目となる。 |
| 2021/12/17 | 「ワーケーション知事室」＝月1回程度、県内各地に滞在―兵庫県 | 兵庫県は、斎藤元彦知事が県庁を離れて県内各地に滞在しながら公務などに当たる「ワーケーション知事室」を始めた。コロナ禍を受けた新しい働き方を模索しつつ、地域の魅力を発信したり、住民の声を直接聞いたりするのが狙い。月1回程度のペースで実施する。 |
| 2021/12/23 | 山下ふ頭再開発へ意見募集開始＝IR撤回で新計画―横浜市 | 横浜市は、山下ふ頭再開発のための新たな事業計画策定に向け、市民や事業者から意見募集を始めた。山下ふ頭は、市がカジノを含む統合型リゾート施設の予定地として計画していたが、8月の市長選でIR誘致反対を掲げた山中竹春市長が当選し、このほど正式に撤回が決定。新たな事業計画の必要に迫られていた。いる。 |
| 2022/1/7 | 市民と双方向でつながる実証実験＝「開かれた議会」へDX活用－宮崎市議会 | 宮崎市議会は、市民と議会がつながる双方向型の広聴システム導入に向け実証実験を行う。民間企業と連携して、議会報告会の動画配信や議員の活動状況の公開、市民と直接メッセージのやりとりなどができるサイトを開発。デジタルトランスフォーメーションを活用して「開かれた議会」を目指す。 |
| 2022/2/7 | まんが図書館を開設＝石川県宝達志水町 | 石川県宝達志水町は、漫画約6万冊が読める町立の「まんが図書館」（仮称）を開設する。若者や家族連れなどが楽しめる環境を整備したい考え。漫画は、中古書籍販売「ブックオフ」などを手掛け、町と連携協定を結ぶ電陽社グループから寄贈された。 |
| 2022/3/10 | 多様な声反映へ広聴アプリ＝DX化で双方向のやりとり－長野県千曲市 | 長野県千曲市は、幅広い層から行政への意見を聞く広聴アプリを2022年度に導入する。住民がスマートフォンやタブレットにインストールし、行政側と双方向でやりとりする仕組み。住民参加型のシステムを構築して多様な意見を政策に反映させるのが狙いだ。 |
| 2022/3/11 | 子育て施策で学生の意見募集＝北海道 | 北海道は2022年度から、少子化対策などに若者の意見を反映させるため、道内の大学生を対象に、子育て施策に関する意見を募集する「ユースプランナー制度」を導入する。施策に対する若者の関心を高めることにもつなげる。 |
| 2022/3/15 | 地域の施設で「まちの保健室」＝愛知県長久手市 | 愛知県長久手市は2022年度、市職員や保健師、地元の大学生らと連携して地域の住民の相談などに応じる「まちの保健室」事業を始める。地域住民の複雑化、複合化する支援ニーズに対応するのが狙い。 |
| 2022/3/15 | 市民発のウェブマガジン＝茨城県古河市 | 茨城県古河市は2022年度、市民らが市の魅力を発信するウェブマガジン「koga note.」の運用を始める。潜在的な魅力を掘り起こすのが目的で、市民にまちづくりに関わってもらうきっかけとする。ウェブマガジンは月1回以上の頻度で情報を発信。 |
| 2022/4/21 | 機能別消防団員制度を導入＝基本団員と同じ報酬―長野県須坂市 | 長野県須坂市は、「機能別消防団員」制度を4月に導入した。参加する活動を限定しているが、報酬は現場で消火や救助に当たる基本団員と同額とした。火災や災害などの有事に備えて消防団員を確保するのが狙いで、基本団員と機能別団員の報酬が同じなのは珍しい。 |
| 2022/4/26 | 市長が毎月住民と意見交換会＝石川県能美市 | 石川県能美市は5月から毎月、井出敏朗市長が市民グループを訪ね、要望や意見を聞き取り組みを始める。市の施策に住民の声を反映させる狙い。 |
| 2022/5/11 | 市民とともに桜を保全＝兵庫県三田市 | 兵庫県三田市は、年々減少している桜を守るため、維持管理や植樹に取り組む「三田さくら物語」プロジェクトに着手した。2022年度からの5年間で市民を巻き込みながら、桜をシンボルとして次世代に継承する取り組みを進める。 |
| 2022/5/13 | 届出避難所を導入＝富山県魚津市 | 富山県魚津市は、地域住民が自ら避難所を運営する「届出避難所制度」を導入する。災害時の迅速な避難を促し、地域の防災力を高める狙い。今年度中にも運用を開始し、5カ所ほどの認定を見込む。 |
| 2022/5/26 | スマホアプリで外来昆虫を調査＝市民も参加―神戸市 | 神戸市は、中国や朝鮮半島が原産の「ツヤハダゴマダラカミキリ」など、外来種の昆虫の市内での分布状況を調査する。市民参加型のイベントと位置付け、AIで動植物の種類を判定するスマートフォンアプリ「Biome」を使って撮影し送ってもらう。 |
| 2022/6/14 | 市民参加型の魅力発信プロジェクト＝宮崎県小林市 | 宮崎県小林市は、市民や市出身者らと連携して市の魅力を発信する「ハッシンコバヤシ」プロジェクトを開始した。人口減少が進む中、地元の魅力を改めて確認してもらい、郷土愛の醸成や関係人口の拡大につなげたい考え。 |

| 2022/ 7 /22 | オンラインで市政参加＝岩手県釜石市 | 岩手県釜石市は、ユーザー登録した人が市政に関するテーマについて、意見や提案をオンライン上で投稿できるシステム「釜石版デシディム」を導入した。テクノロジーを活用し、行政と住民が役割分担しながら、地域課題を解決する「シビックテック」の推進が狙い。 |
|---|---|---|
| 2022/ 8 / 1 | デジタル掲示板で意見募集試行＝横浜市 | 横浜市は、特定の市政テーマについて市民が意見やアイデアを書き込む掲示板形式のウェブサイトで、実証実験を行っている。テーマは「脱炭素」。家庭や日常生活でできる具体的な行動、取り組みをデジタル掲示板に書き込んでもらう。 |
| 2022/ 8 /17 | まちづくりに住民の提案募集＝福岡県遠賀町 | 福岡県遠賀町は、協働のまちづくりを進めるため、住民のアイデアを取り入れ、その事業に町が財政支援する取り組みを始めた。提案できるのは、町内のボランティア団体やNPO法人など。制度は、行政提案型と提案公募型の2種類で構成。 |
| 2022/ 9 / 8 | 23年1月にも特設サイト＝住民が投稿可―埼玉県三芳町 | 埼玉県三芳町は、サイネックスと連携し、住民や市民団体が投稿できる地域情報サイト「三芳町シティプロモーション特設サイト」を23年1月にも開設する。地域活性化が狙い。町の「準公式ホームページ」という位置付けで、広告収入を財源に民間企業が運営するため自治体の費用負担がない。 |
| 2022/ 9 / 9 | 住民参加で運転危険箇所検証＝デジタルマップに反映―福井県越前市 | 福井県越前市は、あいおいニッセイ同和損害保険と連携し、車の運転データをリアルタイムに取得できる電子機器を使って、道路の危険箇所を検証する取り組みを始めた。同市国高地区の住民100人が参加。収集したデータは、通学路の危険箇所をまとめたデジタル安全マップ「キッズセーフ」に反映させる。 |
| 2022/ 9 /26 | 国道整備で住民意見聞く手法＝青森県 | 青森県は、国道279号のうち下北半島北側を走る一部区間のバイパス化について、地域住民の意見を広く取り入れる「パブリックインボルブメント」の手法を活用する。日常生活のほか、大間産マグロの陸送や観光、原発事故時の避難といったさまざまな用途に対応するため、丁寧に調整を進める。 |

## 5. 税・債権回収

　各自治体では、税収の増加や企業活動の誘導などを目的としてさまざまな法定外税の導入を検討している。

　京都市は空き家や別荘を対象に課税する「非居住住宅利活用促進税」の導入に向けた条例を市議会で可決した。市街化区域の空き家の流通や利用を促すのが目的。住民票の有無ではなく居住実態を調査して課税するか決定する。徴収システムの構築などを進め、2026年以降に導入する計画だ。対象となるのは約1万5000件、税収は約9億5000万円を見込む。

　宮城県は、森林を伐採して太陽光、風力、バイオマス発電施設を設置する事業者に対して課税することを検討している。開発地を森林以外へ誘導するのが目的。岡山県美作市は、21年12月に急斜面などに設置した大規模太陽光パネルに対して、パネルの面積に応じて課税する条例を制定した。しかし、事業者からの反発もあり、導入には至っていない。

　デジタル化により徴収効率を上げる取り組みも広がっている。長野県上田市は、滞納者の財産調査をデジタル化する。従来、財産調査は紙の書面で照会・回答しており、最長で2カ月かかるが、最短で当日、遅くとも1週間で回答が得られる。同市は年約4万件の預貯金調査を行っており負担が大きかった。

　山梨県は、県内の地下水を利用する事業者に対して課税することを検討している。同県はミネラルウオーターの生産量が全国1位で、これを自主財源とするため県が検討会を設置して検討してきた。営利目的で飲料として製品化して移出する行為に対して課税することが望ましいとする検討会の報告書が県に提出された。

　総務省は、私人委託を可能とする公金の範囲を拡大した。保育所の入園料などの

「負担金」や路上喫煙に対する「過料」、「不動産売払金」、「損害賠償金」などを加える。また、現在は地方自治法で公金の私人委託を原則として禁止しているが、総務省が設置した有識者研究会は抜本的な見直しの方策を検討しており、将来的には各自治体が条例を定めて収納可能な範囲を拡充できるように制度を改正することも検討している。

支払方式については現金か前払い方式のみを認める案が出ているが、有識者会議ではクレジットカードやQRコード決済についても認めるよう指摘されているという。

ふるさと納税の利便性を高めるため、専用の自動販売機を設置する自治体も増加している。

静岡県藤枝市では、静岡鉄道のグループ会社が市内の商業施設内にふるさと納税用自動販売機を設置した。クレジットカード決済可能で最大20万円までのふるさと納税ができ、タッチパネルで希望の返礼品や郵送先を入力する。お茶やスイーツなどの返礼品は、郵送だけでなく隣接するコーナーで営業時間外に受け取ることも可能。

図表Ⅱ-3-5　税・債権回収の動き

| 年月日 | 見出し | 内　容 |
|---|---|---|
| 2021/11/17 | 観光客への課税検討＝沖縄県宮古島市 | 沖縄県宮古島市は、観光客らに対する課税を検討する。新型コロナウイルス禍前の観光客数の増加で海岸清掃や道路補修などに掛かるコストが膨らんだため、受け入れ環境の整備や環境保全の財源を確保したい考え。宿泊税や任意の協力金の導入を視野に入れている。 |
| 2021/11/25 | 「シェアエコ」などで201億円＝所得税申告漏れ指摘－国税庁 | 全国の国税局が今年6月までの1年間に実施した所得税の税務調査で、シェアリングエコノミーなど新分野の経済活動を行う個人に指摘した申告漏れは総額201億円だったことが国税庁のまとめで分かった。1件当たりの追徴税額は494万円で、調査全体の平均の1.8倍だった。 |
| 2021/11/26 | ふるさと納税で富裕層向け滞在型ツアー＝寄付額は700万円－岡山県玉野市 | 岡山県玉野市は、ふるさと納税の返礼品にヨットでのクルーズなどが体験できる1泊2日の豪華ツアー参加券を追加した。寄付額は700万円で、2億円程度の収入がある高額納税者が対象。 |
| 2021/12/ 8 | 施設使用料、市徴収で特例＝北九州市 | 北九州市は、指定管理者制度を導入している施設について、指定取り消しなどにより一時的に市が直営で対応しなければならない不測の事態に備え、市が使用料を徴収できるよう制度を補完する。利用料金の規定がある漁港管理条例など11条例を12月議会で改正する。 |
| 2021/12/13 | 寄付に応じ、予算配分上乗せ＝各部局に努力促す－北海道 | 北海道は、クラウドファンディングなどで集めた寄付額の一定割合を各部局の予算に上乗せする仕組みを拡充する。2022年度受け入れ分について、従来の20％から50％に引き上げるのが柱。各部局の事業に充てる外部資金をより多く獲得するため、努力を促す。 |
| 2021/12/16 | 税滞納者への行政サービス制限条例廃止へ＝北海道石狩市 | 北海道石狩市は、悪質な市税滞納者への行政サービスを一部制限する条例を廃止する方針を決めた。休日の納税相談など税徴収の施策強化で収納率が向上するなど、条例の必要性が薄れたため。 |
| 2021/12/21 | ふるさと納税で里子ら支援＝タイガーマスク運動、拡大検討－群馬県伊勢崎市 | 群馬県伊勢崎市の臂泰雄市長は、ふるさと納税を活用し、生活困窮世帯や里親の下で暮らす子どもの自立などを支援する仕組みの導入に向け、検討を進める方針を明らかにした。同様の制度は前橋市が「タイガーマスク運動支援事業」として実施しており、実現すれば県内では2例目となる。 |
| 2021/12/21 | 高額寄付の返礼品に城主体験＝兵庫県姫路市 | 兵庫県姫路市は、ふるさと納税の返礼品として姫路城主を体験できるパッケージツアーを開発した。3000万円以上の寄付が必要で、先着2件が対象となる。斬新なアイデアで寄付額の増加を図り、市のPRにもつなげたい考えだ。 |
| 2021/12/23 | 官民連携でふるさと納税自販機＝静岡県藤枝市 | 静岡県藤枝市の商業施設「オーレ藤枝」に、ふるさと納税自動販売機が設置された。市によると、設置したのは静岡鉄道のグループ企業で、民間企業による自販機の設置は全国初という。市と企業が連携し、ふるさと納税の推進や、交流人口の拡大などを図る。 |

| | | |
|---|---|---|
| 2021/12/24 | 財源確保で宿泊税など検討＝大分県由布市 | 大分県由布市は、持続的な自主財源確保に向けて新計画をまとめた。宿泊税か入湯税の超過課税のどちらかの導入が柱。2022年度に市や観光関係者らでつくる協議会を立ち上げ、具体的な税体系を議論する方針だ。早ければ23年10月以降の導入を検討している。 |
| 2022/1/7 | 庁舎玄関でスマートロッカー試行＝岐阜県多治見市 | 岐阜県多治見市は2021年末から、トーカイ薬局と連携し、スマートロッカーの試行運用を始めた。ロッカーは本庁舎玄関横とJR多治見駅に設置。生鮮食品や弁当といった地元飲食店などの商品を仕事帰りに受け取ることができる。 |
| 2022/1/12 | 第3子以降の給食費無償化＝千葉市 | 千葉市は、小中学校など義務教育の市立校に通う第3子以降の給食費を無償化した。新型コロナウイルス感染症の影響を受けている多子世帯の経済的負担を軽減するため、給食費を市が肩代わりする。 |
| 2022/1/14 | セルフ型の税公金収納機を導入＝奈良県田原本町 | 奈良県田原本町は、新型コロナウイルスへの感染リスク低減と税の収納事務の効率化を狙い、完全セルフ型の税公金収納機を県内で初めて導入した。収納機で扱えるのは、町・県民税、法人町民税、固定資産税・都市計画税、国民健康保険税など7税目。 |
| 2022/1/21 | 下水道料金1550万円請求漏れ＝山形県東根市 | 山形県東根市は、2011年4月以降の下水道使用料で76件、計約1550万円の請求漏れがあったと発表した。このうち850万円については、5年が経過したため時効で徴収不能となった。 |
| 2022/1/21 | 負担金や過料、コンビニ収納可＝将来は自治体判断で拡充も＝総務省 | 総務省は、コンビニ収納などの私人委託を可能とする公金の範囲を広げる。対象範囲を示した地方自治法施行令に、児童クラブや保育所などの入園料などの「負担金」、路上喫煙に対する「過料」などを加える改正案をまとめた。将来的には、自治体の判断で収納可能な範囲を拡充できるように制度改正する方向で検討を進める。 |
| 2022/2/3 | 返礼品に「稲株主」＝岡山県美作市 | 岡山県美作市は、ふるさと納税の返礼品として「稲株主」になる権限を追加した。寄付額は1口2万5000円からで、稲100株を所有できるほか、株主として年間を通じ各種特典を受けられる。 |
| 2022/2/8 | 行政手数料、キャッシュレス納付＝交通反則金など、法案を閣議決定 | 政府は閣議で、交通反則金や車検手数料をクレジットカードなどで払えるようにする情報通信技術利用納付法案（キャッシュレス法案）を決定した。収入印紙や金融機関の窓口で払っている手数料をオンライン手続きなどで納められる。 |
| 2022/2/16 | 税務手当、「困難」業務に限定＝東京都 | 東京都は、都税の賦課徴収事務に当たる職員に一律支給している特殊勤務手当の対象を見直す。滞納者との交渉など特に困難な業務に限定する。2023年度からの施行に向け、関連条例の改正案を定例都議会に提出する。 |
| 2022/3/9 | 税外債権管理でPT発足＝鳥取県 | 鳥取県は、庁内に税外債権管理のプロジェクトチームを発足させた。トップの亀井一賀副知事のほか、総務部や福祉保健部、商工労働部など税外債権の多い部局の長ら計10人で構成。部局横断で債権管理への意識を統一し、回収を進めるのが狙いだ。 |
| 2022/3/17 | 預貯金調査をデジタル化＝最短で当日回答も＝長野県上田市 | 長野県上田市は、2022年度に金融機関などへの預貯金調査をデジタル化する。現在は市税などの滞納者の財産調査を紙の書面で照会・回答しており、最長で2カ月かかるケースもある。デジタル化により最短で当日、遅くとも1週間で回答が得られるといい、業務の効率化につながる。預貯金調査は年4万件余りに上る。 |
| 2022/4/4 | 全国初、空き家にも課税＝26年以降、税収は8億円超＝京都市 | 京都市議会はこのほど、空き家や別荘の所有者に課税する全国初の条例を可決した。住宅の流通や利用を促し、人口減に歯止めをかけるのが狙い。導入は2026年以降となる。初年度の税収は8億6000万円を見込む。使途が制限されない法定外普通税で、現在、総務相の同意を得る手続きを進めている。 |
| 2022/4/25 | ふるさと納税で市内大学・高校支援＝北海道江別市 | 北海道江別市は、ふるさと納税を使って市内の大学、高校を学校単位で支援する方針を決めた。応援したい学校を指定できる仕組みとする。卒業生らによる寄付が想定され、三好昇市長は「母校を応援し後輩を支援するという気持ちになってくれるのでは。人のつながりを大切にするふるさと納税にしたいと思った」と話している。 |
| 2022/5/16 | 預金照会をデジタル化＝青森銀と連携、費用も考慮＝青森市 | 青森市は、市税を滞納する市民の財産調査の一環で行う金融機関への預金照会を、4月から一部デジタル化した。青森銀行が昨年10月にNTTデータ提供の預貯金照会電子化サービス「pipitLINQ」の運用を始めたことから同行との連携を開始。 |
| 2022/6/8 | 地下水税、飲料製品化に課税案＝検討会が報告書＝山梨県 | 山梨県は、県内の地下水を利用する事業者を想定して、新たな法定外普通税の導入を議論する検討会の報告書を明らかにした。地下水税を導入する場合、「営利目的で採取した地下水を飲料として製品化して移出する行為」を対象とすることが望ましいと説明。全国の自治体で地下水に関する法定外税の導入実績はない。 |
| 2022/6/20 | ふるさと納税自販機導入へ＝滋賀県竜王町 | 滋賀県竜王町は、ふるさと納税ができる自動販売機を導入する方針だ。町内の大型アウトレット内に設置する方向で協議を進めており、返礼品として食事券などを検討している。 |

| 2022/ 6 /24 | 第一生命保険と『企業版ふるさと納税（人材派遣型）を活用した人事交流協定』を締結＝大阪府阪南市 | 阪南市は第一生命保険と『企業版ふるさと納税（人材派遣型）を活用した人事交流協定』を締結した。相互の連携を強化し、企業版ふるさと納税（人材派遣型）の仕組みを活用して、市が企業人材を職員として受け入れ、まち・ひと・しごと創生寄附活用事業を実施することで地方創生の一層の充実・強化を図る。 |
|---|---|---|
| 2022/ 7 / 7 | 地域活性化にeスポーツ＝イオンモールなどと連携協定―熊本県宇城市 | 熊本県宇城市は、ゲームの腕を競い合う「eスポーツ」を地域活性化に活用するため、ショッピングモールを展開するイオンモール、熊本eスポーツ協会と連携協定を締結した。eスポーツなどを体験できる施設1カ所を整備する。 |
| 2022/ 7 / 8 | ブラジル人の相談時間半減＝ポルトガル語の納税シート―愛知県 | 愛知県豊田加茂県税事務所は、件数が多いブラジル人の自動車税納税相談に対応するため、ポルトガル語を併記した相談用シートを作成した。5月から活用した結果、これまで1人当たり約35分かかった相談時間が、日本人と同じ約20分へほぼ半減できた。 |
| 2022/ 8 / 3 | 国保税の口座振替納税にクオカード＝東京都東久留米市 | 東京都東久留米市は、国民健康保険税を口座振替で納めている市民に、抽選で1000円のクオカードを贈るキャンペーンを始めた。1000人にプレゼントする。口座振替による納税の普及が狙い。 |
| 2022/ 9 /15 | 水道料金滞納者に一斉電話＝岩手県一関市 | 岩手県一関市は、水道料金滞納者に対し、AIの自動音声で一斉に電話をかけるシステムを導入した。支払いの再確認が目的。AIを活用して業務を効率化するとともに、滞納者らの相談対応に時間や人手を割く狙いだ。 |
| 2022/ 9 /16 | 誤振り込み対応マニュアル作成＝愛知県大府市 | 愛知県大府市は、給付金などの誤振り込みが発生した際の対応をまとめた「誤振込回収対応マニュアル」を作成した。誤振り込みが発生してしまった場合に備え、職員に対応の手順を把握してもらう。 |
| 2022/ 9 /21 | 自動販売機でふるさと納税＝千葉県君津市 | 千葉県君津市は、ゴルフ場でふるさと納税の手続きと返礼品の受け取りができる自動販売機を導入した。東京都内からの利用者が多いゴルフ場で、市の魅力を感じた人にその場で気軽にふるさと納税をしてもらい、寄付額向上につなげるのが狙い。 |
| 2022/ 9 /28 | ふるさと納税アプリを導入＝高知市 | 高知市は、市にふるさと納税の寄付をした観光客に、返礼品として市内の飲食店などで使用できるポイントを付与するアプリ「ふるさと納税払い　チョイスPay」を導入した。新型コロナウイルスの感染状況が落ち着き、観光客が今後増えることを見据え、ふるさと納税による寄付額の増加や、観光需要と消費活動の回復につなげる狙いがある。 |
| 2022/10/ 3 | 企業版ふるさと納税、七十七銀がマッチング＝仙台市 | 仙台市は、企業版ふるさと納税の活用を希望する市外の企業とのマッチング支援で、七十七銀行と契約を結んだ。同行は「市の地方創生関連事業について企業に周知。関心を寄せる企業があれば市との面談を設定したい」と話した。 |
| 2022/10/ 3 | 域外産の熟成肉、線引き検討＝ふるさと納税「地場」明確化―総務省 | 総務省は、ふるさと納税の返礼品として提供される熟成肉などについて、地場産品基準に適合しているか線引きすることを検討する。地元でどれだけ加工を施したか不明な区域外産の肉を用意する自治体があるため、地場産品の基準を明確化する狙い。 |
| 2022/10/ 5 | 水道料金支払い、電子決済で＝青森市企業局 | 青森市企業局は、2022年度から水道料金の支払い方法にペイペイなどを含む電子決済サービスを加えた。従来の支払い方法は口座振替、コンビニ収納のほか、企業局水道部や金融機関での窓口収納の4種類だった。未収金の減少に向けて収納機会を拡大する狙い。 |
| 2022/10/14 | 返礼品に名門ゴルフ場貸し切り券＝高知県芸西村 | 高知県芸西村は、ふるさと納税の返礼品に、村内のゴルフ場「Kochi黒潮カントリークラブ」の1日貸し切り利用券を加えた。総額3200万円を寄付した人が対象。太平洋を一望できる同ゴルフ場は、男子ゴルフツアー「カシオワールドオープン」の会場としても使われる名門クラブで、村のアピールになることを期待する。 |

## 6. 金融

　滋賀県は、県庁の温室効果ガス排出量削減目標と連動させた「サステナビリティ・リンク・ボンド」を発行した。

　同県によると、地方公共団体が同様のボンドを発行するのは世界でも珍しいという。同債券は、ESG（環境、社会、企業統治）債の一つで、環境対策の目標とその達成状況を踏まえた対応を設定するもの。同県は、温室効果ガスの排出を2030年度に14年度比50％削減する目標を設定し、調達した資金は温室効果ガス排出削減に広く利用する。

　県庁が目標を達成できなかった場合に

は、県が温暖化対策などに追加の財政支出をする。発行額は50億円で即日完売した。

環境対策を促進するため、使途を環境対策に限定して資金調達する「環境債（グリーンボンド）」を発行する自治体も増加している。三重県は個人向け環境債「みえグリーンボンド」を発行したところ、同日に公表された他県の通常債よりも表面利率が低くなる事態が生じた。

国内では、一部自治体を除いて自治体の信用力に差は無いと考えられており、通常、同日に公表される同一条件の地方債で利率差が生じることはない。みえグリーンボンドは、同日に公表された他県の地方債に比べて0.01％低利となった。今後、環境対策のための資金調達がしやすくなるとして環境債の発行が促進される可能性がある。

図表Ⅱ-3-6　金融の動き

| 年月日 | 見出し | 内容 |
|---|---|---|
| 2021/10/ 1 | 自治体初債券、市民も購入を（福岡県北九州市） | 福岡県北九州市は、自治体初となる「サステナビリティボンド」を「北九州市SDGs未来債」の愛称で発行する。環境債と社会貢献債の両方の特徴を併せ持つ債券で、市は調達資金を環境の改善や社会的課題の解決につながる事業に活用する計画だ。個人投資家にも購入してもらう仕組みを整えた。 |
| 2021/10/21 | 市債購入者を市民から公募＝総額4億円、保育や教育に―福井県鯖江市 | 福井県鯖江市は、総額4億円分の市債購入者を市民を対象に公募する。名前は「元気さばえっ子・ゆめみらい債」で、申込期限は11月26日。5年債で購入限度額は1000万円（10万円単位）。利率は11月中旬に決定する。 |
| 2021/11/ 4 | 一定のCF集めたまちづくり事業に補助＝市民の「支持率」測る―栃木県足利市 | 栃木県足利市は、クラウドファンディングで一定の額を調達できたまちづくり事業者に残りの事業費を補助する制度を導入した。CFの額で市民らからの「支持率」を測ると同時に、補助金により資金調達のハードルを下げるのが狙い。まちづくりのアイデアを持つ市民や事業者に広く参加してもらいたいとしている。 |
| 2021/11/ 5 | 飲食店、宿泊業のCF支援＝福島県郡山市 | 福島県郡山市は、新型コロナウイルスの感染拡大で打撃を受けた飲食店や宿泊業の資金調達を支援するため、事業者がクラウドファンディング（CF）で寄付を募る際に必要な経費を補助する。市は、CFに挑戦する事業者に財政支援する事業を2018年度から行っているが、今年度は新型コロナの影響を大きく受けた事業者に絞った。 |
| 2021/11/17 | 資金募り被災自治体支援＝兵庫県加西市 | 兵庫県加西市は、戦争遺産を活用したまちづくりで連携する同県姫路市、大分県宇佐市、鹿児島県鹿屋市で災害が発生した際、「ガバメントクラウドファンディング」で広く資金を募り、被災自治体を支援する。 |
| 2021/11/25 | 脱炭素ファンド、法律に明記＝民間の温暖化対策に出資―環境省 | 環境省は、民間による地球温暖化対策関連事業に国が出資するため2022年度の設置を目指している「脱炭素ファンド」について、目的や業務内容などを法律に明記する方針を固めた。地球温暖化対策推進法改正案を次期通常国会に提出するため、調整している。 |
| 2021/12/ 2 | 群馬銀と第四北越銀が連携協定＝地域企業支援や店舗共同利用 | 群馬銀行と第四北越銀行は、地域経済の活性化と収益力の強化を目指して連携協定を締結したと発表した。営業エリアが隣接する両行の特性を生かし、連携して取引先企業に対する事業承継や企業の合併・買収（M&A）、人材仲介といった支援に当たるほか、店舗の共同利用などを検討していく。 |
| 2021/12/13 | 愛知銀、投資専門子会社を設立＝事業承継やベンチャー支援 | 愛知銀行は、ファンドの運営・管理業務などを行う専門子会社「愛知キャピタル」を22年1月に設立すると発表した。ファンドを通じた資金拠出で、取引先の事業承継支援やベンチャー企業の育成を加速する。 |
| 2022/ 1 /20 | 地銀、システム連携加速＝次世代金融で生き残り模索 | 地方銀行で、システム開発や運用で他行との連携を強化する動きが加速している。福島銀行は、SBIホールディングスが開発中の基幹システムを2024年稼働に向けて導入すると発表した。NTTデータのシステムを採用する横浜銀行や京都銀行など18行がワーキンググループを設置し、基幹システムの運用効率化やアプリケーションの相互利用の検討を進めている。 |
| 2022/ 1 /21 | サステナビリティ・リンク債発行へ＝自治体初、今春予定―滋賀県 | 滋賀県は、脱炭素化を進めるため、県庁の温室効果ガス排出量の削減目標と連動させた「サステナビリティ・リンク・ボンド」を発行する。県によると、地方自治体がこうした債券を発行するのは世界初という。種別は市場公募債で、発行額は50億円。 |

| | | |
|---|---|---|
| 2022/ 2 /24 | 金融機関と100億円ファンド創設＝福井県 | 福井県は、県内金融機関などと連携して、総額100億円の「ふくい地域経済循環ファンド」を創設した。運用益を活用して、県内のベンチャー企業などが取り組む新事業を支援する。補助上限額は1事業当たり600万円。運用期間は10年間で、年間6件を支援する目標だ。 |
| 2022/ 3 / 2 | 産学官でスタートアップ支援＝鹿児島県 | 鹿児島県は、先端技術を使って新ビジネスを開拓する「スタートアップ企業」の創出・育成のため、産学官が連携した「かごしまスタートアップ推進協議会」を設置する。協議会設置や社会実証、資金調達の支援費用などとして、同年度当初予算案に計2000万円を計上した。 |
| 2022/ 3 /25 | 北海道エアポート、90億円調達へ＝政投銀など融資枠―財務基盤強化 | 新千歳空港など北海道内7空港を運営する北海道エアポートが、90億円規模の資本性資金を調達する方向で最終調整に入ったことが分かった。日本政策投資銀行と北海道銀行、北洋銀行が融資枠を設定する見通し。 |
| 2022/ 3 /28 | 資金調達で職員公募＝茨城県つくば市 | 茨城県つくば市は、就職支援会社「エン・ジャパン」と連携し、市の資金調達を担当する「ファンドレイジング推進監」の公募を始めた。一般任期付き職員とし、8月から2年間の任期を想定している。募集人数は1人。 |
| 2022/ 5 /12 | SBIと大光銀、資本提携発表＝地域企業支援でファンド設立 | インターネット金融大手SBIホールディングスと、新潟県を地盤とする大光銀行は、資本業務提携すると発表した。地域企業に資本性資金を供給し、成長や再生を支援する共同ファンドの設立などで協力する。 |
| 2022/ 6 / 6 | 事業承継、後継者も支援＝中小でネットワーク化―経産省会議 | 経済産業省の有識者会議は、中小企業の支援策に関する中間取りまとめ案を示した。中小企業の後継者不足が問題となる中、事業を引き継いだ経営者同士や支援機関などを結び付けるネットワークづくりを提言。 |
| 2022/ 6 / 7 | 地方創生にデジタル資産＝ふるさと納税返礼品にも―財源確保で動き | デジタルアート作品の売買などで活用され、投資対象としても注目を集めているデジタル資産「非代替性トークン（NFT）」。ふるさと納税の新たな返礼品に採用する自治体が現れるなど、新たな価値を地方創生のための財源確保に活用する動きも出始めている。 |
| 2022/ 6 /14 | 降ひょうの農作物被害額38億円＝11市7町に特別災害適用―埼玉県 | 埼玉県の大野元裕知事は、今月上旬に県北部などであった降ひょうによる農産物被害額が38億4867万円に上ったとの調査結果を発表した。さいたま市や熊谷市など11市7町に県農業災害対策特別措置条例に基づく特別災害を適用し、さまざまな支援を講じる方針だ。 |
| 2022/ 7 / 9 | 個人保証、創業5年不要に＝「技術力」も担保対象―スタートアップ融資後押し・政府 | 政府が、創業間もない「スタートアップ企業」支援のため、金融機関から融資を受ける際に創業5年未満は経営者の個人保証を免除する方針であることが分かった。日本政策金融公庫など政府系金融機関に新たな制度を設ける。併せて、企業の独自技術など無形資産も融資時の担保にできるよう法制化を進める。新興企業が創業期に資金調達しやすい環境を整え、経済活性化を後押しする。 |
| 2022/ 7 /20 | グリーンボンドを発行＝東北初、9月に50億円―仙台市 | 仙台市は、地球温暖化対策など環境問題の改善に使途を限って募る「環境債」を発行すると発表した。東北の自治体では初めて。発行額は50億円で、償還期間は5年。機関投資家向けに発行する。主幹事はみずほ証券と大和証券。 |
| 2022/ 8 / 5 | 環境債、発行は2割未満＝日銀が初調査 | 日銀は、環境債など気候変動関連の金融市場動向の調査結果を初めて公表した。民間企業など債券の発行体のうち、環境関連債の発行について「実績あり」と回答したのは18％にとどまり、「実績なし」が全体の8割超に上った。 |
| 2022/ 8 /16 | 二拠点居住、21年度は8社誘致＝東京圏企業ターゲットに―山梨県 | 山梨県は、都市部と地方部の双方に拠点を持つ「二拠点居住」の推進に力を入れている。21年度には8社が県内に拠点を設置した。拠点設置するための資金調では、県と山梨中央銀行が協定を結び、同行の商品「セカンドハウスローン」の金利が優遇されるなど、県全体での取り組みが進む。 |
| 2022/ 9 / 7 | グリーンボンド即日完売＝兵庫県 | 兵庫県は、20日に発行するグリーンボンドが即日完売したと発表した。年限は10年と20年の2種類で、表面利率はそれぞれ0.384％、0.966％。いずれも発行金額は100億円。同県の発行は初めて。 |

第4章 **公民連携を取り巻く環境**

## 1. 行財政改革

政府は行政のデジタルトランスフォーメーション（DX）を推進するための自治体の基幹業務システムの仕様を統一する標準化について、今後の方向性や関係省庁の役割について定めた基本方針を2022年10月に閣議決定した。

各自治体は2025年度までに政府の情報共通基盤「ガバメントクラウド」上に構築されたシステムへ移行する。23〜25年度を移行支援期間と位置づけ積極的に支援を行う。システム移行が完了した26年度以降は18年度比でシステム運用経費を少なくとも3割抑制することを目指す。

これまでに住民基本台帳や個人住民税などの20業務を国が定めた標準仕様書に基づくシステムへ移行することが決まっており、全業務の仕様書が作成されている。今後はガバメントクラウドの利用料などの協議も行われる。

総務省がまとめた2021年度地方公営企業決算によると、水道や下水道事業の統合などが進んだことで事業数は57事業減の8108事業となった。地方公営企業全体の総収支は1兆192億円の黒字（前年度比3230億円増）だった。

全体的に20年度よりも改善しているものの、病院以外の分野では19年度水準には戻っていないという。コロナ禍で減少していた利用者が増加に転じたものの交通では371億円の赤字。一方病院は患者数の増加による収入増やコロナ対応の国庫補助金により3296億円の黒字となった。

図表Ⅱ-4-1　行財政改革の動き

| 年月日 | 見出し | 内　　容 |
|---|---|---|
| 2021/10/28 | 入札で年5000万円の電気代削減＝岐阜県海津市 | 岐阜県海津市は、公共施設の電気料金の契約を見直し、59施設で年間計約5000万円を削減した。電力供給に関する一般競争入札を初めて行った。 |
| 2021/11/2 | 査定ヒアリング、全面オンライン化＝22年度予算編成－神奈川県 | 神奈川県は、2022年度予算編成で、財政課による査定ヒアリングを全面的にオンライン化する方針を決めた。オンライン化に伴い、これまで紙で提出していた予算見積書を含め、提出資料を電子データ化。 |
| 2021/11/8 | ソフト「設計書」の公開推進＝民間提案で改良コスト削減－東京都 | 東京都は、民間エンジニアらの知見を都のデジタルサービス開発に取り入れるため、都が製作したソフトウエアの「設計書」に当たるソースコードを公開し、修正や改善の意見を受け付けるオープンソース化を進める。国内外から幅広く提案を募り、改良に要する時間や経費の縮減につなげる。 |
| 2021/12/8 | メルカリで閉校物品を販売＝岩手県山田町 | 岩手県山田町は、メルカリが運営するネット店舗サービス「メルカリショップス」に店を開設し、町内の閉校した小学校で使っていた物品の販売を開始した。処分にかかる費用の削減や、循環型社会の推進につなげたい考え。 |
| 2021/12/13 | 大阪、兵庫で会議体新設＝成長分野で連携強化－吉村大阪府知事 | 大阪府の吉村洋文知事は、府と兵庫県が成長分野で連携するための会議体を新設する意向を明らかにした。吉村氏は「情報共有のためだけの会議ではなく、具体的な施策を実行する」と述べ、兵庫県との連携に意欲を示した。 |

|  |  |  |
|---|---|---|
| 2022/ 1 / 5 | 老朽化した県東京ビルを再整備＝宮崎県 | 宮崎県は、県有地に立地し老朽化が進む「宮崎県東京ビル」を官民合築ビルとして再整備し、2026年度中の供用開始を目指す。余剰容積に民間施設を導入し、県の財政負担の軽減とビル機能向上につなげる。 |
| 2022/ 1 /13 | 職員提案予算枠を新設＝静岡県掛川市 | 静岡県掛川市は、市職員が提案した事業を採用する予算枠「未来チャレンジ枠」を2022年度当初予算に新設する。要求限度額は1部局当たり500万円。21年9月初旬から10月下旬にかけて提案を募集したところ、12部局から計20事業の応募があった。 |
| 2022/ 1 /18 | 市民サービス部署に全庁的応援＝出勤可能者5割下回れば―福岡県北九州市 | 福岡県北九州市は、新型コロナウイルス感染症対策会議を開き、変異株「オミクロン株」による感染急拡大を踏まえた業務継続体制について確認した。区役所などの市民サービス部署で出勤可能者が5割を下回る場合、業務経験のある職員らを派遣する全庁的な応援体制をとる。 |
| 2022/ 1 /24 | コンビニで暗証番号再設定＝マイナカード、2月上旬から―総務省 | 総務省は、マイナンバーカードの暗証番号を再設定するサービスを全国のセブン-イレブンで本格導入すると明らかにした。全国都道府県財政課長・市町村担当課長合同会議で説明した。 |
| 2022/ 1 /27 | 災害対応のドローン整備＝全国展開に向け財政支援―総務省消防庁 | 総務省消防庁は、全国の消防本部に災害対応ドローンを整備する。自治体が購入する費用について、2022年度から「緊急防災・減災事業債」の対象とし、導入を後押しして全国的な配備を目指す。機体には防水機能などを求め、災害時の情報収集や捜索活動に役立てる。 |
| 2022/ 2 / 2 | 社会福祉施設整備に財融資金＝公的資金の割合拡大＝地方債計画 | 2022年度地方債計画で、「社会福祉施設整備事業」に財政融資資金が初めて充てられることになった。計画額367億円のうち、財融資金で72億円、地方公共団体金融機構資金で91億円を調達する。同様に「公共施設等適正管理推進事業」にも財融資金が充てられる。 |
| 2022/ 2 /28 | 市庁舎に民間の業務委託拠点＝青森県むつ市 | 青森県むつ市は、業務代行業のエスプールグローカルと協定を結び、市役所本庁舎の空きスペースに業務プロセスの外部委託を請け負う拠点「BPOセンター」を設置する。同市をはじめ、近隣の複数自治体の業務を代行する。3月22日に開設する。 |
| 2022/ 2 /28 | 医療用備蓄資材、外部管理し販売へ＝経費と手間を大幅削減―福岡県 | 福岡県は2022年度から、マスクなど医療用資材を外部で備蓄・管理し、使用期限前に医療機関などに販売する体制を構築する。売り上げを新しい資材の購入に充てる「新陳代謝」で大幅な経費削減を、直接保管しないことで管理負担の軽減を図る。 |
| 2022/ 3 / 1 | 県債の償還開始、2年前倒し＝将来負担を平準化―神奈川県 | 神奈川県は、2022年度一般会計当初予算の編成に当たり、県債の償還開始時期を2年前倒しし、これまでの発行4年後から2年後とする方針を決めた。21年度以降に発行したすべての県債を対象とする。 |
| 2022/ 3 / 4 | 医療費無償化、高3まで拡大＝23年度から、3年間は都全額負担―東京都 | 東京都は23年度から、子どもに対する医療費の実質無償化措置を、高校3年生まで拡大する。自己負担分から200円を除いた額を、都と市区町村が半額ずつ負担。25年度までの3年間は、都が市区町村分を含め全額負担する。 |
| 2022/ 3 /28 | 無償譲渡に「公益性」＝市立高移管めぐり住民敗訴―大阪地裁 | 大阪市立の高校が大阪府に移管されることをめぐり、土地や校舎を無償譲渡するのは違法として、市民が譲渡差し止めを市側に求めた住民訴訟の判決が大阪地裁であった。森鍵一裁判長は「一定の公共性、公益性が認められる」と述べ、請求を棄却した。 |
| 2022/ 3 /29 | 行財政改革で消防音楽隊解散＝京都市 | 京都市は、消防音楽隊とカラーガード隊を3月末で解散する。財政難からの脱却を目指す行財政改革の一環で、業務見直しの対象となった。人件費など年間約1億円を削減できる見込み。 |
| 2022/ 4 /18 | ふるさと納税、原発収入を逆転＝福井県敦賀市 | 福井県敦賀市の2022年度当初予算で、ふるさと納税収入が、電源関係交付金や固定資産税などからなる電力関係収入を初めて上回った。背景には、返礼品の充実による納税額の急増と、原発の稼働停止による関係税収の減少がある。 |
| 2022/ 4 /19 | 情報システム「原則クラウド化」＝経費削減へ方針―山口県 | 山口県は、165の情報システムを原則クラウド化する方針を示した。維持管理経費の削減が狙い。クラウド化のメリットがないものや、経費が増加するものを除き、クラウド化率100％を目指す。市町や他県とのシステム共同利用も推進する。 |
| 2022/ 5 / 9 | GISウェブマップを住民に公開＝福岡県糸島市 | 福岡県糸島市は4月から、地理情報システム（GIS）を活用し、ハザードマップや都市計画などの地図情報をまとめて住民に公開するポータルサイト「糸島市Webマップ」の運用を始めた。市ホームページ内に分散していた情報を1カ所に集約することで、パソコンやスマートフォンなどで簡単に検索できるようにした。 |
| 2022/ 5 /11 | 「リモート市役所課長」年100万円＝副業人材を募集―長野県佐久市 | 長野県佐久市は、業務用チャット「Slack」を活用した移住オンラインサロン「リモート市役所」の2代目課長を募集する。採用者には、初代課長の年40万円を上回る年100万円を支給する。 |

| 2022/ 5 /24 | 行財政改革推進へPT設置＝愛知県 | 愛知県は、行財政改革に関するプロジェクトチームを設置した。元衆院議員でトヨタ自動車出身の古本伸一郎副知事がリーダーに就任。新型コロナウイルス感染症への対応やデジタルトランスフォーメーションの推進を主な課題に位置付け、具体的な取り組みを検討する。 |
|---|---|---|
| 2022/ 5 /25 | 作業の進行状況管理ツール提供＝自治体システム標準化で―総務省 | 総務省は、自治体の基幹業務システムの仕様を統一する標準化をめぐり、市区町村向けにインターネット上で移行作業の進み具合をチェックする新たな管理ツールを5月末にも提供し、運用を開始する。 |
| 2022/ 5 /25 | 地域のデジタル実装に地財措置を＝コロナ後の財政運営も言及―地方財政審 | 地方財政審議会は、地方税財政改革についての意見書をまとめ、金子恭之総務相に提出した。地域のデジタル実装に関し、2023年度以降も地方財政措置を講じるべきだと強調。新型コロナウイルスの感染収束後、各地方自治体が財政運営の持続性確保に取り組む必要性にも言及した。 |
| 2022/ 6 / 6 | 総合計画、策定見送り＝静岡県東伊豆町 | 静岡県東伊豆町は、次期総合計画の策定を見送る方針を決めた。これまで町は5次にわたり総合計画を策定してきたが、3月に就任した岩井茂樹町長が廃止を打ち出した。町は総合計画の代わりに、今後の施策の方向性を示すコンパクトな文書をまとめる方向で調整する。 |
| 2022/ 7 / 5 | 3市による介護保険連合解散＝23年度末、地域包括ケア対応で―大阪府守口市など | 大阪府の守口、門真、四條畷の3市は、介護保険関連事務の共同処理に向けて設立した「くすのき広域連合」について、2023年度末で解散する方針だ。高齢者が住み慣れた地域で医療や介護などを切れ目なく受けられる「地域包括ケア」を推進するには、各市単位の保険運営に切り替える必要があると判断した。 |
| 2022/ 7 /29 | 土地家屋調査に超小型EV＝福岡県北九州市 | 福岡県北九州市は、税務部門の土地家屋調査など向けに、超小型電気自動車（EV）2台を導入した。市は2030年度までに特殊車両を除く全公用車をEV化するとの目標を掲げている。 |
| 2022/ 8 / 3 | 県と市町職員でナッジ研修＝三重県 | 三重県松阪地域防災総合事務所は、行動経済学の考え方に基づく政策手法「ナッジ」の勉強会を開催した。税金滞納の督促例を取り上げ、通知を「受け取る」「開封する」など、納付までの行動を細かく分解し、行動を妨げているものや、促進のための方策を考える必要性があると指摘。市税の口座振替を促進するためのチラシを題材にしたチャレンジワークも実施した。 |
| 2022/ 8 /10 | 税収は8.3％増＝21年度都道府県税決算見込み額調べ―地方行財政調査会 | 地方行財政調査会は、出納閉鎖日現在の2021年度都道府県税決算見込み額の調査結果をまとめた。総額は、調定が前年同期比7.6％増の20兆781億2949万円、収入が同8.3％増の19兆8868億3144万円、収入歩合（徴収率）が同0.5ポイント増の99.0％だった。 |
| 2022/ 8 /24 | 各局の委託発注権限を拡大＝上限引き上げ、予定価格修正も―東京都 | 東京都は、業務委託の入札契約手続きについて、各局の発注権限を拡大する。これまでは予定価格が1000万円未満の案件に限っていたが、この上限を2000万円未満に引き上げ、事業執行の迅速化につなげる。建設工事に関しても、資材価格の高騰などに柔軟に対応できるよう、入札公告後に予定価格を修正できる工事の対象を拡大。 |
| 2022/ 8 /25 | 市全域無料バスに手応え＝高井大輔・石川県珠洲市企画財政課企画係長 | 能登半島の先端に位置する石川県珠洲市は公共交通を再編、市内を中心に運行する路線バスを市営に一本化し、無償化にも踏み切った。これにより4月以降のバス利用者数は3〜4割増加。再編前は、民間と市が合わせて8路線のバスを運行。小中学校のスクールバス、一部地域の乗り合いタクシーがあった。 |
| 2022/ 8 /30 | 在宅勤務、育児・介護に活用＝コロナ対策から拡大―地方行財政調査会 | 地方行財政調査会が3月に公開した「都道府県におけるテレワーク等に関する調べ」で、新型コロナウイルスにより「在宅勤務を導入した、もしくは時期を早めた」などと回答した団体が17あることが分かった。現在の運用状況を改めて調査したところ、コロナ対策だけでなく、育児や介護を理由に利用を認めるなど、目的を拡大させる動きが見られた。 |
| 2022/ 9 / 6 | 地域移行「検討」「既に開始」87％＝中学運動部で100市区調査―地方行財政調査会 | 地方行財政調査会は、政令市、中核市、県庁所在市を含む100市区を対象に、公立中学校運動部活動の地域移行について調査し、山形と福井を除く98団体から回答を得た（回答率98.0％）。時期に幅はあるものの、87％に当たる85団体が地域移行を検討中か、既に開始していると答えた。 |
| 2022/ 9 / 9 | 大手町複合ビル、ヒューリック系落札＝政府保有分、4000億円規模 | 東京・大手町の複合ビル「大手町プレイス」の政府保有分について、不動産大手ヒューリックを中心とする企業連合が落札したことが分かった。国と信託契約を結んでいるみずほ信託銀行が発表した。売却額は非公表だが、関係者によると4000億円規模とみられ、国有地としては過去最大になる。 |
| 2022/ 9 /15 | 東大阪加わり国保統一15市町に＝大阪府 | 大阪府東大阪市が2022年度の国民健康保険料を府の示す標準保険料にそろえたことが、府への取材で分かった。これで、前年度より1団体増の15市町が一本化した。府内で3番目に国保加入者数が多い東大阪市が加わったことで、府が掲げる24年度に全43市町村の国保保険料を統一する目標に一歩近づいた形だ。 |

| 年月日 | 見出し | 内　容 |
|---|---|---|
| 2022/ 9 /16 | スクールランチ利用率９割＝食物アレルギー対応が課題－北海道様似町 | 北海道様似町が2021年度に導入した、学校給食の代わりに民間事業者が小中学校に昼食を提供する「スクールランチ」が好評だ。財政的な理由で給食の導入が長年見送られてきたが、スクールランチを取り入れたところ、９割以上の児童生徒が利用。 |
| 2022/ 9 /24 | 市街地活性化などで民間人材募集＝愛知県半田市 | 愛知県半田市は、就職支援会社エン・ジャパンと連携し、「中心市街地活性化」と「６次産業化を通じた農業者支援」の２分野で民間人材の募集を開始した。民間人材を活用した事業展開による課題解決を目指す。 |
| 2022/ 9 /26 | データ共有システム構築＝茨城県つくば市 | 茨城県つくば市は、庁内の各課室で保有するデータを一元的に管理し、全職員が共有できるシステムを構築した。庁内の申請手続きを経ず、必要なデータを必要なときに取得できる環境を整えることで、経験や勘に頼らない正確なデータに基づく行政を運営したい考え。 |
| 2022/ 9 /26 | 役場出張所を来春閉鎖へ＝北海道白老町 | 北海道白老町は、町内の役場出張所３カ所すべてを23年３月末で閉鎖する方針を決めた。郵便局への行政事務委託や税のコンビニ納付が進む中、行財政改革の一環として実施する。 |
| 2022/10/ 7 | 自治体システム標準化で方針決定＝23～25年度は「移行支援期間」－政府 | 政府は自治体の基幹業務システムの仕様を統一する標準化について、今後の方向性や関係省庁の役割について定めた基本方針を閣議決定した。政府の情報共通基盤「ガバメントクラウド」上に標準仕様書に従って構築されたシステムへ2025年度までに各自治体が移行するのを目指すのが柱。 |

## 2. 公共施設

　総務省は、従来2021年度を期限としていた「公共施設等適正管理推進事業債」を発行できる期間を５年間延長した。岸田文雄首相が政府と自治体の代表による「国と地方の協議の場」で表明した方針を受けた措置。同事業債は自治体が公共施設の老朽化対策の資金調達のために発行するもので、施設の長寿命化改修などへ活用できる。

　合わせて、自治体による脱炭素化の取り組みを推進するため、同事業債を太陽光発電の導入や省エネルギー改修の地方負担額の90％まで充当できることとした。

　文部科学省は、学校の改修に併せて図書館や福祉施設などを学校の建物に集約するのを後押しするため、改修費に対する補助率を従来の３分の１から２分の１に引き上げた。公立小中高校や都道府県・市町村の教育委員会が支出する地方教育費は増加傾向で、学校のほか、公民館、図書館などの公共施設全体の維持管理が課題となっている。

　奈良県大和高田市や広陵町などの７市町は、公共施設の相互利用に向けた実証実験を開始した。対象となる施設は体育施設と文化施設の計22施設。７市町を合わせた人口は約28万人で、生活圏が近く移動時間も車で30分程度とアクセスも良好。22年度中は実証実験を行い、23年４月頃にとりまとめを行う。

**図表Ⅱ- 4 - 2　公共施設の動き**

| 年月日 | 見出し | 内　容 |
|---|---|---|
| 2021/10/25 | 学校への公共施設集約を促進＝改修補助２分の１に引き上げ－文科省 | 文部科学省は、老朽化した公立学校の改修に合わせて、同じ建物に図書館や福祉施設といった公共施設を集約する自治体への財政支援を拡充する検討に入った。早ければ2022年度にも、改修費に対する補助率を現行の３分の１から２分の１に引き上げる方向だ。 |
| 2021/12/ 7 | 市内施設にフードポスト＝埼玉県久喜市 | 埼玉県久喜市は、食品の寄付を常時受け付ける「フードポスト」を市内公共施設と郵便局の計８カ所に設置した。集めた食品は、困窮世帯への食材提供の拠点となる「フードパントリー」や、子ども食堂に取り組む団体を通じ、支援を必要としている人たちに届けられる。 |

| | | |
|---|---|---|
| 2021/12/21 | 老朽化対策地方債、5年延長＝公共施設の改修支援－岸田首相 | 岸田文雄首相は、地方自治体が公共施設の老朽化対策に充てる財源を調達するために発行する地方債「公共施設等適正管理推進事業債」について、発行できる期間を5年間延長する方針を明らかにした。 |
| 2022/ 1 /14 | 未利用施設、HPで公開＝民間に活用呼び掛け－上定松江市長 | 松江市の上定昭仁市長は、公共施設として利用を終えた施設について、市ホームページ（HP）での公開を始めたと発表した。公開したのは、公民館や駐在所、消防署の出張所など19施設。 |
| 2022/ 1 /17 | 役場周辺、再エネ100％に＝福岡県大木町 | 福岡県大木町は、二酸化炭素排出量実質ゼロを達成するため、町役場周辺の6つの公共施設の使用電力をすべて太陽光などの再生可能エネルギーで賄う計画を進めている。2022年度に、大手電力会社の送電網から独立した「自営線」を地下に敷設する工事に着手する計画だ。 |
| 2022/ 1 /31 | 旧体育館活用「実現可能性を精査」＝浜田香川知事 | 香川県の浜田恵造知事は、老朽化のため閉館した旧県立体育館（高松市）の利活用について「今後、教育委員会で実現可能性を精査して検討していくことになる」と述べた。旧県立体育館については、県教委が昨年、民間事業者と活用方法を検討する「サウンディング調査」を行っていた。民間事業者からは県が財政負担をするよう求める声が相次いでいた。 |
| 2022/ 2 / 1 | ごみ処理施設から電力受け入れ＝広島県東広島市 | 広島県東広島市は、市内のごみ処理施設「広島中央エコパーク」で発電された電力を21の公共施設で使用している。市内のごみを有効利用して生まれた電力を公共施設で受け入れることで、エネルギーの地産地消につなげたい考え。 |
| 2022/ 3 /15 | 施設コストや利用率を見える化＝大阪府四條畷市 | 大阪府四條畷市は、公共施設の利用率や維持管理コストといった情報をクラウド上に集めて「見える化」する事業に着手する。修繕コストの低減や利用手続きの簡素化も進め、市民サービスを向上させるのが狙い。 |
| 2022/ 3 /31 | 市立小中、14校を4校に大幅再編＝福岡県豊前市 | 福岡県豊前市は、市立小中学校14校を大幅に再編成する基本方針を策定した。財政状況が厳しく、14校の長寿命化に向けた大規模改修の予算確保が極めて難しいことなどが理由。2020年代に4校体制にした上で、最終的に2校にすることを検討する。 |
| 2022/ 6 /10 | スーパーでのAI活用後押し＝廃校に企業誘致－福岡県宮若市 | 福岡県宮若市は、九州を中心にディスカウントスーパーを展開する「トライアルホールディングス」と連携し、小売り分野向けのAI開発センターを設けた。施設は、廃校となった校舎を利用。同社とその取引企業が入居し、AIを活用した店舗の省人化や売り上げ向上に関する研究が行われている。 |
| 2022/ 6 /13 | 照明約2500基をLED化＝岡山県真庭市 | 岡山県真庭市は、市役所本庁舎などの照明約2500基を2023年度までにLED照明に転換する。消費電力が多い公共施設の照明をLEDに転換することで、二酸化炭素排出量削減を図る。 |
| 2022/ 6 /20 | ドローン運行で実証実験＝山梨県北杜市 | 山梨県北杜市は、ドローンの運行管理システムの実用化に向けた実証実験を行う。市の複数の公共施設を離着陸の拠点「空の駅」と位置付け、飛行ルートの検討や物資の輸送を試みる。連携協定を締結しているベンチャー企業A．L．I．テクノロジーズと共同で実施する。 |
| 2022/ 7 /13 | 民間施設での水泳授業拡大＝愛知県豊橋市教委 | 愛知県豊橋市教育委員会は2022年度、市内の小学校全52校のうち19校の水泳授業を民間のプールなど11施設で実施する。18年度に1校の水泳授業を民間施設で行う取り組みを開始、19年度にも1校を追加し、22年度に17校を追加した。 |
| 2022/ 7 /28 | 避難所施設に太陽光パネル＝神奈川県横須賀市 | 神奈川県横須賀市は、小中学校と行政センター計9カ所に、太陽光パネルと蓄電池を年内に設置する。9カ所は、震災時と風水害時の避難所として市が指定している公共施設。2050年に温室効果ガス排出量を実質ゼロにする市アクションプランに基づく取り組みだ。 |
| 2022/ 8 /16 | データ収集し健康行動を推奨＝京都府 | 京都府は、府南部の関西文化学術研究都市で住民らから健康に関するデータを収集し、健康状態に応じた最適な行動を推奨する「スマートライフサービス」を展開する。デジタルサイネージとも連携し、公共施設などで健康に関する情報を提供する。 |
| 2022/ 8 /19 | 352契約を一本化＝富山県射水市 | 富山県射水市は今年度から、公共施設の維持管理業務をまとめて民間事業者に委託する「包括管理業務委託」を導入した。これにより、保守点検など市が業者と個別に結んでいた合計352件の契約は、委託先の包括管理事業者との契約に一本化され、市は施設の運営に専念できる体制を整えた。包括委託の対象となったのは、8課が所管する105施設。 |
| 2022/ 8 /23 | 公共施設の相互利用で実験＝奈良県内7市町 | 奈良県大和高田市や広陵町など県中部と西部の7市町が、体育施設など公共施設の相互利用に向けた実証実験を10月から始める。対象となる施設は体育施設と文化施設の計22。地元住民と同じ条件で利用できるとし、実験中の利用実態を詳しく調べるとともに、不公平感が生じないような方策も探る。 |

| 2022/ 8 /26 | 公共施設でエネルギー地産地消＝北海道厚真町 | 北海道厚真町は、町内の公共施設でエネルギーの地産地消に乗り出した。各施設に太陽光パネルや蓄電池を設置し、生み出した電気を利用する。施設間で電気を融通するなどして、地域一帯でエネルギーを循環させるとともに、災害時の電源としての活用も想定する。 |
|---|---|---|
| 2022/ 8 /29 | 水害時、避難可能な駐車場公開＝福島県会津若松市 | 福島県会津若松市は、水害発生時の一時避難場所として市内公共施設などの駐車場を活用する取り組みを進めている。市ウェブサイト上で一時利用できる駐車場21カ所（約2300台分）を公開。 |
| 2022/ 9 /2 | 電力地産地消で$CO_2$削減＝茨城県つくば市 | 茨城県つくば市は、市の廃棄物焼却施設でごみを燃やす際に出る熱でつくった電力のうち、自家消費しない余剰電力を市役所本庁舎など市の公共施設に送る。自家発電設備を持つ企業などが一般送配電事業者の送配電網を使い、遠隔地にある同じグループの拠点に送電する「自己託送制度」を活用。 |
| 2022/ 9 /12 | スケボー開放で実証実験＝北海道登別市 | 北海道登別市は、公共施設の一部をスケートボード利用者に開放する実証実験を始めた。市内にはスケボーが楽しめる公園や施設がなく、公共施設の活用に向けた可能性を探る。 |
| 2022/ 9 /22 | 電力購入で広島ガスと協定＝広島県廿日市市 | 広島県廿日市市は、広島ガスと「特定送配電事業に関する基本協定」を締結した。同社の廿日市工場と市役所などを風水害に強い地下埋設自営線でつなぎ、電力の供給を受ける計画。 |

## 3. インフラ

コロナ禍を受けて急速に広まったのが道路空間の活用だ。国土交通省が特例措置として道路占用の許可基準を緩和したことで、道路や歩道にテーブルやベンチなどを設置して営業がしやすくなった。特例は暫定措置だったが、継続を望む声も多く、2020年11月に始まった歩行者利便増進道路（ほこみち）制度に指定された地域が増加している。ほこみち制度は、最長20年間道路占用を認めるもの。

国交省は、市区町村が広域連携で包括的にインフラの維持管理を行う「地域インフラ群再生戦略マネジメント」を促進する。道路をはじめ河川、鉄道、下水道など複数のインフラ施設をまとめて一つの群に分類し、人口や交通ネットワーク、インフラの状況などの地域特性や地域のつながりなどを考慮して複数の市町村を一つの単位として連携して取り組むエリアに設定する。エリアは国、都道府県、市区町村で構成する会議体で検討する。

日常の維持管理は各自治体が行い、専門的な知識や高度な技術力が求められる補修、更新などは市区町村で連携することを想定している。22年度中に手引を作成する予定。

広島県と県内の15市町は、22年11月に設置、23年4月から事業開始する企業団に水道事業を移管する。施設の縮小や維持管理の効率化により40年間で941億円の統合効果が見込めるとする。ただし、広島市、福山市、呉市など県内で人口規模の大きな自治体など6市町は不参加を表明している。

静岡県企業局は、同県富士市の富士川工業用水と、隣接する静岡市の東駿河湾工業用水と統合し一体的に運用することとした。給水の効率化などが図られ、年間約2億5000万円のコスト削減が見込まれる。

特に、東駿河湾工業用水では標高60メートルのところにある浄水場に水源からポンプを使って水をくみ上げているが、富士川工業用水からも水を供給できるようにすることでくみ上げる必要のある水の量を減らすことができる。

## 図表Ⅱ-4-3　インフラの動き

| 年月日 | 見出し | 内容 |
|---|---|---|
| 2021/10/11 | 工業用水統合で年2.5億円削減＝静岡県企業局 | 静岡県企業局は、同県富士市の富士川工業用水について、隣接する静岡市の東駿河湾工業用水と統合し、一体的に運用する。給水の効率化などで年間約2億5000万円のコスト削減が見込まれ、経営基盤を強化する狙いがある。 |
| 2021/10/27 | 行政ニーズ特化のドローン開発へ＝官民連携で検討会－国交省 | 国土交通省は、災害復旧や地形測量などさまざまな行政ニーズに対応できるドローンの開発に乗り出す。関係団体や有識者らで構成する検討会を発足。災害現場などで目視する手間を省き、生産性の向上につなげることを目指す。 |
| 2021/10/28 | 標識点検にAI活用の実証実験＝名古屋市 | 名古屋市は、道路標識の点検業務にAIによる解析を活用できるかを検証する実証実験を始めた。古河電気工業の付属物巡視支援システムを使い、撮影した映像から道路付属物の健全性の判断が可能かを検証する。期間は2022年3月末まで。 |
| 2021/11/18 | 建設中砂防ダムにボルダリング設備＝壁面活用、来春開設へ＝秋田県仙北市 | 秋田県仙北市と国土交通省は、公共インフラによる地域振興を目指し、同省が建設中の砂防ダム「水沢第2砂防堰堤」外壁にボルダリングウオールを整備している。来春オープンの予定で利用は無料。砂防ダムにボルダリング設備が設置されるのは全国で初めて。 |
| 2021/12/23 | 水道事業、統合効果は941億円＝広島県と15市町 | 広島県と県内15市町は、水道事業の統合協定に基づき2022年11月に設立予定の県水道企業団に関し、23年度から10年間の事業計画骨子をまとめた。施設の整備・維持管理費の削減といった統合効果は、事業開始から40年間で941億円と推計。水道料金も各自治体が単独で運営するよりも抑えられるとみている。 |
| 2021/12/24 | 水管橋、同じ形式3481カ所＝厚労省、和歌山の崩落受け調査 | 厚生労働省は、河川をまたいで水を供給する水管橋の設置状況を調べたところ、つり材などで補強する形式のものが全国に3481カ所あったと発表した。和歌山市で10月に崩落した水管橋と同じ形式で、この時はつり材の破断が事故の原因になったとみられる。 |
| 2021/12/28 | 流域下水道への統合支援強化＝広域化の地財措置拡充－総務省 | 総務省は2022年度、下水道事業の広域化に取り組む自治体に対する地方財政措置を拡充する。流域下水道への統合のため市町村が実施する接続管渠の整備やポンプ場の設置について、繰り出し基準（一般会計負担）を1割引き上げ、普通交付税で手当てする割合を現行の28〜56％から35〜63％に増やす。 |
| 2022/ 1 /24 | 除雪車に強い味方＝車大手出資企業、自動運転地図を活用－作業効率化、人手不足解消 | 自動車大手10社などが出資する地図データ会社のダイナミックマップ基盤は、自動運転向け高精度3次元地図を除雪車に活用し2022年度に事業化する。路面情報を正確に把握して作業効率を高め、除雪に関わる人手不足の解消にも役立てたい考え。 |
| 2022/ 1 /25 | 高資本費対策の激変緩和拡充＝集落排水と公共下水道の統合支援－総務省 | 総務省は、事業統合を行った公共下水道と農業集落排水などに対する高資本費対策の激変緩和措置を拡大する。統合後の事業について算定した高資本費対策の額が、統合前の合計額を下回る場合、その差額を段階的に縮減する激変緩和措置について、統合の翌年度から10年目までとしている適用期間を「接続元事業の供用開始30年目まで」に延ばす。 |
| 2022/ 1 /26 | 下水道「創エネ」施設整備に補助＝汚泥活用とN₂O削減を集中支援－国交省 | 国土交通省は2022年度、下水道事業の温室効果ガス排出削減に向け、バイオガス発電や焼却施設整備の財政支援に乗り出す。下水汚泥を活用した「創エネルギー」の取り組みと、焼却過程で生じる温室効果が高い一酸化二窒素の排出削減を集中的に推し進める。 |
| 2022/ 2 / 1 | 水管橋崩落「腐食進み破断」＝調査委に原因提示－和歌山市 | 和歌山市は、水管橋崩落に関する専門家の調査委員会を開き、「腐食が進み、破断した」ことが崩落の原因と結論付ける分析結果を示した。崩落部分のつり材18本のうち、風対策のため補強工事を施していた10本が腐食により破断していた。 |
| 2022/ 2 / 4 | 下水道台帳デジタル化に補助＝管路の基礎情報をデータ保管－国交省 | 国土交通省は2022年度、下水道台帳のデジタル化に取り組む自治体に対し、必要な経費の補助に乗り出す。紙ベースで保存されている管路の位置や点検履歴といった基礎情報の電子化を促進。施設の維持管理に関する業務の効率化やデータの有効活用につなげる。 |
| 2022/ 2 / 7 | 車載器で道路管理を効率化＝愛知県豊橋市 | 愛知県豊橋市は、道路メンテナンス用の車載器を車両に取り付け、路面の異常を検知する実証実験に乗り出す。適切に検知できるかどうかを検証し、将来的に道路の維持管理の効率化につなげるのが狙い。自動車部品メーカーのアイシンのシステムを利用する。 |
| 2022/ 2 /17 | 合同会社の利益を道路修繕に＝千葉県富里市 | 千葉県富里市は、民間企業2社と設立した合同会社とみさとエナジーが生み出した利益を市民に還元するため、市内の一部道路の修繕を決めた。同社は、市とアジア航測、綜合警備保障（ALSOK）が設立し、2021年4月に事業を始めた。 |

| 2022/ 2 /22 | スマホで道路損傷などの通報可能に＝奈良県橿原市 | 奈良県橿原市は、道路の陥没やカーブミラーの破損など、市道の異常をスマートフォンで通報できる「橿原市道路損傷状況通報システム」の運用を始めた。損傷現場が国道や県道だった場合も、通報内容を国や県に連絡し、迅速な対応につなげることで、危険低減につながるとみている。 |
|---|---|---|
| 2022/ 2 /25 | プロポーザル評価に「地域特性」＝地元企業の入札参加促進―国交省 | 国土交通省は、国が発注する業務で行うプロポーザル方式について、従来の技術提案に加え、地域の特性を踏まえた提案も審査することを検討する。地域の事情に詳しい地元企業が入札に参加しやすくすることで、地元企業の活用拡大と育成につなげる。 |
| 2022/ 3 / 4 | 水道管の耐震化率40.7%＝20年度末―厚労省調査 | 厚生労働省は、2020年度末時点の全国の主要な水道管の耐震化率が40.7%だったと発表した。政府は国土強靱化に関する計画で、28年度末までに60%以上とする目標を設定しているが、達成に向けて自治体の財政難や人手不足が課題となっている。 |
| 2022/ 3 /18 | 踏切で駅をバリアフリー化＝宮崎県三股町 | 宮崎県三股町は、JR三股駅（無人駅）のバリアフリー化のため踏切を整備する。高齢者や障害者らが陸橋を渡るのに苦労していることに対応。改札からホームまでフラットな地上を直接行けるようにする。必須の安全確保策としてセンサーなどの機器を設置するほか、町営コミュニティーバスの事務所職員を補助的な「保安要員」に位置付けるなど工夫を凝らす。 |
| 2022/ 3 /23 | カンボジアで水道事業参画＝「水不足解消に協力」―福岡県北九州市外郭団体 | 福岡県北九州市は、市の外郭団体「北九州ウォーターサービス」を含む共同企業体がカンボジアの上水道拡張事業を受注したと発表した。浄水場を建設した後、10年間の水道事業運営を行う。 |
| 2022/ 4 / 8 | 除雪免許取得費用を補助＝北海道ニセコ町 | 北海道ニセコ町は2022年度から、除雪機械の免許取得費用の一部を補助する。取得後は除雪を担う町内の企業で最低5年間働くことなどを条件とし、オペレーター不足の解消と町の活性化を狙う。 |
| 2022/ 4 /12 | 河川防災ステーションに公共施設＝大阪府摂津市 | 大阪府摂津市は、市内を流れる淀川の河川脇に国が盛り土造成する予定の「河川防災ステーション」上部に公共施設を整備する方針。災害発生時は避難所として活用する考えで、専門コンサルタントや有識者を交えて具体案を練る。 |
| 2022/ 5 /10 | 道路使用許可基準を明確化＝利活用促進へガイドライン―国交省など | 国土交通省などは、道路でイベントなどを実施する場合の使用と占用の許可に関するガイドラインを策定した。地域のにぎわい創出に向け、両制度の手続きの流れを整理。自治体やまちづくり会社が催し物を開く際の参考にしてもらい、利活用を促す。 |
| 2022/ 5 /13 | 従業員用バスの相乗り実験＝県境で住民の移動手段確保―愛知県豊橋市 | 愛知県豊橋市は2022年度から、同市と静岡県湖西市間を運行する自動車部品大手・デンソーの従業員送迎用シャトルバスに住民が相乗りする実証実験を行う。豊橋市の県境付近には公共交通機関がないため、市民の新たな移動手段の確保を目指す。 |
| 2022/ 5 /20 | 照明の色で水位上昇を警告＝熊本県人吉市 | 熊本県人吉市は、河川の水位上昇を照明の色で警告する「ライティング防災アラートシステム」を導入した。2020年7月に発生した熊本豪雨からの復興事業の一環で、増水時などに河川の氾濫危険度を色で表し、早期避難を促して逃げ遅れゼロを目指す。 |
| 2022/ 6 /24 | 手話通訳端末を庁内業務に活用＝東京都板橋区 | 東京都板橋区は、聴覚障害のある職員の庁内業務に手話通訳端末を導入する。打ち合わせなどで使用し、健常者の職員との円滑なコミュニケーションを目指す。今回導入される端末は、ソフトバンクから無料提供を受けた。 |
| 2022/ 6 /28 | ドローン隊、空き家対策などに活用＝和歌山県海南市 | 和歌山県海南市は、都市整備課や建設課など7部署の職員9人で「ドローン隊」を結成した。ドローン1機を購入して、これまで老朽化した空き家や道の駅の工事の進捗状況を撮影する実績を積んできた。今後は、災害発生時の被災状況の確認や市有施設の点検など活用の幅を広げていく考えだ。 |
| 2022/ 7 / 5 | 車の振動で道路の傷み検知＝自治体の維持管理支援―あいおいニッセイ | あいおいニッセイ同和損害保険は、車の振動から路面の損傷を検知し、自治体による道路の維持管理を支援する「路面状況把握システム」を開発したと明らかにした。損傷箇所を地図上に表示できるようにして、23年度までに自治体や道路管理会社へのサービス開始を目指す。 |
| 2022/ 7 / 7 | 農道橋の点検マニュアル作成へ＝市町村向け、長寿命化図る―農水省 | 農林水産省は2022年度、全国約3510カ所にある農道橋の維持管理に役立ててもらうため、管理者である市町村向けの点検マニュアルを作成する。マニュアル作成に向け、有識者や市町村職員らの意見を聴取し、点検の範囲や困っている点などを調査。 |
| 2022/ 7 /14 | 個人情報、民間提供分含め一元管理へ＝茨城県守谷市 | 茨城県守谷市は、住民の個人情報について、本人が同意したケースに限り、各自が民間企業に提供しているデータを含め、2024年度をめどに一元管理する方針だ。市は既に、住民の個人情報のうち住所、氏名、生年月日などの「静的データ」を保有している。一方、住民は商品・サービスの購入などを通じ、趣味や購買履歴、健康状態といった「動的データ」をさまざまな企業に提供している。 |

| 2022/ 7 /19 | 水道サービス向上で事例集＝静岡県企業局 | 静岡県企業局は、用水供給先の10市町の上水道事業で行っているデジタル化や収納率向上、業務効率化などの取り組みを紹介する事例集を初めてまとめた。他自治体が参考にして、サービス向上や広域連携につなげてもらう狙いがある。 |
| --- | --- | --- |
| 2022/ 7 /20 | 老朽インフラ対策で広域連携＝事務負担軽減へ包括管理—国交省 | 国土交通省は、市区町村が広域連携により老朽インフラ対策に当たる「地域インフラ群再生戦略マネジメント」（仮称）の取り組みを促す方針だ。小規模な自治体では、対策を担う技術系職員や予算の不足が課題となっている。道路や河川などの維持管理を複数の市区町村で包括的に行うことで、職員の負担軽減やコスト削減につなげる。 |
| 2022/ 8 / 5 | 上水道事業、一部は環境省移管も＝厚労省の組織見直しで—政府 | 政府は医療行政の強化に向けて、厚生労働省の生活衛生に関する一部業務を他省庁に移管する方針だ。このうち同省が所管する上水道事業に関しては、早ければ2024年 4 月に環境省と国土交通省に移管する見通し。 |
| 2022/ 8 /12 | 水管橋崩落再発防止へ手引＝和歌山市 | 和歌山市は、市内の水管橋が崩落した昨年の事故を受け、市独自の点検マニュアルを作成する。 9 月に市ホームページで公開する予定だ。マニュアルでは、点検箇所を細分化し、部材・設備ごとに劣化・損傷の度合いを評価。きめ細かい点検により、再発防止を図る。 |
| 2022/ 8 /24 | 「ハイブリッドダム」モデル選定＝23年度に数カ所—国交省 | 国土交通省は、電力以外の企業もダム事業に関与し、ダムの運用を高度化する「ハイブリッドダム」の実現に向け、調査に乗り出す。全国に約570ある多目的ダムのうち数カ所を選び、導入可能性を調査。結果を踏まえて、適切な事業スキームを検討する。ダム周辺の気象や流入する水量の観測体制の強化にも取り組む。 |
| 2022/ 8 /25 | 道路や公園の異常をスマホで通報＝山梨県甲斐市 | 山梨県甲斐市は、道路や公園など市内での異常箇所を、スマートフォン上で通報できる仕組みを導入した。市民が異常に気付いた際、すぐに市へ通報できるようにすることで、早期の改修につなげる狙いだ。 |
| 2022/ 9 / 7 | 児童施設、津波区域外に移転＝大阪府高石市 | 大阪府高石市は、児童発達支援センター「松の実園」を津波浸水想定区域外に移転させる。現行施設は設立から40年以上が経過。老朽化対策に併せて、災害リスクの低減も目指す。 |
| 2022/ 9 /27 | 道路危険箇所、アプリで投稿＝福岡県行橋市 | 福岡県行橋市は、市の公式アプリ「YukuNavi」に、道路や公共施設などの危険箇所を発見した市民が情報を投稿、共有できる機能を導入した。デジタル技術を活用して早期の安全確保と職員の業務負担軽減につなげたい考えだ。 |

## 4. 公共サービス

　行政のデジタルトランスフォーメーション（DX）を進める際、特に小規模な自治体にとって課題となるのは導入費用やその手間、導入技術を適切に検討したり選定したりする人材の確保である。愛知県は県内の全市町村とAIの共同利用に関する研究会を立ち上げ、AIによる児童会話「チャットボット」や光学式文字読み取り装置「OCR」の共同運用を行っている。

　一方で既に自治体ごとに導入が進んでおりシステムの共通化を図ることが難しかった定型業務の自動処理「RPA」は共同化せず、その前処理となるOCRによる文字読み取りを共同運用することにした。

　大阪府は、自治体や公共性の高いサービスを提供する民間企業の情報を一元的にまとめたスマートフォン向けポータルサイトを構築する。府内全市町村に加え、公共交通、電気・ガス、小売業などの民間事業者と連携し、2023年度からの運用を目指す。これまでは行政サービスに限定してデジタル化を進めてきたが、市民の利便性を向上させるため民間企業とも連携することにした。行政サービスでは、広域デジタルマップやさまざまな手続きをサイト上で行える許認可手続き円滑化システムなどを盛り込む。今後は子育て、教育分野の施設予約システムなども追加する考えだ。

図表Ⅱ-4-4　公共サービスの動き

| 年月日 | 見出し | 内　容 |
|---|---|---|
| 2021/10/ 1 | 町独自のアプリ運用開始＝岐阜県養老町 | 岐阜県養老町は、町独自のスマートフォンアプリ「養老Pay」の運用を開始した。デジタルトランスフォーメーション推進や域内の消費活性化を図るのが目的で、キャッシュレス決済サービスの機能を搭載。今後、高齢者の見守りサービスなどの機能を随時追加する。 |
| 2021/10/ 3 | 自治体DXに商機＝デジタル化支援、相次ぎ参入－民間企業 | デジタル技術で既存制度を変革するデジタルトランスフォーメーションに取り組む地方自治体の支援に、民間企業が相次ぎ参入している。デジタル庁発足も追い風に進み始めた自治体DXに、商機を見いだしている。 |
| 2021/10/12 | キャッシュレス決済導入へ＝平和記念資料館と区役所窓口－広島市 | 広島市は、市内8つの区役所の市民課窓口と平和記念資料館でキャッシュレス決済を導入する。市民サービスを向上させるとともに、釣り銭の用意など職員の負担を減らすことが狙い。 |
| 2021/10/13 | 子育て向けスマート窓口を開設＝鳥取県米子市 | 鳥取県米子市は、市役所の手続きをスムーズにする「スマート窓口」を本庁舎に開設した。スマート窓口にはタブレット端末を6台設置。市民から必要な手続きを聞き取る職員も配置した。市民がタブレット端末に家族の名前など必要事項を入力すると、QRコード化された紙が印刷される。その紙を持ってそれぞれの担当窓口に行けば、改めて必要書類に記入する必要がなくなり、手続きの手間を省ける。 |
| 2021/10/22 | 路線バス活用しモバイル市役所＝長野県伊那市 | 長野県伊那市は、路線バスを活用して行政サービスを提供する「モバイル市役所事業」を2022年度から始める。既存路線で朝夕運行するバス車両1台に情報通信インフラを搭載し、日中の空き時間に公民館など所定の場所に出向き、各種証明書の発行などの行政サービスを提供する。 |
| 2021/11/ 4 | 官民連携のドローン実証実験＝災害把握と物流検証－愛知県豊川市など | 愛知県豊川市、新城市などが官民で運営する「東三河ドローン・リバー構想推進協議会」は、ドローンによる実証実験を行った。協議会に所属する官民17社・団体の関係者を中心に150人が集まった。会場は昭和電線ケーブルシステム社の同市にある施設内で、同社の協力を得て、災害時状況把握と物流オペレーションの検証を目的に行われた。 |
| 2021/11/17 | キャッシュレス決済でポイント還元＝直売所の販売促進－岡山県 | 岡山県は、県内の農産品直売所でキャッシュレス決済により買い物をした場合、購入金額の25％が還元されるキャンペーンを実施している。参加直売所は県内の30店舗で、県のホームページで店名を公表している。直売所に併設するレストランや土産物店での購入分は対象から除く。 |
| 2021/11/19 | 公民館に鍵ボックスースマート化へ実証実験－広島県福山市 | 広島県福山市は、公共施設の鍵の「スマート化」に向け、公民館の入り口に鍵ボックスを設置し、利用者が暗証番号で取り出せるようにする実証実験を始めた。休日や夜間に公民館を利用する場合、前もって職員がいる時間に鍵を受け取る必要があったが、その手間を省き、市民サービスの向上につなげる。 |
| 2021/12/27 | Park-PFIで公園再開発＝星野グループなど選定－福井県勝山市 | 福井県勝山市は、「かつやま恐竜の森（長尾山総合公園）」を都市公園法のPark-PFIで再開発する。再整備・管理運営事業者に、星野リゾートグループの全額出資子会社を代表とする4社を選定した。 |
| 2022/ 1 / 7 | DX推進で職員の負担軽減へ＝コニカミノルタと連携－岡山市 | 岡山市は、DX推進の一環として、業務改善のノウハウがあるコニカミノルタと連携協定を結び、市役所全体の業務量の調査などを始めた。デジタル技術を活用し、業務の効率化などを進めたい考えだ。 |
| 2022/ 1 /11 | DX加速へデンマークと覚書＝茨城県守谷市 | 茨城県守谷市は、ITなどデジタル技術で既存制度の変革を目指すデジタルトランスフォーメーションを加速させるため、DX先進国として知られるデンマークの駐日大使館と覚書を交わした。 |
| 2022/ 1 /20 | 公式LINEをデジタル窓口に＝兵庫県加西市 | 兵庫県加西市は、無料通信アプリ「LINE」の市公式アカウントをリニューアルし、各種予約や申請などの行政手続きができる機能を搭載した。市のデジタル窓口と位置付け、市民の利便性向上につなげる。 |
| 2022/ 1 /22 | オンライン授業、導入8割超＝コロナ対応で公立小中－74市区調査・時事通信など | 時事通信社と地方行財政調査会は県庁所在市など74市区を対象に、新型コロナウイルス感染拡大を受けた公立小中学校でのオンライン授業の導入状況を調査した。回答した73市区のうち「導入している」は62市区（84.9％）に上った。オンライン授業は今後、多くの自治体で、コロナだけでなく災害時など他の機会での活用を見込んでいることも分かった。 |
| 2022/ 1 /27 | 押印廃止の773手続きオンライン化＝岡山県 | 岡山県は、2021年12月末までに押印の義務付けを廃止した約2500件の行政手続きのうち、773件をオンライン化する。今回は、年間の申請件数が10未満の手続きに限定して実施した。 |

| 2022/2/2 | 多機能型執務空間を試験導入＝職員の業務効率化へ＝岡山県 | 岡山県は、職員の業務効率化や柔軟な働き方につなげることを目的に、県庁内にペーパーレス会議などが可能となる「多機能型執務空間」を試験的に設置した。利用状況に関するアンケートの結果を踏まえ、2024年に予定している新庁舎の完成に伴い本格的に導入する方針。 |
|---|---|---|
| 2022/2/4 | 電子契約を初導入＝長野県中野市 | 長野県中野市は、DX推進の一環として、オンラインで行う電子契約サービスを導入する。市役所に来庁せずに契約が可能となり、業務の効率化やコスト削減が狙い。導入するのは、弁護士ドットコムの「クラウドサイン」。 |
| 2022/2/10 | 建設工事に電子契約導入へ＝22年度「立会人型」で＝長野県 | 長野県は2022年度に、紙と印鑑の代わりにインターネット上で契約を交わす電子契約を導入する方針を固めた。建設工事などが対象で、行政手続きの利便性向上が狙い。民間で主流になっている「立会人型」と呼ばれる電子契約を採用する。 |
| 2022/2/22 | 高齢者向けスマホ相談で課題抽出＝大阪府茨木市 | 大阪府茨木市は、市庁舎ロビーに高齢者向けのスマートフォン相談窓口を設置している。市は庁内業務のDXを進めており、情報格差対策の一環。困り事を分析して支援拡充につなげる狙いもある。 |
| 2022/2/22 | 窓口支払いにQRコード決済＝島根県安来市 | 島根県安来市は、窓口での手数料や市関連施設での使用料の支払いにQRコード決済を導入する。総務省の統一QRコード決済「JPQR」を2月28日から活用する。JPQRの導入は県内自治体で初めて。市民の利便性向上とキャッシュレスの推進が目的だ。 |
| 2022/2/24 | 業務ICT化、庁内から募集＝企業ノウハウとマッチング＝愛知県 | 愛知県は2022年度、庁内の業務で情報通信技術が活用できる取り組みを募集し、民間企業のノウハウとマッチングさせる。ICT化が見込める取り組みや効率化が望まれる作業などについて庁内各課に照会。DX推進室が取りまとめ、民間企業のICTとマッチングさせる。 |
| 2022/3/7 | スマホ活用サポーターを養成＝高知県 | 高知県は、スマートフォンの操作に不慣れな高齢者らを支援するため、スマホの操作や活用方法を教えられるサポーターを養成する。各町村が役場職員やOBらから適任者を推薦し、事業者が講習の方法をレクチャー。サポーターが操作に不慣れな住民をどう支援するかは、各町村が判断するという。 |
| 2022/3/10 | ご当地WAONの職員用ICカード＝兵庫県伊丹市 | 兵庫県伊丹市は、11月に完成予定の新庁舎に導入するICカードを使ったセキュリティー管理で、イオンが発行する「ご当地WAON」を職員用カードとして採用する。イオンとの包括連携協定に基づき発行され、職員らが電子マネーで買い物をすると購入額の0.1％が市に寄付される。 |
| 2022/3/14 | 公共施設でオンライン決済＝鹿児島市 | 鹿児島市は、公民館やスポーツ施設といった一部の市有施設について、予約から利用料金の支払いまでを一括してオンラインで対応できるシステムを構築する。導入は23年4月を目指している。 |
| 2022/3/15 | 空き家周辺情報、マップに表示＝官民データの連携基盤整備＝山梨県 | 山梨県は、県や各市町村、民間事業者が保有するデータを集約して、官民で利活用する連携基盤の整備に乗り出す。基盤を使った具体的施策として、まず空き家周辺の施設情報を地図上にまとめる。 |
| 2022/3/22 | デジタルディバイド解消へ実証事業＝市町村にタブレット貸与＝山梨県 | 山梨県は、社会のデジタル化が進む中、高齢者らの「情報格差」解消を図る実証事業に乗り出す。県内市町村などにタブレット端末を貸し出し、音声認識機能を活用した買い物支援などに取り組む。 |
| 2022/4/25 | 111の行政手続き、電子申請可能に＝静岡県焼津市 | 静岡県焼津市は、行政手続きの電子化を進め、4月から111の行政手続きが電子申請できるようになった。電子申請ができるのは、放課後児童クラブの利用申し込みや子ども医療費受給者証の交付申請など。 |
| 2022/5/6 | デジタル部と交通政策部を新設＝熊本市 | 熊本市は、2022年度の組織改編で、市役所のデジタル化を推進する「デジタル部」と、市内の交通課題解消に取り組む「交通政策部」を新設した。デジタル部には37人を配置し、市役所の利便性向上と業務の効率化を目指す。 |
| 2022/5/11 | 建設工事などで電子契約導入＝広島県三原市 | 広島県三原市は、入札で契約事業者を決める建設工事と測量・建設コンサルタント業務を対象に電子契約を導入した。受注した事業者が希望すれば、電子契約を結ぶ。 |
| 2022/5/13 | キャッシュレス決済で最大30％還元＝原発避難地域に誘客、16日から＝福島県 | 福島県は、浜通り地域でのキャッシュレス決済による買い物で最大30％のポイントを還元するキャンペーンを始めると発表した。同地域は東京電力福島第1原発事故による風評被害などで観光誘客に苦戦しており、観光客の呼び込みを後押しする。 |
| 2022/5/19 | 全統計情報をデータベース化＝岡山県真庭市 | 岡山県真庭市は、庁内で管理している非公開の統計情報について、2022年度中にすべてデータベース化する。将来的には、ホームページ（HP）などで公開する予定だ。市民に公開する行政情報を増やすことで、より質の高いサービスを提供する狙い。 |
| 2022/5/19 | 職員向けにデジタル人材認定制度＝栃木県真岡市 | 栃木県真岡市は、職員の情報リテラシーなどの向上を図るため、「デジタル人材認定制度」を始める。4段階の階級を設け、研修を受けるごとにステップアップする仕組みで、デジタルスキルを高めるモチベーションにしてもらう狙い。 |

| 2022/5/25 | 給付金のATM受け取りでシステム＝兵庫県加古川市 | 兵庫県加古川市は、セブン銀行など4社と連携し、現金自動預払機（ATM）を通して住民が速やかに給付金や還付金の受け取りができるシステムの構築と実証実験を行う。従来は、住民が自身や口座の情報を提出し、自治体は書類確認や金融機関への振り込み依頼をすることが必要で手間がかかっていた。 |
|---|---|---|
| 2022/6/6 | キャッシュレス・DX推進に補助金＝京都市 | 京都市は、市内の中小事業者のキャッシュレス化とDXを推進するため、商店街などが機材を導入する際の経費を補助する。これまでデジタル化が進んでいなかった事業者の取り組みを後押しするとともに、新型コロナウイルス感染症の収束を見据えた観光振興につなげたい考えだ。 |
| 2022/6/10 | 自治体交えた検討会で確認＝転出入のオンラインサービス－デジタル庁 | デジタル庁は、マイナンバーカードの個人向けサイト「マイナポータル」を利用した転出入や転居のオンラインサービスの実用化に向け、6月末をめどに自治体を交えた検討会を立ち上げる。23年2月ごろの全市区町村での開始を前に、転出入者の申請データを正常に送受信できるかを確かめるテストを実施。 |
| 2022/6/10 | 外部人材のスキルで目安案＝自治体DX推進、任用の参考に－総務省 | 総務省は、自治体がDXの推進に向けて活用する外部人材について、望ましい資格や経験の目安を挙げた「自治体DX外部人材スキル標準」案を、有識者や自治体関係者でつくる検討会に提示した。今後、検討会などで出た意見を踏まえて成案をまとめる。 |
| 2022/6/16 | DX推進へコンソーシアム＝熊本県 | 熊本県は、DXの機運醸成を図るため、「くまもとDX推進コンソーシアム」を発足させた。産官学が連携してデジタル化とDXを推進するのが狙い。4月から企業、教育機関、市町村、金融機関などに幅広く呼び掛けるとともにホームページで事業者を募集、これまでに115事業者が登録した。 |
| 2022/6/16 | 窓口で会話を自動文字起こし＝静岡県掛川市 | 静岡県掛川市は、地域健康医療支援センター「ふくしあ」の窓口に「AI相談パートナー」を導入し、市民との会話をリアルタイムに自動で文字起こしする取り組みを始める。記録作成の業務負担軽減と市民サービス向上につなげたい考えだ。 |
| 2022/6/17 | 従業員や求職者にDX研修＝京都府 | 京都府は、DXを推進する民間人材を育成するため、7月から企業の従業員や求職者を対象としたオンライン研修を開始する。研修では、関西学院大学が開発したAI活用人材育成プログラムを使う。 |
| 2022/7/1 | 出産助成金、ATMで＝渋谷区と実証実験－セブン銀 | セブン銀行は、東京都渋谷区と連携し、現金自動預払機（ATM）で出産助成金を受け取れる実証実験を開始したと発表した。同行は公共サービスの利便性向上策としてATMの活用を進めている。実証実験の成果などを踏まえ、全国に拡大していきたい考えだ。 |
| 2022/7/7 | 畜産DXの実証実験へ＝山梨県 | 山梨県は、畜産業のDXの実証実験に乗り出す。企業と連携して県内畜産農家で実施し、効果を検証する。生産性や効率性を高めて畜産農家の売り上げ向上を図りたい考え。実証実験の要項を近く公表し、秋ごろまでに開始する見込みだ。 |
| 2022/7/28 | 自治体間のデジタル人材共有支援＝先進事例提供へ－総務省 | 総務省は2023年度、自治体のDX推進に向け、複数の自治体で外部の専門人材を共有する取り組みを支援する。人材共有で先行する取り組みとしては、例えば、愛媛県は県内20市町と連携して「高度デジタル人材シェアリング」事業を実施。データ利活用などのノウハウを持つ5人の外部人材がDX推進専門官に任命されている。 |
| 2022/8/4 | 道路損傷オンライン通報、3カ月で175件＝全体の3割超に－静岡県藤枝市 | 静岡県藤枝市が4月5日からオンラインの道路損傷通報システムの運用を始めたところ、6月末までに175件の通報があった。4～6月の全通報件数496件の約35%に当たる。 |
| 2022/8/17 | 窓口での書類記入を簡略化＝公民館とリモート接続も－福井県大野市 | 福井県大野市は、各種手続きに来た住民が必要事項を記入する手間を省くため、2023年2月末を目標に、本人確認書類を自動で読み取るデジタル機器を窓口に導入する。これとは別に、市役所と9公民館の間をリモートでつなぎ、離れた場所から市民が気軽に相談できる環境も今年11月をめどに整備する。 |
| 2022/8/19 | 自治体マイナポイントに補助制度＝全国展開へ支援－総務省 | 総務省は、自治体がマイナンバーカードを活用し、独自にポイントを付与する事業「自治体マイナポイント」を全国へ広げるため、2023年度に補助金制度を創設する方向で検討に入った。事業実施に向けたシステム改修費などへの支援を想定。カードの利活用拡大にもつなげる。 |
| 2022/8/29 | 非効率業務、改善提案に286件＝東京都江戸川区 | 東京都江戸川区は、非効率な庁内業務を見直すため、7月に職員から改善案を募集したところ、庁内文書のデジタル化やオンライン研修の徹底を求める提案など286件が寄せられた。9月までに庁内で共有する。 |
| 2022/9/2 | マイナカードで身分証アプリ検討＝原発避難迅速化へ－宮城県 | 宮城県は、マイナンバーカードを用いた「デジタル身分証明アプリ」を開発し、原発事故時の避難で活用することを検討している。住民が向かうべき避難所をプッシュ通知で知らせるほか、住所などの基本情報をQRコード化することで、避難所での受け付け業務を迅速化する狙いだ。 |

| 2022/ 9 /15 | ワゴン車で移動式スマホ教室＝北海道石狩市 | 北海道石狩市は、専用のワゴン車を使った移動式のスマートフォン教室を始めた。市域が広く移動に時間がかかるため、行政が出張対応する市民サービスの一環。高齢者らを対象に、自宅近くでスマホの使い方を学んでもらう機会を提供する。 |
|---|---|---|
| 2022/ 9 /21 | 収入証紙、9月末で廃止＝京都府 | 京都府は、事務手数料の納付方法として導入している収入証紙を9月末で廃止する。府民の利便性向上が目的で、10月以降は現金納付やキャッシュレス決済、コンビニエンスストアなどでの納付、オンライン納付とする。 |
| 2022/ 9 /21 | DXでセイコーエプソンと協定＝長野県松本市 | 長野県松本市は20日、セイコーエプソンと包括連携協定を交わした。同社の人材や技術を生かしてDXの取り組みを加速し、行政サービスや教育の質の向上、脱炭素社会の実現を目指す。 |
| 2022/ 9 /22 | 府民向けポータルサイト、23年度導入＝行政手続きから民間サービスまで－大阪府 | 大阪府は、行政のDXの一環で、自治体や公共性の高い民間企業の情報を入手できるスマートフォン向けのポータルサイトを構築する方針だ。市町村で行う行政手続きのほか、公共交通情報や買い物など生活に密着したサービスを一元的に提供する。府内全市町村、民間事業者と連携して2023年度からの稼働を目指す。 |
| 2022/ 9 /26 | 住民利便性でワンフロアサービス＝三角形の新本庁舎、落成式典－青森県平川市 | 青森県平川市は、新本庁舎の落成記念式典を開いた。建物が三角形をしているのが最大の特徴で、2階の正面玄関を入ると、どこにどの課があるか見渡すことができる。多くの住民が利用する窓口は駐車場と同じフロアの2階に集約。 |
| 2022/ 9 /30 | 電子行政手続きにナビゲーション導入＝静岡県裾野市 | 静岡県裾野市は、市のホームページなどのシステム利用時に市民が感じる入力ストレスを緩和するため、民間企業で導入されている最新のガイド・ナビゲーションシステムを試験導入することを決めた。 |
| 2022/10/ 5 | マイナカード申請の専用車両＝鳥取県米子市 | 鳥取県米子市は、マイナンバーカードの交付率を引き上げるため、申請手続きができる専用車両を導入し、運用を始めた。市内のスーパーマーケットや民間企業、イベントなどに出向き、カードの申請を促す。 |
| 2022/10/12 | 医療DXで来春工程表＝政府本部が初会合 | 政府は、医療現場のデジタル化を議論する「医療DX推進本部」の初会合を首相官邸で開いた。施策の実施時期などを盛り込んだ工程表を策定するよう関係閣僚に指示した。来春をめどに公表する。 |

## 5. 広域連携

　総務省は、自治体が策定する法定計画のうち、近隣自治体と共同で策定することが可能な計画をリストとしてまとめた。

　法律で策定が求められている計画の数は近年増加しており、計画の策定が財政支援の前提となっているものもある。しかし、小規模な自治体にとっては負担が大きい。共同策定が可能なものとして法律に明記されている60計画と運用上可能な163計画をリスト化した。

　その上で、単独自治体よりも一定の圏域で策定する方が効果的と考えられる計画19もピックアップした。総務省は、各府省に対して法定計画は共同策定可能とすることを原則とした上で、それを通知などで市町村へ通知するよう依頼している。

　秋田県は、生活排水処理事業の効率化を図るため、関連する経営戦略策定やストックマネジメントなどを行う「広域補完組織」を2023年度に設立する。

　補完組織には、県、県内市町村、民間企業が共同出資する。維持管理などのハードは対象とせず、下水道管、処理施設、浄化槽などのストックマネジメント計画策定、経営戦略、点検・調査計画、収支予測などのソフト面を支援する。民間の出資企業は公募で23年9月頃までに選定する。業務は県が補完組織に一括で委託し、各市町村が県に経費を支払う。

　関西広域連合は、各自治体で様式が異なる申請書の統一に向けた検討を開始した。例えば、加盟自治体が競争入札の参加資格申請書類を統一することで民間企業の利便

性を高めて参加を呼び込める可能性があり、行政DXの進展で申請書類を電子化したりする際に、メリットがあると考えているという。様式統一を検討する書類の候補として、入札参加資格、道路占用許可などが挙げられている。

図表Ⅱ-4-5　広域連携の動き

| 年月日 | 見出し | 内　　容 |
|---|---|---|
| 2021/10/ 1 | デジタル化推進で協議会＝地域課題解決に民間資金＝前橋など３市 | 地方自治体のデジタル化を通じて地域課題を連携して解決しようと、前橋市と北海道江別市、長崎県大村市は１日、「デジタル＆ファイナンス活用による未来型政策協議会」を近く設立すると発表した。 |
| 2021/11/25 | 兼業できる専門人材バンクを圏域で共有＝広島県福山市など | 広島県福山市など６市２町で構成する備後圏域連携中枢都市圏は、兼業や副業が可能な専門人材を圏域内でマッチングできる「びんご兼業・副業人材バンク」を立ち上げた。人材の登用をスピーディーにし、各市町の地域課題の効果的な解決につなげる。 |
| 2021/10/ 1 | 中枢都市圏でドローン活用手引＝広島県福山市 | 広島県福山市やその近隣市町などで構成する備後圏域連携中枢都市圏は、ドローンの活用に関する手引「びんごドローンフライトガイダンス」を今年度中に作成する。安全な利用に向けた注意点や、有効な活用方法などを示す。 |
| 2021/10/26 | オンライン説明会、12月に第２弾＝水道広域化で先進事例紹介＝総務省 | 総務省は、上下水道の広域化推進などのため、先進県の取り組みを紹介する自治体向けのオンライン説明会を開催する。都道府県や企業団の担当者らが広域化推進に当たっての留意点や効果などを資料を交えながら解説する。 |
| 2021/11/15 | 県央９市町村で連携中枢都市宣言＝茨城 | 茨城県中央部の９市町村長は懇話会で、連携中枢都市圏をつくると宣言した。水戸、笠間、ひたちなか、那珂、小美玉の５市、茨城、大洗、城里の３町、東海村で構成する。 |
| 2021/11/15 | レシート買い取りアプリで周遊促進＝札幌市など12市町村 | 札幌市など「さっぽろ連携中枢都市圏」の12市町村は、レシート買い取りアプリを使って消費行動を分析し、圏内の周遊観光促進と消費喚起を図る事業を行う。アプリを開発・運用するスタートアップ企業のWEDと協働。同社の事業成長もサポートし、圏内でのイノベーション創出につなげたい考えだ。 |
| 2022/ 1 /26 | 情報系新学部誘致へ官民協議会＝飯田市など | 長野県飯田市など県南部の14市町村で構成する南信州広域連合は、官民一体の「信州大学新学部誘致推進協議会」が設立されたと発表した。信大が検討中の情報系新学部を飯田・下伊那地域に誘致する活動を行う。 |
| 2022/ 1 /28 | 狭隘道路対策の補助対象追加＝隣接地の「共同化」促進＝国交省 | 国土交通省は2022年度、狭隘道路の解消に向け、隣り合う２つの敷地を一つにする「土地の共同化」に掛かる費用について、新たに補助対象に追加する。敷地の一部を道路にする場合も補助する。 |
| 2022/ 3 /25 | 「市町村局」設置でサポート体制拡充＝行財政改革や広域連携後押し＝大阪府 | 大阪府は、2022年度の組織改正で、総務部の市町村課を再編して「市町村局」に格上げし、「行政課」と「振興課」の２課体制にする。府内43市町村の行財政改革や広域連携へのサポート体制を強化する狙い。 |
| 2022/ 4 / 5 | 森林整備連携でCO₂相殺＝千葉県浦安市、山武市 | 千葉県浦安市と同県山武市は、浦安市の森林環境譲与税を使って山武市内の森林整備を進める協定を締結した。浦安市が山武市の森林整備費用を負担し、浦安市の二酸化炭素排出量を相殺する「カーボンオフセット」の仕組みを導入する。森林整備に関する広域連携は県内初で、県が仲介を務めた。 |
| 2022/ 4 /27 | 共同策定できる計画をリスト化＝近隣市町村の連携後押し＝総務省 | 総務省は、市町村が策定主体となっている法定計画をめぐり、近隣自治体と共同で作れるものをリスト化した。単独で策定するより、一定の圏域の団体が集まって計画をまとめる方が効果的と考えられる19の計画も例示。 |
| 2022/ 5 /11 | ４市が共同でCO₂削減量をクレジット化＝岡山市など | 岡山市など岡山県内４市が共同で、各家庭の太陽光発電設備で生み出された二酸化炭素削減量をまとめてクレジット化する取り組みを始めた。岡山市が設立した「あっ晴れ岡山エコクラブ」に太陽光発電設備を持つ家庭が入会し、CO₂削減量を報告。市がまとめて国に報告して認証を受けることでクレジット化される。 |
| 2022/ 5 /23 | 大阪南部８市町村が消防広域化へ | 大阪府柏原市、羽曳野市など府南部８市町村が、消防本部の統合に向けて「大阪南消防広域化協議会」を設立した。統合後の消防本部の場所や指令システムの更新、運営費負担の在り方などについて、実務担当者同士で話し合う。国が広域化の推進期限と定める2024年度の実現を目指す。 |
| 2022/ 5 /25 | 隣接３市で公共施設の広域化検討＝相模原市など | 相模原市と東京都八王子市、町田市は、圏域の将来像を見据えた施策の推進や、効率的な行政運営に向けた都市間連携を強化する。隣接する自治体として、公共施設管理の広域化などについて検討を進める。総務省の「多様な広域連携促進事業」に選定された事業。 |

| | | |
|---|---|---|
| 2022/ 6 /10 | 生活排水処理事業で「補完組織」＝県全域カバー、ソフト事業特化－秋田県 | 秋田県は、下水道や浄化槽などの生活排水処理事業を効率的に進めるため、県や県内市町村、民間企業による官民出資会社「広域補完組織」を2023年度に設立する。経営戦略の策定やストックマネジメントなどソフト事業に特化するのが特徴で、24年度に本格運用する。 |
| 2022/ 6 /15 | 自治体向け申請書類の統一検討＝企業負担軽減と投資促進－関西広域連合 | 近畿を中心とする8府県4政令市で構成する関西広域連合は、各自治体で様式が異なる申請書類の統一に向けて検討を始めた。広域連合の加盟自治体が競争入札の参加資格の書類などをそろえれば、民間企業の投資の呼び水となる可能性がある。行政のデジタル化の進展を見据え、申請書類の電子化も視野に入れる。月内にも本格議論に着手する。 |
| 2022/ 6 /28 | 下水道広域化の進捗「見える化」＝都道府県向けに標準的管理手法－国交省 | 国土交通省は、都道府県が下水道事業の広域化に取り組む際の標準的な進捗管理方法を今夏にも公表する。今年度までに全都道府県が「広域化・共同化計画」を策定する見通し。 |
| 2022/ 7 /13 | 高圧ガス業者の届け出書類、共通化＝炭酸水普及で利便向上－関西広域連合 | 近畿を中心とする8府県4政令市で構成する関西広域連合は、都道府県などに届け出が必要な高圧ガスの取り扱いについて、申請様式や添付書類を共通化した。自治体によってばらばらだった申請様式をそろえることで、事業者の利便向上につなげる。 |
| 2022/ 7 /26 | 連携中枢都市を宣言＝山梨県内10市町 | 山梨県内の10市町は連携中枢都市圏を形成すると宣言した。今後、連携協約の締結やビジョン策定を経て2022年度中の発足を目指す。甲府市のほか、韮崎、南アルプス、甲斐、笛吹、北杜、山梨、甲州、中央の各市と昭和町で構成する。 |
| 2022/ 9 /6 | ノウハウと人材のシェアで連携協定＝福島県磐梯町と埼玉県横瀬町 | 福島県磐梯町と埼玉県横瀬町は、小規模自治体同士が連携し、ノウハウや人材をシェアすることで、住民サービスなどの向上を図る「広域・共創ネットワーク構想」に関する協定書を締結した。 |
| 2022/ 9 /28 | 5市町で消防指令共同運用＝北海道苫小牧市など | 北海道苫小牧市など5市町は、消防指令業務を共同運用することで合意した。同市を拠点に指令システムを一元化し、コスト削減を図る狙い。2026年4月の運用開始を目指す。共同化するのは、胆振東部地域の苫小牧市と白老、安平、厚真、むかわの4町。 |
| 2022/10/ 7 | マイナカード申請で合同窓口＝福島県白河市 | 福島県白河市は、西白河郡の4町村と合同で、マイナンバーカードとマイナポイントの申込窓口を臨時に開設した。市と合同で開設したのは矢吹町、西郷村、泉崎村、中島村の4町村。5市町村が職員を現場に派遣し、窓口で本人確認や申請手続きのサポートを行った。 |

## 6. 官民協定

　日本相撲協会とお膝元の東京・墨田区は包括連携協定を締結した。同協会はこれまでも小学生にランドセルカバーの寄贈や新型コロナウイルスワクチンの接種会場として両国国技館の提供などを行ってきたが、包括協定を期に一層の関係強化を図る。区内の学校での出前授業や観光PRなども進めるアイデアが出ている。

　沖縄県名護市は大手コンサルティング会社のKPMGコンサルティングと包括連携協定を締結した。地域課題の解決や魅力を高める取り組みを進めることを想定しており、自動運転、キャッシュレス決済などを活用した中心市街地の活性化、Park-PFI、総合交通ターミナルの整備等を検討する。

　茨城県境町は、私立の中高一貫校「清真学園」と包括連携協定を結んだ。町は同学園の教員OB・OGを迎え入れて生徒の視野を広げたり、学園は生徒間の交流や、同町から新技術の導入事例や公民連携を学んだりして学校の施設改修などにも生かしたい考え。

図表Ⅱ-4-6　官民協定の動き

| 年月日 | 見出し | 内　容 |
|---|---|---|
| 2021/10/4 | 日航、JALUXと包括連携協定＝フードバレーとかち | 北海道十勝地方の産官学でつくる「フードバレーとかち推進協議会」、日本航空、日航グループの商社JALUXは、地域産業の発展を目指して包括連携協定を締結したと発表した。 |
| 2021/10/12 | 障害者のテレワーク推進で人材会社と協定＝神奈川県平塚市 | 神奈川県平塚市は、障害者のテレワーク推進に関する連携協定を、人材サービス会社のD&Iと締結した。市によると、同社がこの種の協定を結ぶのは5県目だが、東日本では初めてとなる。 |
| 2021/10/21 | 民間住宅に太陽光パネル無償設置へ＝再エネ企業との連携で－福岡県吉富町 | 福岡県吉富町は、脱炭素社会の実現に向け、再生可能エネルギーによる発電事業などを手掛けるシェアリングエネルギーなどと包括連携協定を結んだ。公共施設や民間住宅に太陽光パネルを設置する投資を受け、脱炭素の全国先導モデルを確立したい考えだ。 |
| 2021/10/27 | 教育振興で河合塾と連携協定＝北海道留萌市 | 北海道留萌市は、大手予備校河合塾と教育振興に関する連携協定を結んだ。道立留萌高校にデジタル教材を導入するなど、学習環境を整備し、同校の魅力向上を目指す。河合塾が自治体と連携協定を結ぶのは初めて。 |
| 2021/11/10 | ANAHDと包括提携協定＝観光・県産品振興、宇宙ビジネスなど－福岡県 | 福岡県は、地域活性化などを推進するため、ANAホールディングスと包括提携協定を締結した。観光・県産品の振興や人材育成などに加え、県が注力する宇宙ビジネス分野でも連携を図っていく。 |
| 2021/11/15 | 特産品を高速バスで輸送＝栃木県佐野市 | 栃木県佐野市は、市の特産品を高速バスで東京都内に輸送し、販売する取り組みを始めた。市の職員らは帯同せず、委託業者が都内での販売を手掛ける。包括連携協定を結ぶJRバス関東などと協力して行う。 |
| 2021/11/18 | 行政効率化へコニカミノルタと連携＝全庁の事務量を調査－静岡県袋井市 | 静岡県袋井市は、行政事務の効率化や生産性向上に関する連携協定をコニカミノルタと結んだ。コニカミノルタと協力して全庁の業務量を調査。同社が調査結果を基に業務改善提案を出し、事務の効率化や生産性向上を図る。 |
| 2021/11/22 | 地域移行型の部活動を開始＝東京都渋谷区 | 東京都渋谷区は、学校の働き方改革の一環として、区内に拠点のある民間企業やスポーツ団体が運営する部活動を開始した。将来的には、学校で行われている既存の部活動を含め、地域の民間人材がすべての運営を担う体制を目指す。 |
| 2021/11/26 | 公園でキッチンカー出店実験＝福岡県宗像市 | 福岡県宗像市は、開発から半世紀になる「自由ヶ丘団地」の再生事業の一環で、民間企業と連携して公園にキッチンカーを出店する「店舗型移動サービス」の実証実験を行っている。地域の高齢化がさらに進めば、移動困難な人が増えるため、人の元にサービスが来る新たなライフスタイルの可能性を探る。 |
| 2021/12/1 | ワイン用ブドウの再利用で連携＝北海道余市町 | 北海道余市町は、地域の課題解決に向け、小樽商科大学や上川大雪酒造地方創生コンサルティングと連携協定を結んだ。町内でワイン製造時に廃棄されるブドウなどを利活用してブランデーを造り、地域活性化につなげる。 |
| 2021/12/17 | JICAと包括連携協定＝多文化共生など促進－群馬県 | 群馬県は、国際協力機構と包括連携協定を締結した。技能実習生ら外国人の受け入れや生活支援など、多文化共生の促進に共同で取り組む。県庁で行われた締結式では、山本一太知事と北岡伸一理事長がそれぞれ協定書に署名した。 |
| 2021/12/17 | 全国初、郵便局でデジタル活用サポート＝静岡県藤枝市 | 静岡県藤枝市と日本郵便は、郵便局の窓口で局員が高齢者らにスマートフォンの基本操作などのデジタル活用をサポートする取り組みを、全国で初めて実施する。市と日本郵便は包括連携協定を締結。デジタル活用のサポートは協定に基づく取り組みの第1弾として、22年1月中旬ごろから市内3局で開始する。 |
| 2021/12/20 | 飲料購入で脱炭素事業に寄付＝大阪府太子町 | 大阪府太子町は、自動販売機で飲料を購入すると、売り上げの一部が脱炭素につながる町の事業に寄付される取り組みを始めた。ダイドードリンコとの包括連携協定の一環。 |
| 2022/1/7 | 神戸薬科大と連携協定＝高知県 | 高知県は、神戸薬科大学と地域医療を支える薬剤師の確保を目的とした連携協定を締結した。県内在住の卒業生が大学のイベントに登壇するほか、県も大学について、県内の高校生に積極的な情報提供を行う。 |
| 2022/1/7 | ごみ減量へ環境コンサルと協定、社会実験も＝福岡県大刀洗町 | 福岡県大刀洗町は、環境コンサルティングサービスなどを提供するアミタグループと、ごみの減量に関する包括連携協定を締結した。同グループと連携して、資源回収ステーションや生ごみを肥料化する装置を町内に設置し、3月末まで実証実験を行う。 |
| 2022/1/12 | 井関農機と連携協定締結＝持続可能な農業推進－新潟市 | 新潟市は、国内大手農機メーカーの井関農機と、スマート農業を活用し、環境に配慮した持続可能な農業の拡大を目指す連携協定を締結した。市は協力農家や試験場の取りまとめを行い、同社はスマート農機などの先端技術を提案。「水稲有機栽培の効率化」や「水田の遠隔水位管理」などの実証事業に取り組む。 |

| 2022/1/18 | NTT東日本とDX推進で協定＝宮城県 | 宮城県とNTT東日本は、デジタルトランスフォーメーションを連携して進めるため協定を結んだ。同社がDXに関して自治体と協定を結ぶのは初めて。人材育成や行政手続きのオンライン化などで県を支援する。 |
|---|---|---|
| 2022/1/25 | 廃校利活用へ信金と連携＝横浜市 | 横浜市は、人口減少で増加が見込まれる廃校施設や跡地など郊外部にある市の大規模資産の利活用に向け、横浜信用金庫と包括連携協定を締結した。地元金融機関ならではの豊富な地域情報を提供してもらうことで、早期の利活用につなげたい考え。 |
| 2022/1/26 | 「笑い」で魅力発信へ吉本と協定＝兵庫県市川町 | 兵庫県市川町は、吉本興業グループのよしもとエリアアクションと魅力あるまちづくりに関する連携協定を締結した。所属タレントが「笑い」を通してまちの魅力を発信し、交流人口や関係人口の創出・拡大を図る。 |
| 2022/2/8 | 高島屋と包括連携協定＝百貨店で初―北海道 | 北海道は、百貨店大手の高島屋と包括連携協定を締結した。道産食品の販路拡大や観光資源のPRなどが目的。締結によって、道産水産品などを高島屋の北海道物産展で展開強化するほか、海外店舗での取り扱いを拡大。 |
| 2022/2/8 | 脱炭素のまちづくりで協定＝埼玉県所沢市、ガス会社と | 埼玉県所沢市は、武州ガスと東京ガスの3者で「脱炭素のまちづくりに向けた包括連携協定」を結んだ。自治体と地元エネルギー事業者と東京ガスが連携協定を結ぶのは、神奈川県秦野市、埼玉県三芳町に次いで全国で3例目。 |
| 2022/2/17 | ゼロカーボンへ鈴与などと連携＝静岡県袋井市 | 静岡県袋井市は、2050年までに二酸化炭素の排出を実質ゼロにする「ゼロカーボンシティ」の実現に向け、鈴与商事、鈴与電力、三井住友海上火災など5社と包括連携協定を結んだ。 |
| 2022/2/21 | 避難所デジタル化で実証実験＝鹿児島県日置市 | 鹿児島県日置市は、災害時の避難所運営をデジタル化するため、スマートフォンなどを活用した実証実験を始めた。入退所の管理効率化や利用者の利便性向上、新型コロナウイルス対策が目的。システム会社「Gcomホールディングス」などと連携協定を結び実施する。 |
| 2022/2/21 | スマート農業推進へ民間と協定＝福岡県大牟田市 | 福岡県大牟田市は、先端技術を活用した「スマート農業」の推進に関する連携協定を農業機械販売の「福岡九州クボタ」と締結した。自動運転の農業機械の位置補正を行う基地局の設置などを共同で行い、農作業の省力化・効率化を図る。 |
| 2022/2/22 | 三井住友海上と包括連携協定＝富山県 | 富山県は、三井住友海上火災保険と包括連携協定を結んだ。連携事項はSDGs普及などのほか、官民交流、防災・減災、子育て支援など計10項目。県の各部局と同社は今後、具体的な取り組みを検討する。 |
| 2022/3/2 | 日産自動車とEV活用で協定＝北海道蘭越町、ニセコ町、倶知安町 | 北海道蘭越町、ニセコ町、倶知安町は、日産自動車や同社の道内関連企業と電気自動車を活用した持続可能なまちづくりに関する包括連携協定を結んだ。冬季のリゾート地として知られる「ニセコ観光圏」の3町が連携し、地域内の温室効果ガス削減や災害時の電力供給体制構築などを目指す。 |
| 2022/3/9 | 脱炭素、SDGs実現へ連携協定＝近畿地方環境事務所、みなと銀 | 環境省近畿地方環境事務所とりそなホールディングス傘下のみなと銀行は、近畿地方での「脱炭素とローカルSDGsの実現」に向けた連携協定を締結した。地域での自立的な循環型社会の構築を目指し、両者が協働して地元企業や自治体の取り組みを後押しする。 |
| 2022/3/11 | 「守口大根」PRで飲食店と協定＝大阪府守口市 | 大阪府守口市は、市の名前を冠した伝統野菜「守口大根」の普及を目指して地元食材を扱う飲食店と包括連携協定を結んだ。居酒屋でのオリジナルメニュー提供などを通じて市内外へPRする。 |
| 2022/3/16 | 「スポーツワーケーション」推進へ実証実験＝長野県野沢温泉村 | 野沢温泉村と野沢温泉観光協会は、身体的、精神的および社会的に元気になる「ウェルビーイング」な村の実現に向け、JR東日本長野支社や日本総合研究所と連携協定を結んだ。スポーツと仕事、休暇を組み合わせた「スポーツワーケーション」の実証実験を始める。 |
| 2022/3/17 | 軽井沢町と連携協定＝新幹線開業に向け交流拡大へ―福井県 | 2024年春の北陸新幹線金沢―敦賀開業に向け、福井県は、北陸新幹線の沿線地である長野県軽井沢町と、観光や経済交流などを進めるための連携協定を締結した。観光地や特産食材を相互にPRすることなどにより、交流拡大や地域活性化につなげる狙い。 |
| 2022/3/23 | 部品メーカーと包括連携協定＝教育、災害対応など7分野で―大阪府 | 大阪府は、自動車や工業機械の部品メーカーである中西金属工業と包括連携協定を結んだ。教育や産業振興、災害対応など7分野で連携し、地域の課題解決に取り組む。同社はベアリングの中核部品であるリテーナーのメーカーとして知られる。 |
| 2022/3/23 | 武蔵野銀行と帰宅困難者受け入れで協定＝さいたま市 | さいたま市は、大規模災害発生時の帰宅困難者の受け入れに関し、武蔵野銀行と協定を締結した。同行はJR大宮駅西口にある本店ビル4階の大会議室を一時滞在施設として提供する。収容可能人数は200人で、電源や食料などは最大3日分の用意があるとしている。 |
| 2022/3/24 | 東北大と包括連携協定＝福島県 | 福島県は、連携して東日本大震災からの復興と地域活性化を目指す「包括連携協定」を東北大学と締結した。地域課題の解決や人材育成に共同で取り組む。県が大学と同様の協定を結ぶのは5件目。 |

| 2022/ 3 /29 | マサバ養殖で連携協定＝茨城県と横浜冷凍 | 茨城県は、マサバの養殖を事業化することを目指し、横浜冷凍と連携協定を結んだ。県内の漁港にいけすを設置し、実際に養殖できるかを確認する。横浜冷凍の販売網を利用することで採算性も確かめる。２年間の実証実験を通じ、横浜冷凍が事業化できると判断すれば、県が事業全体を移管する。 |
|---|---|---|
| 2022/ 3 /29 | 北海道、郵政、楽天が包括連携＝課題解決へデジタル化推進 | 北海道、日本郵政、楽天グループは、デジタル化や地方創生の推進などで協力する包括連携協定を締結したと発表した。郵政グループの郵便局ネットワークや物流網、楽天のデジタル技術などの強みを生かし、高齢化や広域分散型の地域構造といった北海道が抱える課題の解決に取り組む。 |
| 2022/ 4 /21 | サービスロボット活用の実証実験＝熊本県宇城市 | 熊本県宇城市は、清掃や警備などを行う複合型サービスロボットを活用する実証実験を開始した。市は、2020年３月にオムロンソーシアルソリューションズと包括連携協定を締結。美術館と図書館が同居する平屋の施設に同社のロボット１台を配置した。 |
| 2022/ 4 /22 | 災害備蓄品を「見える化」＝民間と連携協定－北海道余市町など | 北海道余市町と周辺４町村は、ドラッグストアを展開するサツドラホールディングスなどと広域防災連携協定を締結した。民間企業が持つ管理システムを活用し、災害備蓄品の個数などを「見える化」し、廃棄を減らしたい考えだ。 |
| 2022/ 5 /16 | 中高一貫の進学校と包括連携＝茨城県境町 | 茨城県境町は、中高一貫の私立進学校「清真学園」と包括的な連携協定を結んだ。町は学園の教員OB・OGを迎え入れることなどで生徒の視野を広げたい構え。学園は生徒間の交流に加え、積極的な公民連携で知られる同町からノウハウを学び、老朽化した施設を改修したい意向。 |
| 2022/ 5 /18 | 有機米栽培にロボット導入＝福島県浪江町 | 福島県浪江町は、田んぼの泥をかき回して雑草が生えるのを抑制するロボット「アイガモロボット」を使った米の有機栽培の実証実験を始めた。実験は、ロボットを開発した企業「有機米デザイン」と、ロボット搭載のリチウム電池を開発した東北大未来科学技術共同研究センター、町が共同で実施。 |
| 2022/ 5 /18 | みなと銀と地域活性化で協定＝兵庫県芦屋市 | 兵庫県芦屋市は、地域社会の活性化と安心な地域づくりなどを目的に、みなと銀行と包括連携協定を結んだ。協定では、行政改革や地域活性化、青少年育成など８項目で連携する。ふるさと納税への協力事業者の紹介や小学生向けの金融教室の実施などに取り組む。 |
| 2022/ 5 /20 | 就農支援へ民間と連携＝大阪府太子町 | 大阪府太子町は、耕作放棄地の再生や農業従事者育成を目指し、就農支援に取り組むマイファームと連携協定を結んだ。同社は、町に隣接する自治体で農学校「アグリイノベーション大学校」を運営している。町は農学校の実習現場として町内の農地を貸し出す。 |
| 2022/ 5 /20 | エアコンのサブスク開始＝栃木県鹿沼市 | 栃木県鹿沼市は、熱中症予防のため、エアコンの定額利用サービスを開始した。事業開始に当たり、市とエアコンを提供するパナソニックコンシューマーマーケティング、設置工事を担うトラストワンの三者で包括連携協定を結んだ。 |
| 2022/ 5 /30 | カルビーと包括連携協定＝創業地、新工場建設を機に－広島県 | 広島県は、カルビーと県産品の販売促進など多分野で協力する包括連携協定を締結した。創業の地である広島県内に新工場を建設するのを機に、さらに関係を強めたいと県に申し入れて実現した。 |
| 2022/ 6 / 2 | JR駅前広場の脱炭素化へ協定＝京都府長岡京市 | 京都府長岡京市は、地域社会の発展や持続可能なまちづくりを目的とした包括的連携協定を、同市に本社を置く村田製作所と締結した。協定に基づき、市が整備を進めるJR長岡京駅東口駅前広場に同社の寄付で太陽光発電や蓄電池を設置するなど、脱炭素化に連携して取り組む。広場は23年３月末の完成を目指す。 |
| 2022/ 6 / 2 | シャトレーゼのホテルなどを保養施設に＝市民が割安利用－東京都羽村市 | 東京都羽村市は、シャトレーゼホールディングスと締結した包括連携協定に基づき、同社が保有するホテルや旅館、ゴルフ場などを市民が割安で利用できる市保養施設に指定すると発表した。利用の際は市が2000円を負担し、同社も各施設の通常料金からおおむね2000円を割り引く仕組み。 |
| 2022/ 6 / 6 | ローソンと連携協定＝仙台市 | 仙台市は、ローソンと包括連携協定を結んだ。子どもや若者の健全な育成、地域産品の振興などに取り組む。協定では、▽脱炭素社会の実現に向けた環境配慮▽地域活性化▽防災や健康福祉の向上など合わせて６項目に取り組む。 |
| 2022/ 6 /15 | 移動スーパーの実証事業＝大阪府泉大津市 | 大阪府泉大津市は、高齢者の買い物支援策として、車両を使って公園で生鮮食品や日用品を販売する移動スーパーの実証事業を行っている。スーパーチェーン「近商ストア」などとの連携事業。 |
| 2022/ 6 /20 | 駅前にコワーキングスペース＝官民連携でビジネス創出を支援－静岡県藤枝市 | 静岡県藤枝市は、地元の新聞販売店「藤枝江崎新聞店」と連携し、JR藤枝駅前にコワーキングスペース「未来共創ラボ　フジキチ」を開設した。首都圏などから企業や人材を呼び込み、市内企業の技術やサービスの革新、新規ビジネス創出につなげたい考え。 |

| 2022/ 6 /21 | 文化観光資源活用でDX連携＝一旗、NTT西と一愛知県岡崎市 | 愛知県岡崎市は、プロジェクションマッピングなどを手掛ける「一旗」、NTT西日本との間で「文化観光のDX推進に関する連携協定」を締結した。仮想現実（VR）や拡張現実（AR）などの先端技術を総称した「クロスリアリティー」の活用を通じて、文化観光分野のDXを進め、地域活性化につなげるのが狙い。 |
|---|---|---|
| 2022/ 6 /22 | 人材育成で初の3者協定＝地域活性化センター、県立大と一滋賀県日野町 | 滋賀県日野町は、地方創生の担い手となる人材育成を目指し、地域活性化センター、滋賀県立大学と連携協定を結んだ。今回の協定を踏まえ、県立大は町職員も参加し、同町内でフィールドワークを含む集中講義を開催する。 |
| 2022/ 6 /30 | 脱炭素化に向けロームと連携協定＝京都市 | 京都市は、脱炭素社会に向けて電子部品メーカーのロームと連携協定を結んだ。協定では①脱炭素に関すること②生物多様性に関すること③地域にレジリエンスの向上に関すること―などで連携する。 |
| 2022/ 8 /5 | 武州ガスや東京ガスと連携協定＝埼玉県川越市 | 埼玉県川越市は、武州ガス、東京ガスの両社と包括連携協定を締結した。脱炭素のまちづくりに向けさまざまな分野で連携する。協定内容として、脱炭素のまちづくりに向けた取り組みの調整やエネルギーの地産地消など9項目を盛り込んだ。 |
| 2022/ 8 /5 | 火力発電跡地に資源循環施設＝鹿児島県薩摩川内市 | 鹿児島県薩摩川内市は、22年4月に廃止された市内の九州電力川内火力発電所跡地に、資源循環の拠点となる施設「サーキュラーパーク九州」の整備を目指す。市と九電のほか、早稲田大学、鹿児島銀行、リサイクル業者のナカダイホールディングスの5団体が連携協定を締結。資源の有効活用や脱炭素化、持続可能な社会の構築などに取り組む。 |
| 2022/ 8 /18 | 丸井と地域活性化包括連携協定を締結＝埼玉県草加市 | 埼玉県草加市は、東武スカイツリーライン草加駅前に店舗を構える丸井と、市民サービスの向上などを図るため「地域活性化包括連携協定」を締結した。まずは東武線高架下にある観光案内所を草加マルイの店舗内に移転する予定だ。 |
| 2022/ 8 /19 | ズーム日本法人と包括連携協定＝遠隔手話通訳などに活用―大阪府東大阪市 | 大阪府東大阪市は、ビデオ会議システム「Zoom」を手掛けるZVCJapanと、遠隔手話通訳サービスの普及などをめぐる包括連携協定を締結すると発表した。子育てや教育、健康福祉などの分野でズームを取り入れ、市民サービスの向上を目指す。 |
| 2022/ 8 /24 | 認知症見守りで4事業者と連携＝福岡県中間市 | 福岡県中間市と市内に事業所を置く4社は、行方が分からなくなった認知症患者の情報をソフトバンクのアプリ「オレンジセーフティネット」で共有し、捜索や事故防止に役立てる見守り事業をめぐり、連携協定を締結した。 |
| 2022/ 9 /7 | 脱炭素へ地元企業と協定＝沖縄県うるま市 | 沖縄県うるま市は、地域の脱炭素に向けた取り組みを推進する目的で、地元企業3社と包括連携協定を結んだ。特に水素の活用を想定し、地域の産業集積地である「中城湾工業地域」で使用される燃料の転換や、水素を使った燃料電池車の展開・普及などでの協力について検討していく。 |
| 2022/ 9 /12 | スタートアップ支援で製薬会社と連携協定＝神戸市 | 神戸市は、ライフサイエンス分野でのスタートアップエコシステムの構築などを狙いに、製薬会社日本ベーリンガーインゲルハイムなどと連携協定を結んだ。市と同社、神戸医療産業都市推進機構の三者で締結。▽スタートアップの誘致や発掘▽ライフサイエンス分野での人材育成―などで協力していくとした。 |
| 2022/ 9 /14 | ふるさと納税増へ包括協定＝高知県大川村 | 高知県大川村は、地方創生の取り組みに携わる企業であるトキワホールディングスと包括連携協定を締結した。村は同社の持つネットワークや知見を活用し、村の知名度を向上させるとともに、企業版ふるさと納税の寄付額の増加につなげたい狙いがある。 |
| 2022/ 9 /15 | 大手コンサルと包括協定＝沖縄県名護市 | 沖縄県名護市は、地域の課題解決や魅力を高める取り組みを進める目的で、大手コンサルティング会社「KPMGコンサルティング」と包括連携協定を締結した。自動運転や新たなキャッシュレスシステムといった先端技術を活用し、中心市街地の活性化や総合交通ターミナルの整備、公園の整備・改修に民間のノウハウを取り入れる「公募設置管理制度（Park-PFI制度）」の導入に取り組む。 |
| 2022/ 9 /15 | イケア・ジャパンと連携協定＝埼玉県三郷市 | 埼玉県三郷市は、家具大手イケア・ジャパンと包括連携協定を締結した。今回の包括連携協定により、今後は教育やシティープロモーション、農業振興など幅広い分野で連携事業を展開したい考え。 |
| 2022/ 9 /30 | 空き家の処分促進で協定＝横浜市 | 横浜市は、市内にある空き家の処分や流通、跡地の利用を進めるため、不動産の解体工事などの一括見積もりサービスを手掛ける民間企業と連携協定を締結したと発表した。協定を締結したのは、空き家の解体費用の相場などを無料で算定するシミュレーションサイトを運営している「クラッソーネ」。 |
| 2022/ 9 /30 | デジタル教育で工科大と協定＝高知県教委 | 高知県教育委員会は、県内の小学校から高校までのデジタル教育について、高知工科大学と連携協定を締結した。今年度から高校のカリキュラムに導入され、2024年度には大学入学共通テストの科目となる「情報Ⅰ」への対応などを目指す。 |
| 2022/ 9 /30 | 温暖化対策で九電と連携協定＝長崎市 | 長崎市は、温室効果ガスの排出削減を進める「市地球温暖化対策実行計画」の実現に向け、九州電力長崎支店と連携協定を結んだ。自動車使用での脱炭素化や再生可能エネルギーの利用促進、環境教育の推進などで協力する。 |

| 2022/ 9 /30 | 情報サイト通じ大型ごみ再利用＝北海道江別市 | 北海道江別市は今年から、市が収集した大型ごみのうち、リユースできる机やスキー板などを地域情報サイトに出品し、市民に無償で提供している。出品した29点のうち26点が引き取られ、再利用につながった。 |
| 2022/10/ 5 | オールシーズン型リゾート目指し協定＝北海道倶知安町 | 北海道倶知安町は、町内のスキー場を経営する東急不動産と包括連携協定を結んだ。冬季のリゾート地として知られる同町が、同社と協力して観光地としての価値向上を図り、通年で観光客が訪れるオールシーズン型のリゾート地を目指す。 |
| 2022/10/ 7 | 防災・減災で三井住友海上と連携協定＝茨城県常総市 | 茨城県常総市は、防災・減災などへの取り組みをめぐり、三井住友海上火災保険と包括連携協定を結んだ。三井住友海上は、市に多言語で表示できる防災アプリを提供するほか、地域企業のリスクマネジメントや事業継続計画の策定・運用も支援する。 |
| 2022/10/14 | データサイエンス分野で人材育成＝下関市立大と山口FGが連携―山口 | 山口県の下関市立大と山口フィナンシャルグループは、政府がDXを強化する中、データサイエンスに関する優秀な人材を地元で育成することで合意し、包括連携協定を結んだ。 |
| 2022/10/18 | 住宅団地再生で企業と協定＝埼玉県小川町 | 埼玉県小川町は、OA機器などのリース会社であるクラフティと住宅団地再生事業に関する連携協定を締結した。住宅団地内の学校跡地活用によって、地域の再生と活性化推進を図るのが狙い。 |
| 2022/10/19 | マイナカード申請、ソフトバンクと支援＝千葉県八街市 | 千葉県八街市は、ソフトバンクと連携し、専用車両を使ったマイナンバーカード交付・マイナポイント付与の申請支援を始めた。市役所を訪れた申請希望者を誘導し、スマートフォンによる申請手続きをソフトバンク社員2～3人が支援する。 |

# 7. 民間提案

　民間事業者から公共施設の利活用の提案等を受け入れようとする場合、当該施設の立地、市場性や諸条件を見極めることが重要となる。

　その手法の一つとして活用されているのが「トライアル」を行う自治体も増えている。富山県射水市は、市有地や施設の空きスペースの活用を民間事業者が提案できる制度を設け、その中に「トライアル」制度も盛り込んだ。募集制度の対象は、公共施設240件、公園149件、未利用市有地28件の計417件。法人、個人の事業者が提案でき、市に新たな財政負担がないことが条件となる。スペースの活用だけでなく、維持管理費削減、脱炭素化、広告などの提案を受け入れる。

　神奈川県川崎市は、AIを活用して救急隊を効率的に配置できるかの実証実験を行う。救急隊の現場到着時間が年々延びていることを受けて、「PPPプラットフォーム」で民間事業者に対して呼びかけたところ日立製作所など4社が参加することになった。AIを活用して救急需要の予測をするアルゴリズムを作成し、机上で検証する。

図表Ⅱ-4-7　民間提案の動き

| 年月日 | 見出し | 内　容 |
| --- | --- | --- |
| 2021/10/27 | 市民サービスの向上、地域課題の解決、地域の活性化を目的に公民戦略連携デスクを設置！＝大阪府岸和田市 | 岸和田市は、公民戦略連携デスクを設置したことを発表した。公民連携によるCSRやCSV、社会貢献の取り組みを推進をしたいという企業・大学等から相談を受ける一元的な窓口の役割を担う。 |
| 2021/12/10 | 文教施設整備でサウンディング調査＝ソフト面でも意見募集―高知県北川村 | 高知県北川村は、保育所や小中学校などを一体化した文教施設について、民間事業者と活用方法を検討する「サウンディング調査」を実施している。施設整備のみならず、教育サービスや資金調達の方法など、ハード、ソフトの両面で意見を募集。 |

| 2021/12/24 | デジタル活用策を民間提案＝地域課題解決へ連携ー山口県 | 山口県が6月に創設した官民連携組織「デジテック for YAMAGUCHI」の会員数が、企業と個人を合わせて550を超えた。自治体や企業などが地域課題を提示し、ボランティアの市民や企業がデジタル技術を活用した解決策を提案。これまで12件のマッチングが成立し、実証実験もスタートした。 |
|---|---|---|
| 2022/ 2 /24 | 業務ICT化、庁内から募集＝企業ノウハウとマッチングー愛知県 | 愛知県は2022年度、庁内の業務で情報通信技術（ICT）が活用できる取り組みを募集し、民間企業のノウハウとマッチングさせる。22年度初めに、ICT化が見込める取り組みや効率化が望まれる作業などについて庁内各課に照会。DX推進室が取りまとめ、民間企業のICTとマッチングさせる。 |
| 2022/ 3 /25 | 事業者からDXアイデア募集＝さいたま市 | さいたま市は、市民サービスの質の向上と職員の業務効率化に向け、計33項目について、市内外の事業者からDXに関わるアイデアを募っている。各部局が募集している「テーマ」「現状」「課題」「提案に期待すること」をホームページ上に公開。 |
| 2022/ 4 /14 | 「民間と市の橋渡し役」の公民連携総合窓口「Co-Labo Gyoda」を設置＝埼玉県行田市 | 埼玉県行田市は、民間事業者や教育機関等の知見や技術を活かしながら、共に市の課題解決に向けた取り組みを推進する他、新たな価値を生み出すための実証実験のフィールドとして、市を活用してもらうため、公民連携総合窓口「Co-Labo Gyoda」を設置した。 |
| 2022/ 5 /23 | 公民連携デスクを設置＝石川県小松市 | 石川県小松市は、企業や大学などから公民連携に関係する相談をワンストップで受け付ける「こまつ公民連携デスク」を設置した。事業者からの相談を受けやすくして民間との連携を推進。市が抱える地域課題の解決に民間の力を積極的に活用する。 |
| 2022/ 5 /26 | 民間アイデア募集で総合窓口サイト＝宮崎市 | 宮崎市は、地域活性化などに向けた民間からの提案を受け付ける総合窓口サイト「みやざきCITY PORT」を開設した。事業者からアイデアを幅広く募集し、公民連携による課題解決につなげる。提案は「指定テーマ」と「自由テーマ」の2区分で募集。 |
| 2022/ 5 /31 | 民間募集アイデアに「自由提案型」＝静岡県湖西市 | 静岡県湖西市は、市の課題解決に向けたアイデアを民間から募集する「みらいのこさい提案制度」について、新たに「自由提案型」を設け、運用を始めた。応募者は自ら課題を設定し、解決策を市に提案する。 |
| 2022/ 6 /15 | ソーシャルデザイン統括本部設置＝企業と連携し町づくりー島根県美郷町 | 島根県美郷町は、嘉戸隆司町長を本部長とする「ソーシャルデザイン統括本部」を設置した。地域の課題解決に取り組む企業と連携し、持続可能な町づくりを目指す。具体的には、企業から提案を受けて、町が協力できる場所を提供したり、人的支援を行ったりする。医療提供体制の整備、物流網の実証実験、災害対応など、さまざまな分野の提案を受け付ける。 |
| 2022/ 7 / 6 | 行政課題解決へ民間提案＝専用窓口、1カ月半で17件ー宮崎市 | 宮崎市は、民間企業などから提案を受け付ける公民連携総合窓口「みやざきCITY PORT」を5月に開設した。行政課題の解決へ民間の技術やノウハウを活用し、市民サービスの向上につなげるのが狙いだ。6月29日までの約1カ月半に、民間から届いた提案は17件。 |
| 2022/ 7 /11 | 救急隊到着時短へAI実験＝川崎市 | 川崎市は、救急隊の現場到着時間が年々延びていることから、AIを活用して救急隊を効率的に配置できるかどうかを実証実験する。消防局は、民間活用の枠組みによる対話の場「川崎市PPPプラットフォーム意見交換会」で民間事業者に呼び掛けたところ、日立製作所など4社が参加し、今年6月から8、9月までを協定期間として各社と協定を結んだ。 |
| 2022/ 7 /12 | 採算性の事前調査可＝公共施設活用へ民間提案ー富山県射水市 | 富山県射水市は、公共施設の空きスペースの有効活用など、市民サービスの向上や地域活性化につながる提案を民間事業者から募る制度を創設した。事業者が活用策の提案前に対象物件を実際に使ってアイデアを試し、採算性などを調査できる「トライアル」の仕組みを導入したのが特徴だ。 |
| 2022/ 7 /29 | 官民連携でワンストップ窓口＝沖縄県名護市 | 沖縄県名護市は、PPPの民間提案を受け付けるワンストップ窓口「マジュン・コラボ名護」を開設した。市役所の受け付け体制を分かりやすくして、民間事業者からのPPPのアイデアを出しやすくするのが狙い。 |
| 2022/ 8 /17 | 地域課題と民間提案をマッチング＝2年半で27件成立ー仙台市 | 仙台市は、地域課題の解決に向けて民間から提案を受け付ける枠組み「クロス・センダイ・ラボ」に取り組んでいる。開設から2年半で177件の提案を受け付け、6月末までに27件が成立した。2022年度からは、民間がノウハウや技術を提示しやすいよう、市政課題を明確化した「課題設定型実証公募」を始めた。 |
| 2022/10/ 6 | 民間から課題解決策の提案を募る「官民連携プラットフォーム」の運用を開始＝鹿児島市 | 鹿児島市は、民間ならではのアイデア、ノウハウ、テクノロジーなどを活用し、市政における諸課題の解決や、市民サービスの向上を図るため、民間事業者からの提案を広く募る「官民連携プラットフォーム」の運用を開始した。 |

# 8. 医療・福祉

福岡県は、2022年度から医療機器協会と協定を締結し、マスクなどの医療用資材を同協会の会員企業の倉庫で保管し、使用期限前に医療機関などに販売する体制を構築する。従来は、使用しなかった資材は使用期限をめどに医療機関に無償配布し買い替えていた。

今後は備蓄を保管する企業が期限切れが生じないように備蓄分を医療機関などに販売し、新たな資材を購入して補充する。10年間で6億円超の経費削減に繋がる見込みだという。

青森県と青森市は、県立中央病院と青森市民病院を統合し共同経営とすることで合意した。候補地の選定や費用負担などは今後詰める。病院を統合することで高度医療、政策医療の拠点としての機能強化を図る。

熊本県八代市は、無医地区での医療提供のために遠隔医療機器と移動診療車を活用した医療MaaS事業に向けた実験を開始する。20年の豪雨災害で2カ所あった診療所が地区外に移転した坂本町地区で実証実験を行い、24年度の本格運用、医師不足の中山間地への拡大なども検討する。

患者からの依頼を受けて医師が移動診療車を予約。看護師を乗せた診療車が地区や患者宅を訪問し、医師がテレビ会議システムを通じて診察する。実証実験で住民のニーズ、導入する機器、巡回ルートや頻度などを検討する。

### 図表Ⅱ-4-8　医療・福祉の動き

| 年月日 | 見出し | 内容 |
|---|---|---|
| 2021/10/21 | ヘリ会社と災害時輸送協定＝大規模災害対策を強化－広島県 | 広島県は、災害時のヘリコプターによる緊急輸送に関する協定をAirXと締結した。大規模災害では県警などの公用ヘリだけでは対応が難しいケースも想定されるため、対策を強化する。県は協定に基づき、被災状況の視察や情報収集活動、救援隊や医師らの人員搬送、物資・機材の輸送などで同社に協力を要請できる。 |
| 2021/10/27 | 生活困窮者の家計改善を支援＝大阪府阪南市 | 大阪府阪南市は、生活に困窮する市内在住者に節約方法などを助言する家計改善支援事業を今年度から実施している。専門家が家計収支をはじめ生活に関わるさまざまな悩み事を聞き取り、各相談者に最適な支援計画を作成。節約や公的な資金貸し付けのあっせんなど生活支援を継続的に行う。 |
| 2021/11/10 | 県外保育士の移住を支援＝沖縄県 | 沖縄県は、市町村と連携して、県内の認可保育施設に就職する県外在住の保育士に対し、飛行機代や引っ越し費用を補助する。県外から保育人材を誘致し、保育士不足が原因で保育所が定員割れを起こしている事態を打開するのが目的。 |
| 2021/12/16 | 保育士の就職支援に直営拠点＝定着化へアフターケアも充実－兵庫県尼崎市 | 兵庫県尼崎市は、待機児童対策に欠かせない保育士の確保と定着化に向けて、就職支援や市内保育施設とのマッチングを行う保育士・保育所支援センター「あまのかけはし」を市役所内に開設した。市の直営で、橋渡しから就職後のアフターケアまでを担い、就労希望者が市内で働き続けられるよう後押しする。 |
| 2021/12/21 | 公立病院経営強化へ交付税措置＝「機能分化・連携強化」に重点－総務省 | 総務省は、公立病院の経営強化に向けた地方財政措置をまとめた。基幹病院に急性期機能のほか、医師を集約してそれ以外の日常的な医療を担う病院への派遣を強化する「機能分化・連携強化」の取り組みに必要な施設・設備の整備費に、病院事業債（特別分）を充当できるようにし、その元利償還金の40％を普通交付税措置することが柱。 |
| 2021/12/22 | 処方箋の反復利用可能に＝22年度から－診療報酬改定 | 2022年度診療報酬改定で、一定期間内に一つの処方箋を繰り返し利用できる「リフィル処方箋」の導入が決まった。薬の処方のためだけに医療機関を受診する回数が減ることで患者の負担軽減につながり、通院回数の減少による医療費抑制も期待される。 |

| 2022/ 1 /20 | ウェブ版の発熱相談窓口を開設＝札幌市 | 札幌市は、新型コロナウイルスの感染急拡大で、発熱時などの相談窓口「＃7119」に電話が殺到しているとして、ウェブ版の＃7119を開設すると発表した。ウェブ版ではホームページ上で、発熱状況などいくつかの簡単な質問に回答してもらい、適切な相談先や医療機関の連絡先を表示する。 |
|---|---|---|
| 2022/ 1 /21 | 口座引き落とし、届け出印不要＝茨城県龍ケ崎市 | 茨城県龍ケ崎市は、市税などが金融機関の口座から自動で納められる「口座引き落とし」の申し込みについて、従来のように届け出印や通帳を持参する必要がない「ペイジー口座振替受付サービス」を始めた。 |
| 2022/ 1 /27 | 自宅療養者への医療提供に支援金＝往診5万円、外来2万円など—福岡市 | 福岡市は、新型コロナウイルス対策として、自宅療養者へのオンライン診療や往診などを実施した医療機関に1回当たり5000〜5万円を支給する支援策をスタートさせた。「第6波」での感染拡大に伴い自宅療養者が急増しており、対応する医療機関を増やす狙いがある。 |
| 2022/ 1 /28 | 在宅介護支援で専門職派遣＝滋賀県甲賀市 | 滋賀県甲賀市は、在宅で高齢者を介護する家族を支援するため、市の研修を受けた介護福祉士を「在宅介護コーディネーター」として養成し、派遣している。家族の負担を軽減するのが狙い。 |
| 2022/ 1 /31 | 自宅療養の支援センター設置＝宮城県 | 宮城県は、自宅療養している新型コロナウイルス患者の健康観察や相談に対応するフォローアップセンターを設置した。感染の急拡大によって自宅療養者の増加が見込まれており、対策を強化する。 |
| 2022/ 2 / 3 | 自宅療養者にかんきつ飲料＝愛媛県 | 愛媛県は、新型コロナウイルスの自宅療養者を対象に、療養終了後にかんきつ飲料を送る事業を実施する。県は「ココロとカラダにビタミンを！」をスローガンに、かんきつを使った健康増進に取り組んでおり、今回の事業はその一環。 |
| 2022/ 2 / 4 | 子育て応援店の情報一元化＝仙台市 | 仙台市は、子育てしやすいまちづくりを進めるため、子育て家庭を応援する店舗や施設の情報を取りまとめ、市が運営するサイト「せんだいのびすくナビ」で発信している。1月17日から公開を始め、専用アプリは約3000人が利用登録している。 |
| 2022/ 2 / 8 | 妊産婦向け薬検索サービス＝兵庫県相生市 | 兵庫県相生市は、妊娠中や授乳中の女性を対象とした薬の情報検索サービス「くすりぼ」を導入し、市民向けに無料提供している。妊産婦は身体に大きな変化が生じ、さまざまな症状に悩まされることから、適切な情報収集を支援する。 |
| 2022/ 2 /10 | 県立、市立病院統合で合意＝青森 | 青森県と青森市は、県立中央病院と青森市民病院を統合し、共同経営することで合意した。岩手、高知県の事例を踏まえ、6年前後の時間を要する見通しを示した。統合病院は新築整備する。候補地の選定や費用負担、日程など具体的な内容は今後決める。 |
| 2022/ 2 /15 | 夜間救急相談の電話窓口設置＝福島県 | 福島県は、救急車の適正利用や医療機関の負担軽減を図るため、夜間に救急相談ができる電話窓口を設置した。臨床経験があり相談技術の研修を受けた看護師が、毎日午後7時から翌午前8時まで相談に応じる。 |
| 2022/ 2 /16 | 無医地区に移動診療＝熊本県八代市 | 熊本県八代市は、無医地区で医療を提供するため、遠隔医療機器と移動診療車を活用した「医療MaaS」事業に乗り出す。2020年7月豪雨により2つあった診療所が地区外に移転した坂本町で、23年1月から実証実験を実施。24年度の本格運用を目指す。 |
| 2022/ 2 /17 | 認知機能、無料で簡易検診＝三重県四日市市 | 三重県四日市市は、75歳以上の高齢者を対象に、医療機関での簡易的な認知機能検診を無料で実施する。市は、認知症を早期発見し重症化を遅らせるのに役立ててもらうため、「自己チェックリスト」も新たに作成する。 |
| 2022/ 2 /25 | 医療ケア児の短期入所施設整備＝大阪府守口市 | 大阪府守口市は、日常的にたんの吸引などが必要な医療的ケア児について、短期入所できる施設の整備や認定こども園の受け入れ体制強化に着手する。市の保育所跡地を活用して施設を整備運営する民間事業者を公募し、遅くとも25年度の開設を目指す。 |
| 2022/ 3 / 7 | 高齢者施設への往診に給付金＝福岡県 | 福岡県は、新型コロナウイルス感染者が高齢者施設内で療養している場合、施設に医師や看護師を派遣する医療機関に対し、給付金を支給すると発表した。支給額は1日当たり5万円で、複数人を往診する場合は、2人目以降、1人当たり2万円を加算する。 |
| 2022/ 3 / 9 | 歯科情報をデータベース化＝身元特定、医療高度化も | 東日本大震災から11年を経て、国による歯科情報のデータベース化が検討されている。震災当時、歯型や治療痕による身元特定の有効性が示され、将来の災害に備えた活用を見込む。専門家は身元確認の迅速化だけでなく、医療の高度化も期待できると指摘する。 |
| 2022/ 3 /11 | 未就学児の医療費、窓口無料化＝埼玉県 | 埼玉県は、未就学児の医療費をめぐり、県内の医療機関で受診した場合、窓口で自己負担分を支払わずに済むようにする。今までは住まいのある市町村で受診すれば、こうした現物給付の対象となっていたが拡大する。 |

| 2022/ 3 /15 | 不妊支援、窓口一本化へ＝専門相談に対応、ケア拡充－厚労省 | 厚生労働省は、不妊治療への医療保険適用が始まるのを受け、同治療に関する相談体制を強化する。各都道府県に設置されている相談窓口を一本化して専門的な相談に応じるほか、不安を抱える女性らの精神的なケアに取り組む。 |
|---|---|---|
| 2022/ 3 /18 | 救急救命士がエコー検査＝デジタル田園健康特区で－岡山県吉備中央町 | 岡山県吉備中央町は、「デジタル田園健康特区」に指定されたのを受け、救急救命士がエコー検査を行えるようにする規制緩和や母子手帳のデジタル化などに取り組む。同特区では、医療・健康分野の規制を緩和し、デジタル技術を活用して地域の課題解決を目指す。 |
| 2022/ 3 /25 | 民間診療所開設を補助＝島根県邑南町 | 島根県邑南町は、町内で民間診療所の開設や事業承継をする医師らに対し、土地取得などにかかる費用を補助する。診療所を新規開設する場合、土地や建物の取得、建設工事、医療機器の購入に必要な費用の半額について、1000万円を上限に補助。 |
| 2022/ 3 /29 | 経営強化へ新プラン策定＝公立病院、設置自治体に要請－総務省 | 総務省は、公立病院を設置する各地方自治体に対して、経営強化に向けた新たなプラン策定を求めることを決め、通知した。新たな「公立病院経営強化プラン」の策定時期は、2022年度または23年度中とする。対象期間は、策定年度またはその次年度から27年度まで。 |
| 2022/ 3 /29 | 自立支援併設の福祉拠点設置＝北海道函館市 | 北海道函館市は、引きこもり問題への対応など自立相談支援も担う多機能型の福祉拠点を設置する。高齢者支援を目的に整備した福祉拠点の人員体制を拡充。幅広い世代の課題解決に向けた環境を整え、市民の困り事に寄り添う。 |
| 2022/ 4 / 4 | 小児医療費助成の所得制限撤廃＝神奈川県鎌倉市 | 神奈川県鎌倉市は、小児医療費助成制度について、4月1日から小・中学生の養育者に設けていた所得制限を撤廃したと発表した。これにより、中学生以下の全ての子どもの入院、通院にかかる保険適用分医療費が無料となる。 |
| 2022/ 4 /15 | 高齢者に終活情報登録呼び掛け＝東京都豊島区 | 東京都豊島区は、人生のより良い最期に向けた終活事業の一環で、高齢者に対し終活に関連する個人情報を生前に登録するよう呼び掛けている。豊島区民社会福祉協議会が2021年2月に設けた「終活あんしんセンター」に窓口業務を委託。 |
| 2022/ 4 /20 | 寄付講座通じ医師確保＝広島県東広島市 | 広島県東広島市は、広島大学への寄付講座設置を通じ、地域の小児周産期医療体制を強化した。講座では、広島大学病院から派遣される医師3人が市内の東広島医療センターの小児科と産婦人科で診療する。大学は新たな臨床研究の機会、市は医師を確保できるメリットがそれぞれあるという。 |
| 2022/ 4 /22 | コロナ療養、サイトで判定＝札幌市 | 札幌市は、新型コロナウイルスの感染再拡大に備え、新規患者が登録する体調や既往歴から、自宅療養が可能かどうか自動的に判断する「陽性者療養判定サイト」を開設する。保健所の負担軽減と陽性者への速やかな情報提供が狙い。 |
| 2022/ 4 /27 | 遠隔手話通訳で聴覚障害者を支援＝山口県下関市 | 山口県下関市は、市内在住の聴覚支援者を支援するため、遠隔手話通訳を導入した。4カ所の総合支所と4支所の計8カ所にタブレット端末を配備。障害者支援課と市社会福祉協議会に常駐する計3人の手話通訳者がタブレットを通じ、行政手続きなどを手助けする。 |
| 2022/ 4 /27 | 腎センター専門医の人件費を助成＝鳥取県 | 鳥取県は、4月に開設された鳥取大医学部附属病院の「腎センター」を支援するため、腎臓専門医の人件費を助成する。県内で不足している腎臓専門医を安定的に確保したい考え。2022年度当初予算に980万円を計上した。 |
| 2022/ 5 /13 | 産後ケアで助産師が訪問相談＝大阪府寝屋川市 | 大阪府寝屋川市は2022年度、助産師が産後1年未満の母親の自宅を訪問し、子育ての悩みに関する相談に応じる事業を始めた。新型コロナウイルス禍で心身に負担を抱える母親をサポートする狙い。1回当たり1000円で利用できる。 |
| 2022/ 5 /17 | 高齢者専門施設を7月開設＝40床、コロナ治療と介護両立－大阪府 | 大阪府は、新型コロナウイルスの感染「第7波」に備え、コロナが軽症・中等症Ⅰ程度で要介護3以上の高齢患者を専門に受け入れる40床規模の臨時医療施設を7月1日に開設すると発表した。大阪市内の福祉施設を借りて23年3月末まで運営する。 |
| 2022/ 5 /19 | 産婦人科開設支援へ5000万円＝茨城県常総市 | 茨城県常総市は、産婦人科開設支援として2022年度に5000万円を補助する方針だ。市内には10年以上も産婦人科がなく、住民は出産前後の通院・入院などに際し、近隣自治体の医療機関まで足を延ばす必要がある。 |
| 2022/ 5 /19 | 医療版ワーケーションを実施＝広島県福山市 | 広島県福山市は、小児科医を対象に、昼間は観光を楽しみながら、夜間の数時間は診療所で勤務する「医療版ワーケーション」を実施した。同市を含む6市2町からなる備後圏域の魅力に触れ、インターネット交流サイトなどを利用して発信してもらうことで、不足する小児科医の確保につなげたい考え。 |
| 2022/ 5 /19 | ICT活用し高齢者見守り＝東京都稲城市 | 東京都稲城市は、2022年度から3年間の試行事業として、情報通信技術（ICT）を使った在宅高齢者の見守り事業を始めた。以前から民生委員らによる対面の見守りサービスを実施しているが、ICTの活用で高齢者がより安心して暮らせるまちづくりを目指す。 |
| 2022/ 5 /23 | 病院バスにAED設置＝茨城県つくばみらい市 | 茨城県つくばみらい市は、市外の総合病院と市内を往復する病院バス2台に自動体外式除細動器（AED）をそれぞれ1台設置した。乗客はほとんどが患者で、一般の路線バスに比べ健康リスクが高い。 |

| 2022/ 5 /24 | マイナ保険証、報酬加算見直しへ＝患者負担増に批判ー政府 | 政府は、マイナンバーカードを健康保険証として利用できる「マイナ保険証」に対応する医療機関の受診で、患者の窓口負担が増える仕組みを見直す方向で検討に入った。マイナ保険証に対応できる医療機関を増やすため、2022年度診療報酬改定で加算措置を設けたが、患者の自己負担も増えるため、国会で批判が高まっていた。 |
|---|---|---|
| 2022/ 5 /24 | 外国人介護職員研修でモデル事業＝静岡県袋井市 | 静岡県袋井市は、県内で初めて民間企業と連携し、外国人を対象とした介護職員初任者研修のモデル事業を始めた。介護業界への就労希望者の有無や介護事業者の需要を確認するとともに、人材育成と就労につながるかを検証する。 |
| 2022/ 6 / 3 | 小児科医を共同雇用へ＝鳥取県日野町、日南町、江府町 | 鳥取県日野町、日南町、江府町は2023年度から、慢性的に不足する小児科医を共同で１人雇用する方針だ。鳥取大医学部附属病院から招く。３町の医療機関には常勤の小児科医が１人しかいないほか、その医師も高齢のため、後継者の確保が課題となっている。共同雇用により小児医療体制の安定化につなげる考えだ。 |
| 2022/ 6 / 9 | へき地でオンライン診療実証＝福井県 | 福井県は、通信事業者と連携して、県内のへき地診療所でのオンライン診療を実証する。県が進めるDXの一環で、へき地での医療提供体制を強化する狙い。診療所４カ所を対象とし、オンラインの活用場面や有効性、課題などを検証する。７月をめどに事業を開始する。 |
| 2022/ 6 /16 | 市民病院に手術支援システム＝大阪府阪南市 | 大阪府阪南市は、体内に人工関節を入れる手術で医師をサポートするロボティックアーム手術支援システムを阪南市民病院に１台導入した。手術の際の患者の痛みを低減できるほか、術後の早期回復も見込めるという。医療機器メーカーと５年間のリース契約を結んだ。 |
| 2022/ 6 /17 | オンラインで妊産婦の悩み相談＝新潟県加茂市 | 新潟県加茂市は、妊産婦を対象に、オンラインでのメンタルヘルス健康相談事業を始める。精神科医が相談に応じる。うつ症状などに悩む妊産婦をサポートし、安心して子育てができることを目指す。調査で医師の相談が必要と判定された人が無料で精神科医によるオンラインの健康相談を受けられる。 |
| 2022/ 6 /17 | 住所変更、６手続きで省略＝住民異動届と連動、条例改正へー福岡市 | 福岡市は、市内の引っ越しに伴い住民異動届を提出すれば、子ども医療費助成など６つの手続きで必要となる住所変更の届け出・申告を省略できるようにする。区役所の別の窓口で住所をまた記入する手間をなくし、混雑を緩和する狙い。 |
| 2022/ 6 /22 | 高齢者施設への往診体制を強化＝大阪府堺市 | 大阪府堺市は、新型コロナウイルス感染者が発生した高齢者施設への往診体制強化に取り組む。往診サービスに特化した民間事業者「ファストドクター」を活用し、感染の初期段階から治療開始。重症化を予防するとともに、施設内の感染拡大防止にもつなげる。 |
| 2022/ 6 /23 | 返礼品に腸内検査サービス＝大阪府枚方市 | 大阪府枚方市は、ふるさと納税の返礼品に腸内の健康状態や生活習慣病のリスクなどを詳細に検査できるサービス「フローラスキャン」を採用した。医療検査事業を手掛けるプリメディカが、市内にキャンパスを持つ摂南大学などと協力して開発したサービスで、病院に行かず郵送するだけで本格的な検査を受けられるのがメリットだ。 |
| 2022/ 6 /28 | アプリで24時間医療相談＝AIが緊急度判断、全県展開へー新潟 | 新潟県は、医療相談体制の強化を図る「AI救急相談アプリ」を全県へ展開すると発表した。今年１〜３月まで糸魚川市で実証実験が行われたもので、自身の症状を選択すると、AIが１〜５までの段階で緊急度を判断し、対処法や救急車が必要かどうかを示してくれる。 |
| 2022/ 7 /12 | 難聴児の支援センターを開設＝鳥取県 | 鳥取県は、難聴児とその家族を支援する「きこえない・きこえにくい子のサポートセンター」を開設した。センターは６人体制。うち、聴覚障害児を育てた経験のある支援員や相談員など４人が対応する。運営は、県からの委託を受けた県聴覚障害者協会が行う。 |
| 2022/ 7 /20 | 先端サービス導入へ15事業選定＝スーパーシティ構想などー内閣府 | 内閣府は、国家戦略特区のうち「スーパーシティ」型と「デジタル田園健康特区」の指定区域内で実施する計15事業を選定した。民間事業者や大学などが先端的なサービス導入に向けた調査や実証を進める。 |
| 2022/ 7 /29 | 電子処方箋の準備加速＝23年１月導入、普及に課題もー厚労省 | 厚生労働省は、医師が発行する紙の処方箋が2023年１月から電子化されるのを前に、医薬・生活衛生局内に推進室を設置し、準備作業を加速させている。電子化により、患者の過剰服薬の防止、薬局での処方ミス軽減といったメリットを発信し、普及拡大を目指す。 |
| 2022/ 7 /29 | 高齢者の服薬適正化で実態調査＝大阪府松原市 | 大阪府松原市は、高齢者が複数の医療機関で薬を処方される「多剤服薬」の解消に向け、民間２社と連携して実態調査に乗り出した。多剤服薬は、処方の全体増が把握できず健康トラブルのリスクが高まるといわれている。分析結果を服薬適正化へつなげ、健康寿命の延伸や医療費抑制を目指す。 |

| | | |
|---|---|---|
| 2022/8/4 | コロナ禍受け、介護保険事業所などに5万円＝東京都国立市 | 東京都国立市は、コロナ禍などに伴う光熱水費、燃料費、食材費の高騰を受け、介護保険事業所や高齢者食事サービス事業所などに支援金を交付する。市内に100ある介護保険事業所には一律5万円を交付。高齢者食事サービスを営む5事業所には1食当たり40円を増額補助し、事業者と利用者の負担を抑制する。 |
| 2022/8/5 | 介護人材確保で自治体連携＝北海道栗山町 | 北海道栗山町は、介護分野の人手不足に苦しむ道内自治体と協力し、人材の確保に乗り出す。連携自治体から同町立北海道介護福祉学校に学生らを送り込んでもらい、卒業後にそれぞれの地元で就職する流れをつくり、介護の担い手を育てる。 |
| 2022/8/19 | 新病院整備、候補地3案提示＝統合で基本的事項案－青森県・市 | 青森県と青森市は、県立中央病院と青森市民病院を統合して建設する新病院に関し、共同経営や施設整備の方向性を盛り込んだ基本的事項案をまとめた。整備場所では同市内の県有地3カ所を検討対象地として初めて示した。 |
| 2022/9/1 | 衛星データ企業に補助金＝山口県宇部市 | 山口県宇部市は、宇宙や医療など成長産業を対象とした「スタートアップ支援補助金」を創設し、衛星データの利活用に携わる企業を交付先として採択した。支援補助金単独で900万円、県の補助金などと合わせると約3200万円が交付される。 |
| 2022/9/5 | 医療圏域超えて市民病院を再編統合＝兵庫県三田市 | 兵庫県三田市は、市民病院を隣接市の神戸市北区にある「済生会兵庫県病院」と再編統合する方針だ。三田市と北区の一部は、かつて「有馬郡」として同じ地域だったが、県の医療計画では三田市は「阪神圏域」、神戸市は「神戸圏域」に分類されている。医療圏域を超えた再編統合は全国でも例を見ないという。 |
| 2022/9/6 | ドライブスルー発熱外来を運営＝青森県弘前市 | 青森県弘前市は、市内の弘前大医学部附属病院と連携し、病院敷地内で車に乗ったまま発熱やせきなどの症状がある人を診察するドライブスルー発熱外来の運営を始めた。検査・診療体制を充実させ、休日や夜間に救急車を受け入れる医療機関の負担を軽減する狙い。 |
| 2022/9/12 | 1人暮らし高齢者の「死後手続き」支援＝費用補助も－三重県松阪市 | 三重県松阪市は、身寄りのない1人暮らしの人を対象に、死後に発生する手続きの相談に応じる「エンディングサポート相談窓口」を市役所に開設した。葬儀や納骨、行政への届け出など相談内容に応じて、事業者を相談者に紹介。経済的に困窮する人には、費用の一部も補助する。 |
| 2022/9/13 | 「病院いつどこマップ」サイト開設＝東京都青梅市 | 東京都青梅市は、ウェルネスとの公民連携により、「東京都青梅市の病院いつどこマップ」サイトを開設した。全国約55万件の医療機関などの情報が地図システムと連動しており、利用者は自宅や勤務先近くの施設を簡単に探すことができる。o/ln_omeshi.html |
| 2022/9/16 | 医療福祉人材、96万人不足＝高齢化ピークの40年－厚労白書 | 厚生労働省は、2022年版厚生労働白書を報告した。医療福祉分野の就業者数について高齢者人口がピークを迎える40年に1070万人が必要となるのに対し、確保が見込まれるのは974万人にとどまり、96万人が不足すると推計。 |
| 2022/9/30 | コロナのオンライン診療体制強化へ＝1日当たり3000人に対応－大阪府 | 大阪府は、新型コロナウイルスと季節性インフルエンザの同時流行に備え、「大阪コロナオンライン診療・往診センター」を10月下旬に設置する方針を発表した。1日当たり3000人のコロナ患者に対応し、発熱外来が逼迫するのを防ぐ。同センターの運営事業者を募集する。 |
| 2022/10/5 | 保育利用調整点数見直しへ実証＝福島県郡山市 | 福島県郡山市は、市内認可保育所の入所調整方法の改善を図るため、データ分析による実証実験を始めた。入所前の保護者向け希望調査などのデータを基に、1年ほどかけて「保育利用調整点数」の見直しも含めて検討。保護者が希望する保育所に子どもを預けられる環境を整備したい考えだ。 |
| 2022/10/6 | 夜間オンライン診療を開始＝熊本県 | 熊本県は、新型コロナウイルスに感染し、自宅療養する患者を対象に、夜間のオンライン診療を開始した。午後6時から翌日午前9時まで、医師がビデオ電話でオンライン診療し、必要に応じて薬を処方、郵送する。 |

## 9. 交通

国土交通省は、鉄道会社と自治体が合意した場合、国が認可する運賃の上限を超えて値上げできる改革案を示した。

今後、法改正を含めて具体的な手続きを検討する。鉄道会社と自治体が合意すれば、国への届け出だけで値上げが可能となり、値上げにより収支を改善しやすくする。また、有識者会議では季節や時間帯によって柔軟な運賃設定ができるように制度を見直す方針も議論された。加えて、国交省の有識者検討会では、事業者の経営努力に応じて意欲的に取り組んでいるバス事業者に対して複数年にわたる補助金を支給す

る制度を検討していく方針を示した。

　地域交通の資金確保のため、滋賀県は交通税の創設に向けた検討を本格化させた。県の税制審議会が地域公共交通を支えるための税制検討を求める答申を県へ提出しており、県は具体的な制度設計を進める。県内の近江鉄道（彦根市）は、2021年度決算で28年連続の営業赤字となっており、路線存続のため24年度からは自治体が鉄道施設を保有する上下分離方式へ移行する方針。

　さらにJR西日本や京阪電鉄もコロナ禍の影響でダイヤ削減などに踏み切っている。審議会の答申では、受益者負担の手法に限らず既存税目に対する超過課税方式から検討することも考えられるとした。超過

課税する税目案として①資産課税、②個人県民税と法人２税、③車体課税を挙げた。

　茨城県つくば市は、AIや顔認証技術を活用して通院の効率化を図る実証実験を行った。高齢者や障害者が乗り合いタクシーを利用して通院する際、AIが最適ルートを選定したり、車内では顔認証技術を使い病院の受付を事前に完了できる。

　病院に着いた後は自動運転の車椅子に乗れば診察室まで移動できる。将来的には会計の機能も組み込みたい考え。実証実験はつくば市、茨城県、筑波大学、民間企業で構成する「つくばスマートシティ協議会」が主催する。

### 図表Ⅱ-4-9　交通の動き

| 年月日 | 見出し | 内　　容 |
|---|---|---|
| 2021/10/12 | 巡回ワゴンの実証運行を開始しました＝北海道北斗市 | 北海道北斗市は「巡回ワゴン」の実証運行を開始した。一定程度の住民が住んでいるにもかかわらず鉄道やバスを利用しにくい地域について、買い物や通院といった日常生活に必要な移動を確保するために導入するもの。 |
| 2021/10/12 | AI活用相乗りタクシー導入＝福岡県小郡市 | 福岡県小郡市は、AIを活用した相乗りタクシーの実証実験を始めた。市コミュニティーバスの利用者が少ない一部路線の運行を休止し、新たな交通手段として導入。実験は2022年９月まで約１年間行い、10月から本格運行に移行する予定だ。 |
| 2021/10/18 | 海中ドローンで越前ガニ調査＝資源確保へ実証実験、全国初－福井 | 県などは、全国で初めて海中ドローンを使って越前ガニの資源量を調査する実証実験を行った。全国的に有名な越前ガニの分布や個体数などを分析することで、効率的な水産資源の確保に役立てるのが狙い。 |
| 2021/10/25 | 日祝日のバス・路面電車を期間限定で無料に＝高知市 | 高知市は、新型コロナウイルスの影響で利用者の減少が長期化している公共交通事業者を支援するため、日曜と祝日に市内を走るバスや路面電車などの運賃を無料にする。11月から2022年１月末までの期間限定。 |
| 2021/10/29 | 乗り合いサービス本格導入＝富山県朝日町 | 富山県朝日町は、郊外に住む住民が居住地区と中心街を行き来する際に、高齢らを一緒に乗せる「ノッカルあさひまち」を本格導入した。交通弱者の「足」を確保し、地域交通を充実させる狙い。2020年８月から、広告大手の博報堂や自動車大手のスズキなどと共同で事業を開始。 |
| 2021/11/2 | MaaSでデジタルチケット＝仙台市 | 仙台市は、次世代交通サービス「MaaS」事業の一環で、交通手段や観光施設のデジタルチケットの購入と行楽地の検索を一括してできる専用のポータルサイト「仙台MaaS」を開設し、サービスの提供を始めた。公共交通の利用と、都心部や観光地の周遊を市民に促す狙い。 |
| 2021/11/4 | ドローン管制システムの実証実験＝長崎県五島市 | 長崎県五島市は、ドローンの航空管制システムを実用化するための実証実験を行った。2022年度に有人地帯でのドローンの目視外飛行が解禁されることを踏まえ、「空の交通管制」の在り方を検証するのが狙い。 |
| 2021/11/17 | ドローンによる線路点検で実証実験＝豪雨など災害発生後を想定－名鉄 | 名古屋鉄道は、ドローンで空中から線路を点検する実証実験を報道陣に公開した。ドローンに搭載したカメラで、豪雨などの災害後に倒木や土砂崩れの有無を確認する作業に活用できるかを検証した。 |

| | | |
|---|---|---|
| 2021/11/18 | 観光地周遊型のMaaS実証実験＝山梨県 | 山梨県は、県内4市の観光地を結ぶシャトルバスなどを活用した周遊型の次世代交通サービス「MaaS」の実証実験を始めた。公共交通機関で回るのが難しいとされていた観光客の二次交通の課題解決につなげるほか、デジタルチケットの活用などによる観光客の利便性向上も検証する。 |
| 2021/12/1 | 10日にドローン活用の物資搬送訓練＝災害で道路寸断を想定－神奈川県、山北町、損保ジャパン | 神奈川県は、ドローンを使って孤立した避難所に緊急物資を搬送する訓練を実施すると発表した。同県山北町、損害保険ジャパンと共に、土砂災害によって道路が寸断されたとの想定で行う。同時にドローン搭載のカメラで周辺地域の「被害情報」収集の訓練も行う。 |
| 2021/12/6 | ドローンで食料品配送＝岡山県和気町 | 岡山県和気町は、食料品や日用品をドローンで町内の各家庭に配送する実証実験で新たな取り組みを始めた。騒音が少ない機種を導入。これまで2地区を対象としていた配送エリアを計4地区に拡大する。 |
| 2021/12/17 | 観光推進、路線運営で名鉄と連携＝愛知県西尾市、蒲郡市 | 愛知県西尾、蒲郡両市は、名古屋鉄道と観光推進や路線運営などに関する連携合意書を締結した。両市が財政支援し運行している名鉄西尾・蒲郡線の魅力向上と収支改善が目的。同線は2025年度まで名鉄が運行することが決まっているが、その後は未定。 |
| 2021/12/28 | オンデマンドバスのルート、AIが設定＝三重県桑名市 | 三重県桑名市は、AIを活用した乗り合いオンデマンドバスを運行する実証実験に取り組む。利用者からの予約情報に基づいて、AIが最適な配車やルートを設定し、運転手に伝える。利用状況などを検証し、効果が確認できれば、2022年度以降の本格運用を検討する。 |
| 2022/1/31 | AI、顔認証で通院効率化＝茨城県つくば市 | 茨城県つくば市は、AIや顔認証技術を活用し、高齢者や障害者の通院を効率化する実証実験を始めた。AIが乗り合いタクシーの最適ルートを選び、車内では顔認証技術を使い病院の受け付けを事前に完了。院内で自動運転の車いすに乗れば診察室まで連れて行ってくれる。 |
| 2022/2/3 | 並行在来線、一部区間廃線へ＝120キロ、バス転換合意－北海道 | 2030年の北海道新幹線の札幌延伸に伴い、JR北海道から経営分離される並行在来線・函館線（小樽―長万部間、140.2キロ）について、道と関係9市町は、倶知安町で会議を開き、余市―長万部間（120.3キロ）をバス転換することで合意した。これにより同区間は廃線となる見通し。 |
| 2022/3/7 | 自動運転の実証本格化＝大阪府四條畷市 | 大阪府四條畷市は、公共交通の不便な住宅街で、電動カートを使った自動運転の実証実験を本格化させる。車体はゴルフカートがベースで時速20キロ以下で走る。運転手が乗車した上で、非常時以外は自動運転で走行する。 |
| 2022/4/1 | 持続可能な地域経営に観光活用＝自治体向けに手引－運輸総研 | 交通・観光分野の調査機関である運輸総合研究所は、持続可能な地域経営に観光を活用するための手引を、自治体の首長や担当者、観光地域づくり法人（DMO）向けに発行した。少子高齢化や自治体の財政状況悪化などに伴い地域をどう維持するかが課題となっており、観光施策の推進による解決を呼び掛けている。 |
| 2022/4/14 | 地域交通と他分野の連携強化＝新たなネットワーク構築へ実験－国交省 | 国土交通省は、地域交通事業者と、医療や教育といった他分野の関係者の連携強化を模索する実証実験に乗り出す。移動目的に応じて住民が利用しやすい交通ネットワークを構築し、交通事業者の収益改善や地域経済の活性化につなげる。 |
| 2022/4/15 | 公共交通の活性化協議会設立＝地域一体で交通計画策定へ－福井県など | 福井県嶺北地域の公共交通の在り方を検討する協議会が設立された。県と関係11自治体、交通事業者らが参加し、地域一体となって公共交通の活性化を目指す。今後、2023年度後半を目標に地域公共交通計画を策定する。 |
| 2022/4/26 | 「路線維持」県に対応求める＝市町、JR西の発表受け－兵庫 | 兵庫県幹部と県内市町長による2022年度の第1回県・市町懇話会が神戸市で開かれ、地方交通の維持や乗員不足の解消など県と市町が共同で取り組む政策課題について意見交換した。市町側からはJR西日本の赤字路線発表を受け、路線維持の対策を県に求める声が上がった。 |
| 2022/5/9 | 「交通税」創設へ議論本格化＝超過課税、複数税目組み合わせも－滋賀県 | 滋賀県は、赤字に陥ったローカル線の存続が全国的な課題となる中、税金で鉄道網を支える「交通税」の議論を本格化させる。県税制審議会が「地域公共交通を支えるための税制」の検討を求める答申を三日月大造知事に提出しており、導入されれば全国初となる。県は2年程度かけて制度設計する。 |
| 2022/5/10 | ローカル線収支、年内公表へ＝JR東、利用減で「地元と議論」 | JR東日本の深沢祐二社長は、利用者が少ないローカル路線の収支を年内の早い段階で公表する方針を示した。JR東の営業エリアでは24路線が「1日2000人未満」に該当するが、公表基準などは今後検討する。 |
| 2022/5/16 | ドローン活用、過半数に＝経産省① | 自治体によるドローンの活用状況について、初の全国調査結果がまとまった。ドローン保有率は46％で、業務委託も含めて活用経験がある自治体は59％に上ることが分かった。用途は災害時の情報収集や、観光、土木分野での利用が目立ったが、インフラ点検や鳥獣被害対策、物流、マラソン大会の監視に使うなど。 |

| 2022/ 5 /23 | 北陸新幹線福井開業に向け「ふくいMaaS協議会」が発足＝福井市 | 2024年春の北陸新幹線福井開業に向け、福井市をはじめとする県内11市町の二次交通利用促進に向けたMaaSアプリの構築を図るため、産学官23団体で構成する「ふくいMaaS協議会」が発足した。 |
|---|---|---|
| 2022/ 6 / 2 | 低速小型電動車の実証実験＝熊本市 | 熊本市は、環境に配慮した低速で走る小型の電気自動車を用いて市内を周回する「グリーンスローモビリティ」の実証実験を行った。同市が取り組んでいる、車を市街地の外側に止め、中心部は徒歩や公共交通などを使うよう促す事業の一環。 |
| 2022/ 6 / 3 | 鉄道運賃、自治体合意で値上げ＝地方路線存続へ改革案―国交省 | 国土交通省は、鉄道会社と自治体が合意すれば国の認可する運賃の上限を超えて値上げできる改革案を示した。コロナ禍の長期化で利用者が少ないローカル線の経営が圧迫されており、値上げにより収支を改善しやすくすることで存続を後押ししたい考えだ。 |
| 2022/ 6 / 6 | 市街地でレンタサイクル実験＝岩手県岩手町 | 岩手県岩手町は、中心市街地の公共交通環境を改善するために、レンタサイクル事業の実証実験を始めた。市街地を走る循環バスの本数や時間が限られていることから、町民や観光客の交通手段として利用してもらいたい考えだ。 |
| 2022/ 6 / 7 | バス事業者の経営努力反映＝路線維持へ制度見直し―国交省検討会 | 国土交通省の有識者検討会は、人口減少や新型コロナウイルスの影響で経営が厳しい地域の路線バス維持に向けた中間取りまとめ案を大筋で了承した。事業者の取り組みにより利用者が増えても、赤字を穴埋めする国や自治体の補助が減らされる現行制度を改善。事業者の経営努力を利益に反映させ、数年間にわたって運行を継続するインセンティブを付与する。 |
| 2022/ 6 /22 | バス事業者の経営状況調査へ＝今夏開始、支援策に活用―国交省 | 国土交通省は、全国の一定規模のバス事業者を対象に、経営状況の把握に乗り出す。人口減少や新型コロナウイルスの影響も踏まえ、事業者の詳細な収益などを分析する。調査結果も踏まえ、国交省は22年度中をめどに、バス事業者の経営支援の在り方などを検討する。 |
| 2022/ 6 /30 | 他自治体へMaaS紹介＝福井県永平寺町 | 福井県永平寺町と県、近畿経済産業局は、複数の公共交通を一つのサービスとして利用する「MaaS」の取り組みを他自治体へ紹介する合同視察会を開いた。同町が始めた地域住民によるオンデマンドタクシー「近助タクシー」などの先進的な取り組みに関心がある自治体の職員の学習の場になった。 |
| 2022/ 7 / 4 | AI搭載の超小型車両活用＝ホンダと実証実験＝茨城県常総市 | 茨城県常総市は、AIや自動運転など先端技術を搭載した超小型車両「マイクロモビリティー」を軸とするまちづくりに向け、ホンダ子会社の本田技術研究所と実証実験に乗り出すと発表した。高齢者や障害者ら交通弱者の移動の利便性を高める。 |
| 2022/ 7 / 8 | 「空飛ぶクルマ」で実証実験＝国内初の海上飛行―広島・福山 | 建設コンサルタントの人・夢・技術グループは、広島県福山市で空中を移動する「空飛ぶクルマ」の国内初となる海上飛行の実証実験を実施した。中国企業が開発した全長約6メートルの機体を使用。発着地点の海岸の緑地から上空約30メートルまで上昇し、3分程度かけて海岸沿いを約600メートル飛行して終了した。 |
| 2022/ 7 /14 | 地域バス実証運行へ＝和歌山市 | 和歌山市は、公共交通が不便な地域で、商業施設や病院などを経由して鉄道駅やバス停に接続する「地域バス」の実証運行を行う。市民の交通手段を確保するとともに、新型コロナウイルスの影響で利用が落ち込んだ公共交通の活性化を図る。 |
| 2022/ 8 / 1 | 市街地で自動運転車の走行実験＝静岡県掛川市 | 静岡県掛川市は、県と東急、ソフトバンクと連携し、公道で市民を乗せた自動運転車「かけがわチャレンジ号」の走行実験を行う。運転の安全性を確認する狙い。車両はタジマモーターコーポレーションが輸入し、改造した電気自動車。市が出資した新電力会社「かけがわ報徳パワー」が供給する電力を使用する。 |
| 2022/ 8 / 3 | 短期滞在者向けにカーシェア＝北海道美瑛町 | 北海道美瑛町は、テレワークや移住体験で町内に短期滞在している人を対象にしたカーシェアリングサービスの実証事業を始めた。気軽に自動車を利用できる環境を整備して町内周遊を促すことで、新たな人の流れや関係人口の創出につなげる。 |
| 2022/ 8 / 6 | 地元負担で鉄道復旧＝「秘境路線」上下分離で―福島・只見線 | 赤字ローカル鉄道の在り方をめぐる見直し協議が各地で進むとみられる中、路線の存続に向けた地元自治体の財政負担も今後の選択肢となりそうだ。福島、新潟両県を結び、一部区間が豪雨被害で不通になっているJR只見線は、自治体が線路などの施設を保有し、JR東日本が運行する「上下分離方式」を復旧区間で導入。 |
| 2022/ 8 /11 | 河川上空、ドローン物流に活用＝安全飛行へマニュアル―国交省 | 国土交通省は、荷物を配送するドローンが河川の上空を安全に飛行するためのマニュアルを2023年度中に作成する。ドローン物流の飛行ルートとして河川を活用すれば、機体や荷物が落下した場合の被害リスクが小さく、障害物も少ないというメリットがある。 |
| 2022/ 8 /25 | AIオンデマンドバスを運行＝10月から3地区で―福岡県古賀市 | 福岡県古賀市は、AIを活用したオンデマンドバス「のるーと古賀」の運行を始めると発表した。高齢化率が高いエリアなど3地区で、定員8人のワンボックスカーが走る。従来の民間バスに加えて導入することで、持続可能な交通体系の確立を目指す。 |

| | | |
|---|---|---|
| 2022/8/26 | 18区間すべて赤字＝JR九州のローカル線―昨年度 | JR九州は、乗客数が少ない在来線の2021年度収支を発表、公表した13路線18区間すべてが赤字だった。赤字の合計額は51億3000万円。新型コロナウイルスの感染拡大や豪雨災害が響いた前年度に比べれば約15億円縮小したものの、採算悪化が続くローカル路線の実態が改めて浮き彫りになった。 |
| 2022/8/26 | バス事業者への補助創設＝国交省検討会、地域交通維持で提言 | 人口減少や新型コロナウイルス感染拡大の影響で経営が厳しい地域交通の維持方法をめぐり、国土交通省の有識者検討会は提言をまとめた。安定的に路線バスを運行できるよう、意欲的なバス事業者に複数年にわたって補助金を支給する新たな制度づくりを提案したのが柱。 |
| 2022/8/30 | 廃線後のまちづくり検討＝北海道留萌市など4市町 | 北海道留萌市などJR留萌線の沿線4市町は、JR北海道と合意した留萌線の段階的廃止後のまちづくりへ検討に入る方針を明らかにした。今後、JR北とバスなど代替交通について協議する。 |
| 2022/9/9 | コロナ禍でバス、タクシー事業者を支援＝東京都立川市 | 東京都立川市は、コロナ禍で燃料価格や物価の高騰の影響を受けている乗り合いバス、タクシー事業者に対し、支援金を交付する。事業の継続を後押しするとともに、市民の日常生活の移動手段を確保する狙い。 |
| 2022/9/10 | ローカル線、費用負担が焦点＝「維持困難」で議論本格化―北海道 | ローカル鉄道の見直しに向けた議論が全国各地で始まるのに先駆け、JR北海道が「単独では維持困難」だとする8区間の扱いをめぐり、関係自治体を交えた調整が本格化する。経営が厳しい同社は、2023年度までに「抜本的な改善方策」を示すよう国から監督命令を受けている。 |
| 2022/9/13 | ドローン活用で総合窓口＝北海道 | 北海道は、ドローン利活用を推進するため、相談対応や情報提供を行うワンストップ窓口を設置した。ドローンを使って社会的な課題の解決を目指す自治体と、知見やノウハウを持つ民間企業をつなぐ役割を果たし、活用分野の拡大を目指す。 |
| 2022/9/21 | バス情報デジタル化を支援＝福島県いわき市 | 福島県いわき市は、市内のバス事業者に対し、バスの運行経路などの情報をデジタル化したりオープンデータ化したりするのに掛かる費用を補助する。利用者の利便性向上や、災害時の対応に役立てることが目的。 |
| 2022/10/3 | ドローンで30分配送目指す＝自動運転バスも活用―茨城県境町 | 茨城県境町と貨物用ドローンのエアロネクスト、物流大手セイノーホールディングスなどは、ドローンや自動運転バスなどを組み合わせた配送サービスの実用化に向けて実証を始めると発表した。注文から30分以内に商品を受け取れるサービス実現を目指しており、日常の買い物に困る住民の利便性向上につながりそうだ。 |
| 2022/10/7 | 公共交通の利用促進へアプリで移動データ収集＝官民連携で実証実験―福島県浪江町 | 福島県浪江町は、町内の公共交通機関の利用促進に必要な住民の移動需要や傾向を把握するため、企業などと連携した実証実験を開始した。住民向けにスマートフォンアプリを提供し、移動データを収集する。データは交通事業者などへ提供される予定。 |
| 2022/10/7 | 地域交通維持で具体論着手＝23年1月に中間まとめ＝国交省審議会 | 国土交通省交通政策審議会は、赤字が続くローカル線なども含めた地域の公共交通を維持するため、新制度の具体化に向けた議論に着手した。利用者の少ないローカル線の区間の在り方について提案。国が主体的に関与し、自治体や鉄道事業者の間でバス転換を含む見直し協議に入る仕組みの創設を求めた。 |
| 2022/10/19 | 路線バスで総菜など移動販売＝神戸市 | 神戸市は、民間の路線バスを活用し、スイーツや総菜などを移動販売する実証実験を始めた。地域交通の維持、活性化などを狙った国土交通省の「共創モデル実証プロジェクト」に採択された事業で、23年2月まで週1回のペースで行う。 |

## 10. 環境・農業

福島市は、市内の果樹農家とストーブやキャンプでまきを使いたい人を仲介する事業を開始した。

まきを希望する人は、市のホームページなどから利用申込書で登録する。市は、利用者と近隣の農家数人ずつのグループを作り、各グループのメンバーにそれぞれの連絡先や木材の大きさと量、受け渡し時期などを掲載したリストを提供して、利用者と農家で受け渡しを行う。市外からの応募も可能。市によると、果樹剪定枝の年間処分量は推定800トン以上となる。

長崎県五島市は、「磯焼け」を起こしている海岸の藻場を回復させ、二酸化炭素の吸収を目指す事業に取り組む「ブルーカーボン促進協議会」を設置した。協議会は地元の漁協、商工会議所、漁業関係者などで

構成する。企業などの活動による二酸化炭素排出を藻場の回復のための取り組みへの出資と相殺する市独自のクレジット認証制度を創設する。こうした取り組みは、横浜市、福岡市、阪南市などで導入されている。同市は、再生可能エネルギーの普及にも力を入れており、環境省の認定を受けた浮体式洋上風力発電の実証事業も進めている。

　林野庁は、森林や林業に対して民間投資を呼び込んだり森林による二酸化炭素吸収量の確保、関連産業の収益性向上させたり

することを目指し、森林や林業などへの投資に対して脱炭素化の観点から望ましい方向性を示した指標を作成する。

　2022年5月にカーボンニュートラルの実現等に資する森林等への投資に係るガイドラインの中間とりまとめを行った。投資プロジェクトの評価手法について、伐採して再造林した場合の方が天然更新よりもカーボンニュートラルへの貢献度は高く、また伐採木材の木材利用による二酸化炭素貯蔵、燃料利用による二酸化炭素排出削減などを合算する。

### 図表Ⅱ-4-10　環境・農業の動き

| 年月日 | 見出し | 内　容 |
|---|---|---|
| 2021/10/ 4 | 深層水でサーモン養殖の実証実験＝北海道岩内町 | 北海道岩内町は、沖合で取水する海洋深層水を利用したトラウトサーモン養殖の実証実験を始めた。青森県の養殖業者と連携し、約3年間の飼育実験を行う計画。サーモン養殖を町の新たな産業に育て、観光客の誘致に生かしたい考えで、事業化の可能性を探る。 |
| 2021/10/14 | 県産材拡大へ技術導入支援＝徳島県 | 徳島県は、世界的に木材価格が高騰する「ウッドショック」により国産材の需要が高まっていることを受け、県内の森林組合や製材業者向けの補助金を新設した。県産材の増産につながる最先端技術の導入などを後押しする。 |
| 2021/10/27 | JA全農、JA高知県と連携協定＝先進技術で施設園芸振興－高知県 | 高知県は、地域農業や施設園芸の振興に関する連携協定をJA全農、JA高知県と締結した。県とJA高知県は農産物の出荷データを一元的に集約するクラウド型システムを運用している一方、JA全農は収量増加に向けた技術開発に注力。今後は三者が連携しながら、県内における先進技術の普及を進める。 |
| 2021/11/ 1 | 米価下落で農家に緊急補助金＝福島県広野町 | 福島県広野町は、新型コロナウイルスの影響で米の需要が落ち込み、収入減少に苦しむ農家を支援するため、補助金を交付する。2021年産主食用米1俵（60キロ）は主要な銘柄の平均で約3000円下落していることから、1俵当たり1500円を補助する。 |
| 2021/11/ 5 | 養殖アナゴ特産品化を支援＝大阪府泉南市 | 大阪府泉南市は、地元の岡田浦漁業協同組合が取り組むアナゴの養殖プロジェクトを支援している。同漁協は養殖アナゴを特産品としてPRすることに力を入れており、市もふるさと納税の返礼品に採用するなど後押し。 |
| 2021/11/ 6 | 赤潮被害「100億円基金」要請＝ふるさと納税で支援の動きも－北海道 | 北海道東部・太平洋沿岸の赤潮が原因とみられる漁業被害をめぐり、道内で地元漁業者らの支援に向けた動きが出ている。道は、国に対し、被害を受けた漁業関係者向けに100億円規模の基金を創設するよう要請。沿岸自治体の間では、ふるさと納税を活用した支援金の受け付けも始まった。 |
| 2021/11/12 | 再エネ拡大へ官民ファンド＝10億円出資、年度内創設－東京都 | 東京都は、再生可能エネルギーの発電所やクリーンエネルギーの供給拠点の整備を加速させるため、官民連携ファンドを2021年度内に立ち上げる。都は10億円を出資し、機関投資家らからも広く資金を集め総額100億円規模を目指す。 |
| 2021/11/12 | 水素バスが運行開始＝徳島県 | 徳島県の飯泉嘉門知事は、来月から県内の路線・観光バスを運営する徳島バスが燃料電池バス2台の運行を開始すると発表した。1年間で1台当たり85トンの二酸化炭素排出量を減らせる見込み。 |
| 2021/11/15 | 果樹剪定枝、まき活用へ仲介事業＝福島市 | 福島市は、ストーブやキャンプのたき火などの燃料にまきを使いたい人と、市内の果樹農家を仲介する事業を開始した。農家が剪定した果樹の枝をまきとして利用することで、処理負担の軽減や資源の有効利用、二酸化炭素排出量の抑制を狙う。 |
| 2021/11/17 | 農林水産生産者の応援サイト開設＝山口県下関市 | 山口県下関市は、新型コロナウイルス感染の影響で低迷する地元農林水産物の需要回復に向け、生産者と消費者をつなぐ取り組みとしてフェイスブックなどを利用した応援プラットフォームを開設した。 |

| | | |
|---|---|---|
| 2021/11/18 | 無人ヘリで森林計測実験＝静岡県磐田市 | 静岡県磐田市は、森林の放置による荒廃化を防ぎ、災害防止などの機能を維持するため、ヤマハ発動機と連携して無人ヘリコプターを利用した森林計測実験を行い、間伐計画などに役立てる。 |
| 2021/11/18 | 藻場回復でCO₂吸収＝クレジット認証制度創設へ－長崎県五島市 | 長崎県五島市は、沿岸の藻場を回復させ、二酸化炭素の吸収を目指す「ブルーカーボン促進協議会」を設置した。企業などの活動によるCO₂排出を、藻場への出資で相殺する独自のクレジット認証制度の創設に取り組む。 |
| 2021/11/19 | 地場産品販売サイト開設に補助金＝長崎県平戸市 | 長崎県平戸市は、ショッピングサイトを開設して地場産品などをインターネットで販売する中小事業者らに対し補助する制度を設けた。対象となるのは、新たにネットショッピングサイトを開設し、商品を販売する市内の中小事業者や農林漁業者ら。 |
| 2021/11/24 | 宮城県、産業振興の基金創設要望＝東電福島第1処理水放出で | 東京電力福島第1原発から出る放射性物質トリチウムを含む処理水の海洋放出をめぐり、宮城県は、政府に風評被害対策の要望を伝えた。村井知事は政府が打ち出した水産業支援の基金に加え、農業、観光などの産業振興に使える新たな基金を創設するよう求めた。 |
| 2021/11/24 | CFで軽石被害の漁業者支援＝沖縄県糸満市 | 沖縄県糸満市は、小笠原諸島の海底火山噴火による軽石で被害を受けている漁業者への経済支援や、漁船の修繕費を補助するため、クラウドファンディングで支援金を集める。募集期間は11月26日～2022年1月11日。目標額は200万円。 |
| 2021/11/30 | 米価下落で20自治体が独自対策＝外食店に100万円補助も－青森県 | 消費者のコメ離れに加え、新型コロナウイルスによる外食自粛などでコメの需要減少に拍車が掛かり、青森県でも在庫が積み上がっている。26日時点で20の自治体が独自の米価下落対策を講じており、今後も対策を取る自治体は増える見通しだ。対策は下落分への支援金や融資の利子補給、需要拡大策など多岐にわたる。 |
| 2021/12/1 | 山小屋物資輸送で無人機活用＝長野県伊那市から委託－川崎重工 | 川崎重工業は、長野県伊那市から委託を受け、無人の垂直離着陸機を活用して中央・南アルプスの山小屋に食料品などの物資を輸送するプロジェクトの詳細を発表した。10月に飛行ルートの設定に必要な調査を開始。効率的で持続可能な輸送の仕組みを構築し、将来は離島や林業関係などでの活用も検討する。 |
| 2021/12/1 | 放置林を混交林に＝奈良県 | 奈良県は、施業放置されたスギやヒノキの人工林を、広葉樹など別の樹種も含む「混交林」にする取り組みを進めている。多様な草木が育成する状態にすることで、崩れにくく防災力が高い森林にするのが狙い。県の森林環境税を財源とし、2025年度までに1100ヘクタールの混交林化を目指す。 |
| 2021/12/7 | GCFで農家の挑戦後押し＝福岡県古賀市 | 福岡県古賀市は、ふるさと納税制度を活用した「ガバメントクラウドファンディング（GCF）」を活用し、地元農家の2人を支援する。付加価値の高い作物や加工品づくりを支援し、農業活性化につなげる狙い。 |
| 2021/12/10 | 「コケツーリズム」を推進＝島根県江津市 | 島根県江津市は、2022年2月に市内のコケの自生地を巡るモニターツアーの開催を計画している。コケのブランド化や産地としての知名度向上を目指しており、観光資源として活用し、「コケツーリズム」を推進したい考えだ。 |
| 2021/12/16 | 農地有効利用へ手続き迅速化＝荒廃防止や活性化提案で－農水省 | 農林水産省は、農地の荒廃を防ぐ事業や農村の活性化に向けた施設整備を地域の農林漁業団体が自治体に提案する場合、農地転用などの手続きを迅速化できる仕組みを設ける方向で調整に入った。人口減少や農業者の高齢化が進む中、農地を有効利用して地域を維持・発展させる取り組みが円滑に行われるよう促す。 |
| 2021/12/20 | 地域の理解ない太陽光望まず＝3市町村で共同宣言－長野県茅野市など | 長野県茅野市、富士見町、原村の3市町村長は、八ヶ岳西麓の豊かな自然環境を守るため、地面に直接設置する地上型の太陽光発電設備について、地域の理解が得られないものは設置を望まないなどとする共同宣言をまとめた。 |
| 2021/12/21 | 再造林支援で寄付金460万円＝ゼロ・コーポレーションから宮崎県に | 宮崎県の河野俊嗣知事は、森林資源の循環利用推進に関する連携協定を結んでいる、住宅メーカー「ゼロ・コーポレーション」の菊本雅幸代表取締役社長から462万円の寄付金を受け取った。寄付金は県森林組合連合会が管理し、県内の再造林の推進に役立てる。 |
| 2022/1/6 | ハウス農家の燃料費を補助＝原油価格高騰で緊急対策－前橋市 | 前橋市は、原油価格の高騰で花や野菜をハウス栽培している農家の負担が増していることから、市内農家らに燃料費上昇分の2分の1を補助する緊急対策事業を実施する。昨年10月から今年3月までの間に納品と支払いを終えた農林漁業用A重油と灯油が対象で、花は30万円、野菜は20万円を上限に市単独で支援する。 |
| 2022/1/11 | 稲作からの作付け転換支援＝設備導入に最大3000万円－宮城県 | 宮城県は、新型コロナウイルスの影響によるコメ需要の減少を受け、稲作から野菜や大豆の園芸作物へ作付け転換する農業法人などを支援する。面積に応じ、園芸用ハウスといった設備導入にかかる経費を補助し、転作を促す。 |
| 2022/1/14 | 太陽光、適正設置で条例制定へ＝長野県塩尻市 | 長野県塩尻市は、太陽光発電設備の適正な設置を促す条例を制定する方針を固めた。土砂崩れなど災害の危険性が高いエリアを「設置抑制区域」に指定するなど、規制を強化する。意見公募を経て、3月市議会に条例案を提出する。 |

| 2022/1/14 | 新技術・ICT活用の経営実証＝林業の収益性向上へ－林野庁 | 林野庁は2022年度から、通常の樹木より成長の早い「エリートツリー」などの新技術や情報通信技術（ICT）の活用により、林業の収益性を高める経営モデルの実証事業を始める。伐採・再造林の省力化や販売に当たっての効率化といった効果を確認した上で、持続的な経営モデルの普及につなげる考え。 |
|---|---|---|
| 2022/1/18 | 漁業被害の相談窓口＝トンガ火山噴火で－宮城県塩釜市 | 宮城県塩釜市は、トンガ諸島付近で発生した海底火山噴火に伴う津波で被害を受けた漁業者を対象とする相談窓口を開設した。漁業者の当面の生活資金や再開に向けた資機材購入への融資などの相談に対応する。 |
| 2022/1/21 | 国立公園の施設再整備＝国内利用増へキャンプ場など－環境省 | 環境省は2022年度、国立公園の国内利用客を増やすため、公園内のキャンプ場などの再整備に取り組む。新型コロナウイルス感染症の拡大で、外国人利用者数が激減しているため。 |
| 2022/1/26 | 不法投棄取り締まりにドローン＝福島県郡山市 | 福島県郡山市は、ごみの不法投棄を防止するため、ドローンを活用した監視パトロールの実施を検討している。実証実験を通じて課題を検証し、効果が見込めた場合は導入する考えで、不法投棄物の早期発見につながることも期待している。 |
| 2022/2/2 | 移住者の受け皿で事業協同組合＝愛媛県松野町 | 愛媛県松野町は、移住者の雇用の受け皿となる「森の国まつの事業協同組合」を創設した。農林業など6事業者から成り、繁忙期に組合の従業員を派遣。レジャーのガイドや農作物の収穫など事業者の仕事をしてもらう。同組合は「特定地域づくり事業推進法」に基づき組織し、3月に認可を受ける予定。 |
| 2022/2/2 | コンビナートの脱炭素で検討委設置へ＝当初予算は過去最大規模－三重県四日市市 | 三重県四日市市は、2022年度の一般会計当初予算案を発表した。50年までに温室効果ガスの排出を実質ゼロとするカーボンニュートラルを見据え、四日市コンビナートでの脱炭素の取り組みを検討する委員会を設置する経費を盛り込んだ。 |
| 2022/2/4 | 「ゼロカーボン基金」創設＝当初予算案は過去2番目の規模－三重県桑名市 | 三重県桑名市の伊藤徳宇市長は、2050年までに市からの二酸化炭素排出実質ゼロの実現に向け、「ゼロカーボン基金」を創設する条例案を3月議会に提出すると発表した。3月末にも創設する。 |
| 2022/2/4 | 漁業就業ガイドブックを刷新＝長崎県 | 長崎県は、漁業への就業促進を目的とするガイドブックを全面的にリニューアルした。人気漫画のイラストを使って、漁業の魅力を若い世代に伝えるのが狙い。製作費として、ふるさと納税で全国から集まった寄付金を活用した。 |
| 2022/2/17 | 巨大ウナギ生産に成功＝愛知県 | 愛知県の一色うなぎ漁業協同組合と、愛知県水産試験場内水面漁業研究所などがこのほど、通常より2倍の大きさがあるウナギの試験生産に成功した。大きく成長しても身が柔らかくなる生産技術を開発。3月中旬ごろから西尾市内で試験的に販売する予定だ。 |
| 2022/2/18 | 森林・林業の投資指標作成へ＝木材利用や再造林を積極評価－林野庁 | 林野庁は、森林や林業、木材産業への投資に関し、脱炭素化の観点から望ましい方向性を示した指標を作成する方針だ。木材利用の拡大や再造林などに資するプロジェクトを積極的に評価することで民間投資を呼び込み、森林による二酸化炭素吸収量の確保や関連産業の収益性向上にもつなげる狙い。 |
| 2022/2/21 | 営農型太陽光発電の課題整理＝風水害対応、作物の生育など－農水省 | 農林水産省は、農地に支柱を立てて上部空間に太陽光パネルを設置し、営農と発電を両立させる「営農型太陽光発電」の在り方に関する有識者会議を設置した。営農型太陽光発電は脱炭素化への貢献などに期待がかかるが、風水害に対応したり、パネル下の作物を適切に育てたりするための知識が不足する事例もある。 |
| 2022/2/24 | 家庭ごみ減量目指し有料回収検討＝富山市 | 富山市は、家庭ごみ回収の有料化に向けた検討を始める。ごみの減量化を促し、ゼロカーボンシティーの実現を目指したい考え。2022年度にかけて素案を検討し、早ければ23年度後半にも導入する。 |
| 2022/3/2 | 漁業担い手育成の研修に補助＝福島県 | 福島県は、漁業の担い手を育成する研修の実施を支援するため、県漁業協同組合連合会などに補助金を支給する。補助を通じ、リース方式による漁船や漁具の導入のほか、警戒業務に関する講習会の開催を後押しする。 |
| 2022/3/11 | 次世代林業へ企業と連携＝山口県周南市 | 山口県周南市は、市有林で次世代林業の推進に向けたモデル事業を始める。民間企業による植林やバイオマス燃料としての利用を促進するほか、将来の担い手育成にも取り組み、成果を民有林へ広げたい考えだ。 |
| 2022/3/16 | 漁師獲得へ新規参入者を支援＝北海道古平町 | 北海道古平町は、漁業の新規参入者に対し、家賃補助や研修期間の生活費などの支援に乗り出す。経済的なサポートの充実で、漁業後継者を確保するのが狙い。補助の対象期間は独立までの3年以内。家賃は月2万5000円を上限に2分の1以内で補助する。 |
| 2022/3/25 | 魚介自給率、32年度に94％＝新水産基本計画を閣議決定 | 政府は、今後10年間の新たな水産基本計画を決定した。遊漁も含む資源管理の着実な実施や異業種との連携による漁村の活性化などが柱となっている。こうした取り組みを基に、2032年度に食用魚介類の自給率94％（20年度57％）を目指す。 |

| 2022/ 4 / 6 | 多目的活用でコスト分担を＝農村のICT環境整備で指針―農水省 | 農林水産省は、農村で情報通信技術を活用する環境を整備する際の指針をまとめた。農村部は市街地と比べて人口が少なく、より広い範囲をカバーすることが想定されるため、農業以外の用途を含む多目的な活用を進め、幅広い関係者で整備・運営コストを分担する体制を検討するよう明記。基盤整備に取り組む地方自治体や土地改良区などに参考にしてもらう。 |
|---|---|---|
| 2022/ 4 / 8 | 有機、低糖質食品ブランド化へ＝新潟県新発田市 | 新潟県新発田市は、オーガニック（有機）農産物や低糖質食品のブランドを立ち上げ、開発や研究、販路拡大に取り組む。市内の食品事業者、民間の商品開発担当者らを交えたプロジェクトチームを6月ごろに設置し、3年計画で進める。 |
| 2022/ 4 / 8 | スマート農業で作業効率化＝作付面積拡大も―新潟市 | 新潟市は、最新のロボット技術や情報通信技術を駆使したスマート農業の普及に取り組んでいる。これまでさまざまな企業と連携して実証実験を実施。農作業の効率化が進み、農家の労働時間が減少したり、作付面積の拡大につながったりするなど成果を挙げている。 |
| 2022/ 4 /11 | ヒグマ位置、ドローンで特定＝北海道砂川市 | 北海道砂川市は、住宅街での目撃が増えているヒグマの位置を特定するため、サーモグラフィー付きのドローンを導入する。木で遮られた場所でもヒグマの動きが確認できる利点を生かし、住民への警戒情報の早期発出に役立てる。 |
| 2022/ 4 /11 | 担い手確保へ農林大学校でリモート授業＝島根県 | 島根県は、農林業の担い手を養成する県立農林大学校でリモート授業を開始した。現地実習の地域など農林大学校から離れた場所でも受講しやすい環境を整え、就農希望者の確保を図る。 |
| 2022/ 4 /18 | 「援農」滞在者にシェアハウス＝山口県阿武町 | 山口県阿武町は、休暇中や休業中などに農作業を手伝う「援農」に従事するため、町に短期滞在する人に向け、古民家を改修したシェアハウスを用意する。シェアハウスは男性3人、女性3人まで入居でき、家賃は月額5000円とする予定。 |
| 2022/ 5 / 2 | 「デジタル林業戦略拠点」を設定＝地域組織の立ち上げ支援―林野庁 | 林野庁は、情報通信技術やAIを活用したスマート林業の普及を後押しするため、「デジタル林業戦略拠点」としてモデル地域を設定する方針だ。森林調査から伐木や流通、再造林までの全過程で最適なデジタル技術を活用できるよう、産官学金の事業者で構成する地域組織を立ち上げ、一体的に支援する。具体的な支援策は2023年度以降実施する予定だ。 |
| 2022/ 5 / 9 | 水産加工品開発へコンペ開催＝福島県 | 福島県は、新たな特産品の創出を目指して、水産加工業者から商品開発や販売アイデアを募集する。審査会で選ばれた企業などに助成し、開発を支援する。東日本大震災と東京電力福島第1原発事故による風評被害を払拭し、県産品の販路を拡大する狙いがある。 |
| 2022/ 5 /10 | サツマイモの生産推進で補助金＝原発事故の遊休地解消へ―福島県田村市 | 福島県田村市は、東京電力福島第1原発事故の影響で遊休地となった農地を解消しようと、かつて特産品だった葉タバコに代わり、サツマイモの生産に力を入れている。2022年度には農業者向けに補助金を支給する方針。 |
| 2022/ 5 /13 | 天然アユ買い取りをモデル実施＝奈良県 | 奈良県は、県産の天然アユを釣り人から買い取り、県内飲食店に提供する試みをモデル実施する。安定供給できる仕組みをつくり、県内で天然アユを味わえる機会を増やすことが狙い。買い取りは、県が地元漁協に委託して行う。買い取ったアユは県内飲食店にサンプルとして無料で提供。その後、県が飲食店へのアンケートで調理した感想などを聞く。 |
| 2022/ 5 /16 | 官民連携で「農ある暮らし」を創出＝千葉県芝山町 | 千葉県芝山町は、「農ある暮らし」をコンセプトにした官民連携による住宅地開発に着手する。隣接する成田空港で予定される新滑走路建設などの機能強化に伴い、増加が見込まれる従業員の受け皿づくりの一環。 |
| 2022/ 5 /16 | 水産振興で「魚種専門チーム」発足＝熊本県 | 熊本県は、水産職員による魚種専門チームを発足させた。漁業者と連携して、産地偽装の撲滅や資源回復に努めるのが狙いで、専門人材の育成も図る。魚種別に「ノリ」「二枚貝」「養殖魚」「天然魚」の4チームを編成し、必要な取り組みを継続的に行う。 |
| 2022/ 5 /18 | 民間施設木造化に補助金＝県産材利用促進で脱炭素―岩手県 | 岩手県は2022年度、県産木材を使用して民間商業施設の新築、改築、模様替えなどに取り組む県内事業者に対し、工事に必要な経費の一部を支給する事業に乗り出す。県産木材の普及を図るとともに、脱炭素社会に資するのが目的。 |
| 2022/ 5 /23 | 栽培漁業支援で稚魚購入補助＝福島県 | 福島県は、東日本大震災で被害を受けた県内の栽培漁業者を支援するため、アワビの稚貝やヒラメの稚魚の購入費用を一部補助する。稚貝・稚魚の生産は、温度管理などで高度な技術が必要なことから県水産資源研究所で供給量を確保する。 |
| 2022/ 5 /25 | 有機JAS認証経費を全額補助＝熊本県山都町 | 熊本県山都町は、国際基準に準拠した「有機農産物の日本農林規格」の認証を初めて取得する農家に対し、経費を全額補助する事業を始めた。町は、27年度までに町内の耕地面積に占める有機農業の割合を10.4％に引き上げる目標を掲げている。 |
| 2022/ 5 /27 | バイオマスエネルギーの活用を推進＝双日と連携協定―宮崎県川南町 | 宮崎県川南町は、大手総合商社の双日と農業振興を核とした地域創生に関する連携協定を締結した。バイオマスエネルギーの活用などを柱に、農業分野での連携を強化する。協定に伴い、双日モリノミライが開発した「ハコヤナギ」の新品種を町内の休耕地に1000本強植林し、バイオマス発電・熱利用のための燃料材として活用する。 |

| 2022/5/31 | 木材自給率、48年ぶり4割超=コロナも影響—林業白書 | 政府は、2021年度森林・林業白書を閣議決定した。白書では、わが国の20年の木材自給率が前年比4.0ポイント上昇の41.8％になったと紹介。4割を超えたのは1972年以来48年ぶりという。 |
|---|---|---|
| 2022/6/15 | 農業者向けに事業承継ブック=大分県 | 大分県は、農業者向けに事業承継の手順を示した冊子を作成した。農業者の高齢化や後継者不足が進んでいることから、冊子を活用して人材の育成や経営継続に主体的に取り組んでもらうのが狙い。県が農業者向けにこうした冊子を作るのは初めて。 |
| 2022/6/25 | 漁網がかばんやウエアに=海の廃棄物で再生素材 | 漁師が使わなくなった漁網をかばんや衣類に再生させる取り組みが広がっている。かばんや釣り用品のメーカーが、漁網を原料にした再生素材を使って製品を開発。廃棄量を減らし、資源の有効利用につなげる。 |
| 2022/6/27 | 環境配慮の車・住宅に補助金=山口県周南市 | 山口県周南市の藤井律子市長は、環境に配慮した自動車や住宅の購入を後押しする補助制度を創設し、7月から申請を受け付けると発表した。対象は、電気自動車とプラグインハイブリッド車、太陽光発電などを組み合わせてエネルギー消費量を実質ゼロにする住宅「ネット・ゼロ・エネルギー・ハウス」。 |
| 2022/6/30 | 再エネ導入で協力金=東京都足立区 | 東京都足立区は、区内の住宅や事業所が使用する電力をすべて再生可能エネルギー由来の電力に切り替えた際、協力金2万円を支給する事業を始めた。区は2050年までの二酸化炭素排出実質ゼロを掲げており、その取り組みの一環。 |
| 2022/7/1 | イオン店舗で使用済み容器回収=プラごみ削減で協定—京都府 | 京都府は、プラスチックごみなど廃棄物が削減された社会の実現に向けた連携協定をテラサイクルジャパン合同会社と締結した。協定に基づき、西日本で初めてイオンの府内店舗に使用済み容器を回収する「ループ」を導入する。 |
| 2022/7/5 | 小麦高騰で米粉の普及推進=福島県郡山市 | 福島県郡山市は、ロシアのウクライナ侵攻などの影響で小麦価格が高騰していることを背景に、代替となる米粉を使った食品の普及推進事業を始める。市は農業協同組合や関連事業者、大学・専門学校と連携。市民向けに料理教室などを開き、郡山産の米粉をPRする。 |
| 2022/7/8 | 再造林なら伐採時CO$_2$排出ゼロ=森林・林業投資増へガイドライン—林野庁 | 林野庁は、環境や社会課題への貢献を重視する「ESG投資」が拡大する中、森林や林業、木材産業への投資を呼び込むためのガイドラインをまとめた。日本では利用期を迎えた人工林を切って、再び木を植える「再造林」を進めるのが課題で、民間資金により一部費用を賄う狙いがある。 |
| 2022/7/8 | 遊休農地リフォームを支援=和歌山県 | 和歌山県は、農地バンクを通じて遊休農地をリフォームした上で、農家への貸し付けや売り渡しを行う事業について、支援するリフォームの対象を広げる。草木の除去など原状回復に加え、収穫物などを運ぶ農業用モノレールといった設備の改良も支援の対象とする。 |
| 2022/7/11 | 1次産業、燃油・飼料に補助=福岡県糸島市 | 福岡県糸島市は、市内の農業、林業、漁業従事者を支援するため、燃油や畜産用飼料の経費について、最大100万円を補助する。価格高騰により経営が圧迫を受けていることを踏まえ、市の基幹産業である第1次産業の従事者を包括的に支援。 |
| 2022/7/14 | 環境ポイント付与、11月開始=スマホのアプリ活用—大阪府堺市 | 大阪府堺市は、市民が環境に配慮した製品やサービスを選んだ際、スマートフォンのアプリを用いて市独自のポイントを付与する取り組みを11月ごろから始めると発表した。市民に行動変容を促す狙い。 |
| 2022/7/19 | キュウリの自動収穫機開発へ=徳島県 | 徳島県は、農業機器メーカーと共同でキュウリの自動収穫機の開発に取り組む。AIカメラによる画像認識技術やロボットアームを搭載する方針。農業の担い手不足が課題となる中、農家の負担軽減につなげる。 |
| 2022/7/25 | 都市農業支援へ「アグリセンター」=大阪府和泉市 | 大阪府和泉市は、都市農業従事者を支援する「アグリセンター」を開設した。都市化による営農環境の悪化や、高齢化による担い手不足といった課題に対応。新規就農者の育成や技術向上、農産品のブランド化などを目指す。センターの運営は委託先企業が担う。 |
| 2022/8/3 | 森林環境譲与税の使途リスト=市町村向け、活用促進で—林野庁、総務省 | 林野庁と総務省は、森林環境譲与税の使途を紹介するリストをまとめた。森林整備であれば、間伐や造林の実施、林道の維持修繕などに充てられたことを示した。使途の判断に迷っている市町村の参考にしてもらい、財源の有効活用を促す。 |
| 2022/8/5 | ノリ養殖にドローン活用検討=宮城県 | 宮城県は、ノリ養殖場でドローンの活用を検討している。ドローンに搭載した特殊なカメラで上空から養殖場を撮影し、ノリの生育状況をデータ化する技術の開発に取り組む。 |
| 2022/8/5 | AIアプリで稲の生育判定=福井県 | 福井県ブランド米「いちほまれ」や県産コシヒカリの生育状況をAIで判定するアプリが完成し、県農業試験場は農家への本格普及を始めた。アプリは、システム開発などを手掛けるNTTデータCCSが開発。AIにより肥料を施す時期や水管理のタイミングを把握でき、収量アップや品質向上に加え、農家の負担軽減が期待される。 |
| 2022/8/8 | 農林漁業者向けに相談窓口=岩手県 | 岩手県は、農業生産資材や飼料などの価格高騰の影響を受けている農林漁業者向けに、経営全般に関する相談を受け付ける窓口を設置した。資金繰り、生産コスト低減対策といった相談にきめ細かく対応していきたい考え。 |

| | | |
|---|---|---|
| 2022/8/12 | 「自伐型林業」普及へ実践研修＝北海道函館市 | 北海道函館市は、所有者らが自ら森林の手入れを行う「自伐型林業」の普及に向け、伐採に必要な機材の使い方などを学ぶ実践型研修を初開催する。経験豊富な講師を招き、実際の森林で手ほどきを受け、森林管理への関心を高めてもらう。 |
| 2022/8/18 | 牛ふん尿からLPガス＝古河電工と連携協定－北海道鹿追町 | 北海道鹿追町と古河電気工業は、脱炭素の循環型社会の実現に向け、連携協定を結んだ。鹿追町は牛のふん尿から得られる二酸化炭素とメタンからバイオガスを製造して発電を行っている。古河電工は鹿追町が提供するバイオガスを原料にして、貯蔵や輸送がしやすい液化石油ガスを製造する。 |
| 2022/8/22 | 農業用アシストスーツに補助＝宮崎県美郷町 | 宮崎県美郷町は、農作業の安全性の向上と重労働の軽減を図るため、農業用アシストスーツの導入を支援する。町内農家の高齢化が進む中、農業の継続に向けて、労働環境の改善につなげたい考え。催。4点のアシストスーツが体験でき、会場で申請用紙も配布する。 |
| 2022/8/24 | 農業分野でDX実証実験＝北海道伊達市 | 北海道伊達市は、農業のDXに関する実証実験を行う。自動車部品大手「デンソー」のグループ会社が持つ技術を活用し、生育環境をコントロールしたハウスでミニトマトを栽培する。ハウスは同社が市内の小学校跡地に建設。 |
| 2022/9/5 | 農業デジタル人材を育成＝長野県上田市 | 長野県上田市は、情報通信技術などを活用し、就農希望者を地域農業のリーダーとして育成する「農業デジタル人材育成プロジェクト」を開始した。市の地域おこし協力隊員に遠隔での農作業指導やAIによる技術習得支援を行う。事NTT東日本などが連携している。 |
| 2022/9/6 | 屋形船にバイオ燃料＝東京都が運行開始 | 東京都は、国内初となるバイオ燃料を使用した屋形船の運航を始めた。環境に優しいバイオ燃料の活用推進が狙い。都は、電力の需給逼迫が予想される冬に向け、省エネの啓発にもつなげたい考え。 |
| 2022/9/9 | 愛知県と中部電、木材利用で協定＝アジア大会選手村跡地利用で | 愛知県と中部電力は、2026年に開催されるアジア競技大会の選手村跡地利用事業で、建物の木造・木質化を進める「建築物木材利用促進協定」を締結した。同協定の締結は県内で初めて。環境負担を低減させ、県産木材の利用を拡大させる。 |
| 2022/9/13 | 牛乳を購入し医療機関に贈呈＝福岡県久留米市 | 福岡県久留米市は、飼料の高騰などで経営環境が厳しい酪農業を支援するため、牛乳を購入して、新型コロナウイルス病床がある市内の重点医療機関に贈呈する。対象は市内に5つある重点医療機関（職員計約6200人）。 |
| 2022/9/16 | 海洋ごみ回収でマニュアル作成＝漁業者と自治体の連携強化－環境省 | 環境省は、漁業者と自治体が連携して海洋ごみを回収する取り組みを後押しするため、2022年度中にマニュアルを作成する。漁業者と自治体の協力体制の構築に加え、海洋ごみのたまりやすい場所や回収・分別の手法といった知見をまとめ、優良事例を全国に広める狙いがある。 |
| 2022/9/16 | 再エネ設備導入に補助＝広島県安芸高田市 | 広島県安芸高田市は、自宅に再生可能エネルギー設備などを導入する市民を対象に、設置にかかる費用を10万円を上限に補助する事業を始めた。原油価格や電気、ガス料金などの高騰の影響を受ける市民の負担を軽減することに加え、再生エネの普及促進と地球温暖化防止につなげたい考え。 |
| 2022/9/20 | コンブ養殖でCO$_2$吸収＝北海道留萌市 | 北海道留萌市は、海藻が吸収する二酸化炭素「ブルーカーボン」の試験として、コンブの養殖を始める。コンブはウニの餌としても活用し、水産業の発展にも生かす。水産振興に関する連携協定を結ぶ大学にも協力も仰ぐ。 |
| 2022/9/20 | 狩猟入門オンラインセミナーと体験会＝茨城県 | 茨城県は、イノシシなど野生鳥獣の捕獲の担い手を確保するため、オンラインセミナーと狩猟体験会を行う。農作物や生活環境への被害を防ぐため、狩猟を身近に感じ、狩猟免許の取得を推進するのが狙い。 |
| 2022/9/22 | 低燃費タイヤの導入に補助＝福岡県久留米市 | 福岡県久留米市は、原油価格高騰の影響を受けている運送業などの中小企業を支援するため、低燃費タイヤの導入費を助成する。対象は今年4月以降、市内事業所の事業用車両に装着した低燃費タイヤ。約1000台への支援を想定している。 |
| 2022/9/26 | 森林環境税、免除対象を規定＝被災者や生活保護受給者ら－総務省 | 総務省は、2024年度から課税を開始する森林環境税の免除対象者を規定した。災害で甚大な被害を受けた人や生活保護受給者、失業者らが対象となる。非課税限度額は、個人住民税の均等割と同じ基準を用いる。 |
| 2022/9/28 | 漁業人材確保へ支援事業拡充＝風評対策で5県を追加－復興庁 | 復興庁は、東日本大震災の復興のため福島県を対象に実施している漁業人材の確保支援事業を拡充する。東京電力福島第1原発からの処理水の海洋放出を控える中、同じ太平洋沿岸の近隣5県を対象に追加する。 |
| 2022/9/29 | 環境負荷減らす基本計画策定を＝全都道府県に呼び掛け－農水省 | 農林水産省は、環境負荷の小さい農業の実現に向け、7月に施行された「みどりの食料システム法」に基づく基本方針をまとめた。化学農薬・肥料の削減、有機農業面積の拡大の目標などを盛り込んだ基本計画を各自治体が策定することが柱。基本計画に沿って先進的に取り組む生産者には、税制優遇措置が適用される。 |

| 2022/10/3 | ジビエ関係者の連携促進＝情報交換の場、提供へ—農水省 | 農林水産省は、シカやイノシシといった野生鳥獣の食肉「ジビエ」の利活用や販路拡大を進めようと、処理加工業者や流通・販売事業者、外食産業事業者らの連携を促す。関係者が情報交換する「ジビエ連携フォーラム」を立ち上げ、自治体や業界団体などを通じて参加会員を募集している。 |
|---|---|---|
| 2022/10/5 | 再エネ森林開発に課税を検討＝自然破壊に抑止力期待—宮城県 | 宮城県は、県内の森林を開発して新たに再生可能エネルギー施設を設置する事業者への課税を検討している。再エネの普及を進める中、自然破壊や景観を損ねる事業が地元住民とのトラブルにつながるケースもあり、整備地を森林以外の適地へ誘導するのが狙いだ。対象は、太陽光、風力、バイオマスなどの発電施設を想定。 |

## 11. 観光

　新型コロナウイルス感染症の広まりによってインバウンド観光が大きな影響を受けたこともあり、宿泊税などの検討を棚上げ、停止した自治体が複数あったが、国内の経済活動が徐々に通常に戻りつつあることや、水際対策の緩和を受けて観光振興策や観光客課税の在り方を検討する自治体が増えてきている。

　広島県廿日市市は2023年秋にも「宮島訪問税」を導入する。宮島に渡る旅客船の運賃に100円を上乗せする形で徴収する。税の徴収のための券売機などの導入を進め、準備が整い次第徴収を開始する。来島者数が年間300万人に回復すれば5年間で約10億2600万円の税収となる見込み。

　長崎市は2023年4月をめどに宿泊税を導入する。観光客の受け入れ環境整備のための予算を確保し、観光客の増加と税収増を目指す。市内の旅館やホテルに宿泊する宿泊者が対象で、宿泊料金によって1泊当たり100〜500円を徴収する。コロナ禍前の市内宿泊客数約270万人の水準だと年間4億4000万円の税収となる見込み。

### 図表Ⅱ-4-11　観光の動き

| 年月日 | 見出し | 内　　容 |
|---|---|---|
| 2021/10/11 | 外国人向け観光案内チャットボット＝富山県 | 富山県は、新型コロナウイルス収束後の外国人観光客誘致を見据え、AIを活用した観光案内チャットボットサービスを始めた。訪日外国人に観光情報を効率的に提供し、県内の周遊を促進する狙い。全国で初めて、全市町村と連携した県全域で導入した。 |
| 2022/10/18 | 7市町連携で「旅先納税」＝共通電子商品券は全国初—京都府福知山市など | 旅行先の自治体にスマートフォンでふるさと納税をすると、返礼品として即座に電子商品券が発行される「旅先納税」を京都府北部の7市町が始める。返礼品の電子商品券が複数自治体で共通で利用できる仕組みは全国初。周遊観光を促進し、観光消費や旅先納税の拡大を目指す。 |
| 2021/10/22 | サイクリング専用バスが完成＝徳島県 | 徳島県の飯泉嘉門知事は、ロードバイクをそのまま持ち込めるバス「サイクル・キャビン」が完成したと発表した。バス事業者からデザインを募集し審査会で、県内のバス事業者である「海部観光」に事業を委託することを決定。乗車定員は20人で、ロードバイクを19台積載できる。 |
| 2021/10/29 | 飲食店支援でCF開始＝札幌市 | 札幌市の秋元克広市長は28日の定例記者会見で、新型コロナウイルス感染拡大で影響を受けた飲食店に対し、クラウドファンディングを活用した支援を始めると発表した。1口1000円の支援に対し、店舗で利用できる650円の食事券を2枚発行する。 |
| 2021/11/17 | 観光客への課税検討＝沖縄県宮古島市 | 沖縄県宮古島市は、観光客らに対する課税を検討する。新型コロナウイルス禍前の観光客数の増加で海岸清掃や道路補修などに掛かるコストが膨らんだため、受け入れ環境の整備や環境保全の財源を確保したい考え。宿泊税や任意の協力金の導入を視野に入れている。 |
| 2021/11/29 | 混雑回避にDX活用＝安全な旅行へ実証実験—観光庁 | 観光庁は、DXを活用して観光地での混雑を回避する実証実験を行う。センサーカメラなどで滞留状況を「見える化」し、観光客らの周遊を促す方策を探る。新型コロナウイルス禍でも混雑を避けて安心・安全な旅行が楽しめる体制を整える狙いがある。 |

| | | |
|---|---|---|
| 2021/12/14 | 入国手続き、ウェブで一元化＝20日開始－デジタル庁 | デジタル庁は、検疫と入国審査、税関申告の入国手続きを一元的に行えるウェブアプリ「ビジット・ジャパン・ウェブ」の提供を始めると発表した。新型コロナウイルス収束後の訪日外国人観光客の増加を見据え、煩雑な手続きをデジタル化して業務の効率と利用者の利便性を高める。 |
| 2021/12/16 | ホテルで電車の運転席体験＝横浜市 | 横浜市内のホテル客室で、私鉄車両の運転席の雰囲気を体験できる宿泊プランが始まった。1975年～2019年に相鉄線を走行した7000系車両で使われたブレーキ弁ハンドルや速度計などを木製の台に設置し、運転席を再現。当時のヘッドマークなども展示している。 |
| 2021/12/24 | 財源確保で宿泊税など検討＝大分県由布市 | 大分県由布市は、持続的な自主財源確保に向けて新計画をまとめた。宿泊税か入湯税の超過課税のどちらかの導入が柱。2022年度に市や観光関係者らでつくる協議会を立ち上げ、具体的な税体系を議論する方針だ。 |
| 2022/1/24 | 仮想空間に恐竜登場＝スマホなどで手軽に観賞－福井県立大 | 福井県立大学は、県内で化石が見つかった恐竜の生体復元モデルをインターネット上の仮想空間に公開したと発表した。パソコンやスマートフォンから自由に恐竜を眺めたり、解説を読んだりできる。 |
| 2022/2/1 | 自治体共同で初のオンラインショップ＝4県の特産品PR－シンガポール | 神奈川、石川、愛媛、高知の4県は、シンガポールの消費者向けに初めて共同でオンラインショップを開設した。各県の特産品をPRし、往来再開後の訪日旅行の促進を図る。26社の全48品をサイトで販売する。商品にストーリーを持たせ消費者に訴求するよう工夫した。 |
| 2022/2/9 | 県境越え自転車ツーリズム推進＝鹿児島県湧水町 | 鹿児島県湧水町は、隣接する宮崎県えびの市と連携し、自転車で両市町の観光地を巡る「サイクルツーリズム」の環境整備を進めている。交流人口の拡大や、入り込み客の取り込みが狙い。 |
| 2022/2/14 | 就航地連携サミットを開催＝ひょうご観光本部 | ひょうご観光本部などは、持続可能な観光地実現に向けて、観光、航空関係者らが参加する「就航地連携観光サミット」を開いた。青森や茨城など神戸空港からの直行便が就航している全国12都市の観光関係者や全日本空輸、関西エアポートなどの航空事業者らが参加。 |
| 2022/3/23 | 顔認証で旅行者の接種・陰性確認＝NEC、JALと奄美で実験 | NECは、日本航空と鹿児島県奄美大島で、顔認証技術を活用して旅行者の新型コロナウイルスのワクチン接種やPCR検査の陰性結果を確認する実証実験を開始したと発表した。顔認証などを登録した旅行者は店舗などで特典を受けられる。 |
| 2022/3/24 | 文化財を活用した高級宿が完成＝宮崎県日南市 | 宮崎県日南市が、市指定文化財である伝統的建物を民間の力を借りて保存・活用する「飫肥地区歴史的建造物利活用事業」の第1弾となる高級宿泊施設「茜さす　飫肥」が完成し、内覧会を実施した。 |
| 2022/3/24 | 庁舎内駐車場にEV急速充電器＝地元産電力使用－長野県 | 長野県は、電気自動車の急速充電器1台を県庁内の駐車場に設置した。使用する電力は県が運営する水力発電所に由来する「信州Greenでんき」。県が土地を提供し、充電器の設置と運営は「e-Mobility Power」が行う。 |
| 2022/3/28 | サーファー拠点施設完成＝宮崎県 | 宮崎県が整備を進めてきたサーファーの拠点施設「ソラシドエアサーフィンセンター木崎浜」が宮崎市に完成し、報道陣に公開された。センター設置で快適で安全な環境を整え、全国的なサーフスポットとして客や大会の誘致などに力を入れる。 |
| 2022/3/29 | 宿泊施設対象に上位ランク創設＝グリーン・ゾーン認証制度－山梨県 | 山梨県は、感染症防止対策「やまなしグリーン・ゾーン認証制度」について、宿泊施設を対象にした上位ランクの認定基準を公表した。インバウンド受け入れ再開を見据え環境を整備する狙いだ。 |
| 2022/4/1 | 神社仏閣生かし集客へ＝北海道寿都町 | 北海道寿都町は、町内の神社仏閣を生かした集客を狙い、観光戦略の策定に乗り出す。地域総合整備財団からの助成金700万円を活用し、2022年度当初予算に1000万円を計上した。 |
| 2022/4/4 | 固定資産で評価システム＝長野県白馬村 | 長野県白馬村は、固定資産税の評価額を適正に算出するため、家屋評価システムを導入する。職員の負担を軽減するとともに、一定の基準による評価で納税の公平性を担保するのが狙い。 |
| 2022/4/20 | 旧小学校をグランピング施設に＝千葉県多古町 | 千葉県多古町は、閉校となった旧小学校をグランピング施設として再利用する。2022年度内にオープンする予定プロポーザル方式で事業者を募集。グランピング施設としての活用を提案した「グランバー東京ラスク」への貸し付けを決定した。 |
| 2022/4/30 | 「空飛ぶクルマ」で会場へ＝大阪・関西万博に本格導入 | 政府は、2025年大阪・関西万博で人を乗せて移動する「空飛ぶクルマ」を本格的に導入する方針だ。関西空港や神戸空港などと、万博会場となる大阪市の人工島「夢洲」をつなぎ、来場客を輸送する構想。 |
| 2022/5/13 | 車いす向け観光マップ作製＝福岡県柳川市 | 福岡県柳川市は、車いすやベビーカーの利用者向けに、訪問しやすいスポットをまとめた観光マップを作製した。市民と協働した観光コースづくり事業の一環。車いす利用者が3年かけて現地を調査して掲載するコースを策定したほか、モニタリングツアーも複数回実施した。 |

| 2022/ 5 /23 | 25年度以降、複数箇所でホテル進出へ＝星野リゾートと協定―福井県 | 福井県と星野リゾートは、2024年春の北陸新幹線金沢―敦賀開業で増加する観光客の宿泊需要に対応するため、リゾートホテルの整備運営に関する協定を締結した。計画では25年度以降、県内の複数箇所でリゾートホテルの進出を目指す。 |
|---|---|---|
| 2022/ 5 /31 | 初のクルーズ船ツアーが出発＝熊本県八代市 | 熊本県八代市の大型客船向け港湾施設「くまモンポート八代」で、初めての発着となるクルーズ船のツアーが始まった。「にっぽん丸」が乗客246人を乗せて、鹿児島県の屋久島へ2泊3日の周遊ツアーに出発。 |
| 2022/ 6 / 8 | 宮島訪問税、23年秋ごろ導入へ＝広島県廿日市市 | 広島県廿日市市は、世界遺産・厳島神社がある宮島を訪れる観光客に課税する「宮島訪問税」を2023年秋ごろに導入すると明らかにした。現在、税の徴収に必要な券売機をはじめとする機器の導入準備を進めており、そうした準備が23年9月に完了するめどが立ったという。 |
| 2022/ 6 /24 | 総務省が宿泊税の新設同意＝23年4月から導入―長崎市 | 長崎市は、ホテルなどの宿泊者に課す法定外目的税「宿泊税」の新設について総務省の同意を得たと発表した。2023年4月に導入し、税収は観光振興に関する施策に活用する。1人1泊当たりの税額は、宿泊料金が1万円未満で100円、1万円以上2万円未満で200円、2万円以上だと500円。修学旅行など学校行事に参加する児童生徒らへの課税は免除する。 |
| 2022/ 7 / 8 | 広域観光連携で合意＝リニア活用も―富山、岐阜両知事 | 岐阜県の古田肇知事と富山県の新田八朗知事は、富山県内で懇談した。新型コロナウイルスの収束を見据え、両県が連携して九州や中国地方をターゲットとした誘客を行うことで合意。引き続き広域観光を推進する方向で一致した。 |
| 2022/ 7 /14 | 「いばらきキャンプ飯」プロジェクトを開始＝茨城県 | 茨城県は、民間企業と連携して、旬の食材を活用した「キャンプ飯」を開発。県産品の消費拡大とキャンプの魅力を発信するプロジェクトをスタートし、県庁前広場でキックオフイベントを開いた。 |
| 2022/ 7 /20 | 県民割、45道府県が実施＝20日時点、大阪は終了―観光庁 | 観光庁の和田浩一長官は20日の記者会見で、8月末まで期限が延長された、近場の旅行割引キャンペーン「県民割」について、同日正午時点で東京都と大阪府を除く45道府県が実施していると明らかにした。 |
| 2022/ 8 / 1 | 高崎だるま、北京で販売＝イトーヨーカ堂と協力―群馬県 | 群馬県上海事務所は、北京のイトーヨーカ堂が実施する「中国事業25周年祭」に合わせ、伝統工芸品の「高崎だるま」の販売を始めた。売り場では、観光パンフレットの配布やオリジナルのボールペンのプレゼントなども行い、県の魅力をアピールする。 |
| 2022/ 8 /12 | 屋台の経営者を公募＝5地区13区画で―福岡市 | 福岡市は、福岡名物の屋台に関し、経営者を公募すると発表した。天神、中洲、長浜にある5地区の計13区画が対象。23年2月に経営者を決め、同6〜7月末に新たな屋台の営業が始まる見通し。 |
| 2022/ 8 /16 | 観光地の混雑予測マップ＝金沢市 | 金沢市は、市内観光スポットの混雑を予測するマップを整備し、市観光公式サイトで配信する。対象となる観光地は「ひがし茶屋街」や「近江町市場」など10カ所以上を想定。民間企業から提供された人の流れに関するデータを活用し、観光地の混雑状況を予測して地図上に示す。 |
| 2022/ 9 / 6 | 只見線、ディーゼル機関車の試乗会＝福島県 | 2011年7月の新潟・福島豪雨により一部不通となっていたJR只見線が10月1日から全線開通するのを控え、ディーゼル機関車の試乗会が行われた。不通となっていた会津川口駅から只見駅を往復した。 |
| 2022/ 9 /16 | 老朽化したJR駅舎を取得へ＝青森県横浜町 | 青森県横浜町は、JR大湊線陸奥横浜駅の駅舎をJR東日本から取得する。駅舎自体は無償だが、周辺の敷地は有償で譲り受ける見通し。同駅はアニメに登場した「聖地巡礼」のスポットで、町が駅舎を維持管理して地域活性化につなげる狙い。 |
| 2022/ 9 /18 | 神戸空港国際化、地元首長歓迎＝兵庫知事、神戸市長 | 関西、伊丹、神戸の3空港を運営する関西エアポートと地元自治体、経済界による「関西3空港懇談会」が、神戸空港の国際化に合意したことを受け、同空港の地元自治体の首長は歓迎を表明した。 |
| 2022/10/ 3 | ふるさと納税返礼品は高級宿＝一休が新事業スタート | ホテル予約サイトを運営する一休は、返礼品を高級宿に特化したふるさと納税事業を開始した。サイト「一休.comふるさと納税」を開設し、既に京都市や大分県別府市など12自治体、70施設が出品。 |

第**Ⅲ**部

公民連携キーワード
解説

## 【欧文キーワード】

### BID（Business Improvement District）

　地権者等の合意に基づいて特定地区を指定し、その地区内の地権者・事業者から強制的に負担金を徴収しまちづくり活動を行う仕組みとその主体となる非営利組織のこと。北米、イギリス、オーストラリア等で採用されている。その財源に基づき、清掃活動・街区メンテナンスといったまちづくり活動を行うほか、駐車場や交通機関の運営・景観維持・公共空間の管理運営・新規テナントの誘致、将来計画の策定といった自治体では担いきれないエリアマネジメント活動を行う例も多い。

　2018年6月の地域再生法の改正で「地域再生エリアマネジメント負担金制度」（日本版BID）が創設された。特定の地域で受益者（事業者）の3分の2以上の同意を得てエリアマネジメント団体が「地域来訪者等利便増進活動計画」を自治体に対して申請、認定されれば、自治体が条例を制定して負担金を徴収する。自治体は、徴収した負担金を交付金として当該地域のエリアマネジメント団体に交付する。なお、日本版BID制度創設の前に、大阪市では梅田駅周辺（うめきた地域）の地権者から地方自治法に基づく分担金を徴収してエリアマネジメントに充てる仕組みを導入していた。

関連用語：エリアマネジメント

### BOT/BTO/BOO/RO/BLT/DBO

　PFI等公共サービス型PPP事業の事業方式の類型である。

　BOT（Build Operate Transfer）とは、民間事業者が自ら資金を調達し、施設を建設し、契約期間中の維持管理・運営を行い資金回収後、公共主体に施設所有権を移転する方式。

　BTO（Build Transfer Operate）とは、民間事業者が自ら資金を調達し、施設を建設、その所有権を公共主体に移転し、その代わり契約期間中の維持管理・運営を行う権利を得る方式。

　BOO（Build Own Operate）とは、民間事業者が自ら資金を調達し、施設を建設し、契約期間中の維持管理・運営を行うが、所有権は公共主体に移転しない方式。

　RO（Rehabilitate Operate）とは、民間事業者が自ら資金を調達し、既存の施設を改修・補修し、契約期間中の維持管理・運営を行う方式。

　また、類似した手法として、BLT、DBO等の事業方式がある。

　BLT（Build Lease Transfer）とは、民間事業者が自ら資金を調達し、施設を建設し、公共主体にその施設をリースし、契約期間中の公共主体からのリース料と施設の維持管理・運営で資金を回収する方式。契約期間終了後は、有償または無償により、施設の所有権を公共主体へ移転する。

　DBO（Design Build Operate）とは、公共が資金調達を負担し、設計・建設、運営を民間に委託する方式。公共主体が資金調達を行うことから、民間が資金調達を行うのに比べて資金調達コストが低く、VFM評価で有利になりやすいとされている。一方、公共が資金調達を行うため、設計施工、運営段階における金融機関によるモニタリング機能が働かない（働きづらい）とされている。

関連用語：PFI、PPP、VFM

## CSR (Corporate Social Responsibility)

　CSRすなわち企業の社会的責任とは、企業が社会や環境と共存し持続可能な成長を図るため、その活動の影響について責任をとる企業行動であり、企業を取り巻くさまざまなステークホルダーからの信頼を得るための企業のあり方を指す。具体的な行動には、適切な企業統治とコンプライアンスの実施、リスクマネジメント、内部統制の徹底ばかりでなく、時代や社会の要請に応じた自主的な取り組みも含まれる。その範囲は環境や労働安全衛生・人権、雇用創出、品質、取引先への配慮など、幅広い分野に拡大している。また、近年では、慈善活動にとどまらず、社会と企業の両方に価値をもたらすCSV（Creating Shared Value）活動も注目されている。

## KPI (Key Performance Indicator)

　重要成果指標。成果の達成に必要な項目のうち、重要なものを抽出し、客観的に評価する。PPPにおける市場化テストの実施の際に注目され、現在では地方創生事業等でも設定が求められる。結果や成果に関する客観的指標を設定することにより、依頼人は、代理人が望ましい行動をとっているかどうかを監視する（モニタリング）費用を削減できる。加えて、要求水準を示す適切な指標の設定が可能であれば、細かな仕様を指定する発注方式（仕様発注）から、サービスの質を指定する発注方式（性能発注）への転換も可能となる。

　例えば、職業訓練校の運営委託を行う場合に、KPIとして就職率を設定するなどの試みもみられた。サービスの質に応じた適切な指標の設定には課題もあるが、KPIの導入は、PPP分野のみならず、さまざまな契約に共通して応用できる概念である。
関連用語：モニタリング、モラルハザード、性能発注／仕様発生、市場化テスト、地方創生

## NPM (New Public Management)

　民間企業における経営理念、手法、成功事例などを公共部門に適用し、そのマネジメント能力を高め、効率的で質の高い行政サービスの提供を目指すという考え方。新公共経営といわれる。1980年代の財政赤字の拡大や、当時の政府／行政部門の運営の非効率性への認識から、90年代に入り大きな政府から小さな政府への動きの中で英国、ニュージーランドをはじめとする欧米で導入された。基本的方針として、成果主義の導入、市場メカニズムの活用、市民中心主義による多様なニーズへの対応、組織の簡素化と組織外への分権などが挙げられる。

　日本では、小泉内閣の「今後の経済財政運営及び経済社会の構造改革に関する基本方針（骨太の方針）」（2001年6月閣議決定）の中で、新しい行政手法として取り上げられ、多くの自治体で取り入れられている。
関連用語：PPP

## NPO (Non-Profit Organization)

　営利を目的としない団体の総称。ボラン

ティア団体や市民団体、財団法人、社団法人、医療法人、学校法人、生活協同組合、自治会なども含まれる。このうち、特定非営利活動促進法（NPO法）に基づき認証を受け、法人格を取得したものをNPO法人（特定非営利活動法人）といい、NPO法人のうち、一定の基準を満たし所轄庁の認定を受けたものを認定法人という（2022年9月末時点の認証法人数は5万541法人、認定・特例認定法人数は1,254法人）。認定NPOへの寄付は、寄付者に対する税制上の優遇措置および、認定NPO法人に対する税制上の優遇措置が適用される。

2017年4月1日に「特定非営利活動促進法の一部を改正する法律」が施行された。NPO法人の設立の迅速化や情報公開の推進などが主眼の改正となった。主な改正点は①認証申請縦覧期間の短縮（従来の2カ月から1カ月に）とインターネット公表を可能とする、②貸借対照表の公告を義務付ける（公告の方法は官報、日刊新聞、電子公告、公衆の見やすい場所への掲示）、③内閣府NPO法人情報ポータルサイトでの情報提供の拡大、④事業報告書等を備え置く期間の延長（従来3年から5年に）。また、認定NPO法人、仮認定NPO法人については、①海外送金に関する書類の所管庁への事前提出を不要とする、②役員報酬規程等を備え置く期間を従来の3年から5年に延長、③「仮認定」の名称を「特例認定」に変更することが定められた。

なお、NPOと同様に用いられる言葉として、NGO（Non Governmental Organization）があるが、一般的に国際的な活動をしている非営利団体を指すことが多い。また、EUにおいては社会的経済（Social Economy）という言葉が使われている。

関連用語：新たな公／新しい公共／共助社会づくり

## PFI（Private Finance Initiative）

わが国におけるPPPの代表的な事業手法であり、公共施設の建設、維持管理等全般に、民間の資金・経営能力・技術力を活用するための手法である。1992年に英国で道路建設等に導入されたのが発祥で、わが国では1999年に「民間資金等の活用による公共施設等の整備等の促進に関する法律（PFI法）」が制定された。

2018年6月の法改正では、政府へのPPPワンストップ窓口の設置と助言等機能の強化、コンセッション事業では利用料金の設定に関して指定管理者制度上の承認を得ずに届け出で済むようにするなどの特例、運営権対価を使って水道事業等の財投資金への繰上償還をする場合の補償金免除などが盛り込まれた。

2011年の改正では、公共施設等運営権（コンセッション）の創設等、13年の改正では、官民連携インフラファンドの機能を担う「民間資金等活用事業推進機構」の設立が盛り込まれた。15年の改正では、コンセッション事業者等に対しての公務員の派遣制度を導入した。

なお、PFI発祥の地である英国では、2018年秋に、中央政府とイングランドで新規のPFI事業を実施しない方針を打ち出した。一方で、スコットランド、北アイルランド、ウェールズではPFIをベースとしたPPP手法が導入されている。財務省・内閣府下でPFI事業や長期インフラ計画などを所管しているIPA（Infrastructure Projects Authority）は、PFIに限らず、インフ

ラ整備の効率性向上、パフォーマンス向上のための活動を進めている。

PFI事業の基本的なスタンスは、民間資金を活用することにあるが、クリーンセンター等におけるDBO方式や公営住宅整備におけるBT方式＋余剰地活用など補助金・交付金、起債による公共側の資金調達であっても、複数の業務を束ねて一括して民間に事業を委ねるための手法としても用いられている。

関連用語：コンセッション（公共施設等運営権）、サービス購入型／独立採算型／混合型

## PPEA（Public Private Educational Facilities and Infrastructure Act）

2002年に米国バージニア州で制定された法律である。民間からの自由な提案により公共施設整備と民間プロジェクトを同時に実行できるのが特徴。名称に、Education（教育）が含まれているが、学校などの教育施設だけでなく、庁舎、病院、駐車場、下水処理場、図書館などすべてのインフラ整備が対象とされ、多くの実績をあげている。米国内では、本法をモデルとしたPPP法を制定する州が増加している。

この法律では、民間が自由に実施する事業、規模、手法のアイデアを提案することができ、提案時に民間が自治体に審査料を支払うこととなっている。自治体は、この審査料を活用して提案された事業の妥当性審査を行い、事業可能と判断した場合、対抗提案を募集する。世界的に、PPP法に民間提案制度を盛り込んでいる例は多いが、審査料を徴収する例は珍しい。

関連用語：民間提案制度

## PPP（Public Private Partnership）

狭義には、公共サービスの提供や地域経済の再生など何らかの政策目的を持つ事業を実施するにあたって、官（地方自治体、国、公的機関等）と民（民間企業、NPO、市民等）が目的決定、施設建設・所有、事業運営、資金調達など何らかの役割を分担して行うこと。その際、①リスクとリターンの設計、②契約によるガバナンスの2つの原則が用いられていること。広義には、何らかの政策目的を持つ事業の社会的な費用対効果の計測、および官、民、市民の役割分担を検討すること。世界の代表的なPPP研究機関のNCPPP（National Council for PPP、米国PPP協会）では、以下の通り定義されている。

"A Public-Private Partnership is a contractual agreement between a public agency（federal, state or local）and a private sector entity. Through this agreement, the skills and assets of each sector（public and private）are shared in delivering a service or facility for the use of the general public. In addition to the sharing of resources, each party shares in the risks and the rewards potential in the delivery of the service and/or facility."

## CRE/PRE（戦略）

CRE（Corporate Real Estate）とは、企業価値を最大化するため、企業が所有・賃貸・リース等により、事業を継続するために使用するすべての不動産を、担当部署の垣根を越えて経営的観点から効果的に運用しようとする戦略。

同様にPRE（Public Real Estate）とは自治体や国において低・未利用資産を含めて公有資産を最大限有効に活用する戦略。売却可能資産の算出などの自治体の公会計改革、資産債務改革はPREを導入・推進する好機となる。政府調査によると、公的不動産はわが国の不動産規模約2500兆円のうち、金額規模で約580兆円（全体の約23％相当）、面積規模で国土の約36％を占めている（国土交通省「PRE戦略を実践するための手引書（2012年3月改訂版）」p. 2）。

関連用語：公共施設マネジメント（白書）、公会計改革

## PSC（Public Sector Comparator）

PSC（Public Sector Comparator）とは、公共が施設の設計、施工、維持管理の各業務を個別に発注・契約する従来型の公共事業を実施した場合のライフサイクルコスト。PFI事業での事業実施が従来型の公共事業方式に比べてメリットがあるかを評価するVFMの算定の際に試算する。

関連用語：VFM

## TIF（Tax Increment Financing）

米国で広く利用されている課税制度であり、特に衰退した中心市街地の再生に使われるシステムの一つ。各州の州法で規定された一定の要件を満たす地域・プロジェクトを対象とするもので、But-for Test（TIF以外の手法では再生が実現されないと認められること）等の要件を課す例も多い。TIF地区を指定し、区域内での財産税等の課税評価額を一定期間固定した上で、新た

な開発などによる課税評価額の上昇分にかかる税収を、基盤整備や民間事業者への補助等の財源に充てる仕組み。将来の税の増収分を償還財源としてTIF債として証券化することや、基金に税の増加額が積み立てられた時点で事業を行うことなども可能。開発利益が生まれないと成立しないため、ポテンシャルの低い開発を淘汰する効果や、地域内での再投資により第三者の信頼を得やすいという効果もある。

## VFM（Value For Money）

VFM（Value for Money）とは、支払い（Money）に対して最も価値の高いサービス（Value）を供給するという考え方である。同じ質のサービスであれば、より価格の安い方がVFMがあるとし、同じ価格であれば、より質の高いサービスの方がVFMがあるということになる。

VFMの定量的な算定方法としては、PSCの現在価値とPFI事業として行うライフサイクルコスト（PFI LCC）の現在価値を試算し、（PSC−PFI LCC）÷PSC×100で算定される。PFI LCC＜PSCとなればVFMがありPFI事業で実施するメリットがあるということを示す。

関連用語：PFI、PSC

## WTO政府調達協定

WTO政府調達協定（Agreement on Government Procurement：略称GPA）は、ウルグアイラウンドの多角的貿易交渉と並行して交渉が行われ、1996年1月1日に発効した国際協定。1995年1月に発効した「世界貿易機関を設立するマラケ

シュ協定（WTO協定）」の附属書四に含まれる４つの複数国間貿易協定の一つ。

それまで政府調達において適用されていた、自国と他の締約国の産品や供給者の待遇を差別しないことを定めた「内国民待遇の原則」や「無差別待遇の原則」の適用範囲を新たにサービス分野の調達や地方政府機関（都道府県と政令指定都市）による調達等にまで拡大した。適用基準額は産品、サービスによって異なるが、建設工事の調達契約においての適用基準額は、国６億8000万円、都道府県、政令市22億8000万円（適用期間は2022年４月１日〜2024年３月31日）と定められている。

この要件に該当するPFI事業は一般競争入札となる。

わが国は協定の適用を受ける機関およびサービスの拡大、開発途上国の協定加入に対する特別な待遇、電子的手段の活用による調達手続の簡素化、民営化した調達機関の除外の円滑化等を定めた改正議定書を2014年に受諾した。

## 【日本語キーワード】

### アフェルマージュ（affermage）

アフェルマージュとは、フランスで導入されているPPPの一形態で、行政が施設等の整備を行い、所有権を保有し続けるなど一定の官の関与を残したうえで、民間事業者に施設をリースし、民間事業者が利用料収受・事業収益・自己投資等によって社会資本の運営を行う事業形態である。コンセッション方式との違いは、公共施設の整備を公共が行うこと、期間が８〜20年程度と比較的短いことが挙げられる。

関連用語：コンセッション（公共施設等運営権）

### 新たな公／新しい公共／共助社会づくり

「新たな公（こう）」は、行政だけでなく多様な民間主体を地域づくりの担い手と位置付け、これらの主体が従来の公の領域に加え、公共的価値を含む私の領域や、公と私との中間的な領域で協働するという考え方。2000年７月に閣議決定された「国土形成計画（全国計画）」において４つの戦略的目標を推進するための横断的視点と位置付けられた。民主党政権における「新しい公共」、第２次安倍政権における「共助社会づくり」においても基本的な路線は引き継がれた。

また、地域において、市民や民間主体（企業、NPO等）の活動が多様化、高度化していることから、「公共的価値を含む領域」の範囲が広がっている。これらの多様な主体による地域経営、地域課題解決をめ

ざす「多様な主体による協働」の推進も進められている。

## イコールフッティング（equal footing）

競争条件の同一化。商品・サービスの販売で、双方が対等の立場で競争が行えるように、基盤・条件を同一にすることなどを指す。例えば、PFIと従来型の公共事業との比較におけるイコールフッティングの実現のためには、従来型の公共事業における、自治体等が国から供与を受けている補助金、地方交付税のほか、自治体の起債による低利の資金調達、法人税や固定資産税などの非課税措置等によるコスト面での優位性に鑑み、PFI事業者にも同様の優位性を付与すること（あるいは差を除却して比較すること）が求められる。

## 一括発注

事業実施にあたり、業務の一部、またはすべてを同じ事業者に発注すること。わが国の従来型公共事業では、設計、建設、運営などを別々に発注（分割発注）していたが、これらを同一業者に発注する。例えば、インフラなどの事業を実施する際に、設計（Design）と施工（Build）を一括して同一事業者へ発注するDB方式や、PFIで、設立された特定目的会社（SPC）に、設計・建設・維持管理・運営まで含めたすべての業務を一括して発注する事業契約を締結することなどがこれに当たる。

また、都道府県が県下の複数自治体からの要請に基づいて小規模業務をまとめて発注することを指すこともある。

関連用語：性能発注／仕様発注

## インセンティブ（incentive）

取引後に、代理人が依頼人の望んだ行動をしない状態（モラルハザード）を防止するために、代理人の意欲や動機を高める誘因を与えること。代理人の行動がもたらす結果や成果についてあらかじめ指標を設定し、これに報酬を連動させることで、依頼人と代理人の間にある利害の不一致（エージェンシー問題）を軽減しようとするもの。企業経営においては、通常の給与・賞与以外に、社員の業績に応じて支払われる奨励金、報奨金、昇進などの評価等さまざまなものがある。契約にインセンティブ条項を入れることで、通常期待される以上の成果を得られるほか、モニタリング費用が節約されるなどの利点もある。

PPPの事例としては、体育施設や駐車場の指定管理者制度で利用料金制度を採用している場合に、利用料収入が想定を上回ると、収入の一定割合を民間事業者が受け取れるようにしているケース等がこれに当たる。

関連用語：モラルハザード、モニタリング、ペナルティ

## インフラ長寿命化基本計画

2013年11月29日「インフラ老朽化対策の推進に関する関係省庁連絡会議」で策定された政府としての計画。国、自治体、その他民間企業等が管理する全てのインフラを対象に、中長期的な維持管理・更新等に係る費用縮減、予算の平準化、メンテナンス産業の強化のために策定された。

同計画では、さらに、「各インフラの管理者及びその者に対して指導・助言するなど当該インフラを所管する立場にある国や地方公共団体の各機関は、インフラの維持管理・更新等を着実に推進するための中期的な取り組みの方向性を明らかにする計画として、インフラ長寿命化基本計画（行動計画）」を策定することとされている。これに基づき、国の機関は、各省所管のインフラに関する行動計画を策定した。また、地方公共団体については、公共施設等総合管理計画として策定が求められている。

国が実施した2022年3月末時点のフォローアップ結果では、20年度末までの策定を求められていた「個別施設計画」については、自治体でも策定が順調に進んでいるが、道路、河川・ダム、公園、住宅等6分野では未策定がわずかに残っている。22年度末時点では、道路、港湾の策定が完了し、海岸、公園、住宅が23年度までに完了する見込み。

関連用語：公共施設等総合管理計画、立地適正化計画

## インフラファンド

投資家から資金を集め、キャッシュフローを生む各種インフラ（例：空港、港湾、有料道路、発電所）に事業資金を投下するファンドを指す。欧州をはじめ海外では、安定したキャッシュフローを生む投資対象として年金基金などがインフラファンドへの投資を行っている。

国・地方自治体の厳しい財政状況に加え、高度経済成長期に集中整備されたインフラの整備・更新の必要性の高まりを踏まえ、民間資金を活用しながら社会資本の整備を推進する「株式会社民間資金等活用事業推進機構」が2013年10月に設立され、独立採算型（コンセッション方式を含む）および混合型のPFI事業に対する金融支援を開始した。具体的にはメザニンへの投融資を行うほか、事業安定稼働後におけるPFI事業の株式・債権取得を行うこと等によりPFI事業の推進を図ることを検討している。

関連用語：PFI、コンセッション（公共施設等運営権）

## インフラ・マネジメント／省インフラ

道路・港湾・河川・鉄道・通信情報施設・上下水道・公園などの都市基盤施設（インフラ）について、管理運営に要するコスト、利用状況といった動的な情報も含め、データの把握や施設の存続・運営体制の見直し等の議論を共有化して、施設の更新優先順位やコストの削減・平準化の検討および実施を行うこと。

省インフラとは、「公共施設、インフラ双方につき、できるだけ公共サービスとしての水準を維持しつつ、最大限負担を引き下げること」を総称する概念。本センターが、「省エネ」との比較を意識して新たに提唱した。具体的な取り組みとしては、ネットワークインフラの物理的縮減、ライフサイクルコストの抑制を目的とし、物理的インフラや大規模なネットワークインフラに頼らずとも生活の質を維持できるようにする技術、サービス、制度を推進していく取り組みの総称。コンパクトシティや施設の多機能化・ダウンサイジング、長寿命化、サービスのデリバリー、自立供給などさまざまな手法、技術等が挙げられる。

関連用語：公共施設マネジメント（白書）

## ヴァリアントビッド（Variant bid）

代替提案。VFMをより高めるため、発注者ニーズの本質やコンセプトを変えずに、要求水準書を見直した（逸脱した）応募者独自の提案による入札。

英国のPFI事業で実施されているヴァリアントビッドは、発注者の提示した要求水準に基づいて提出するリファレンスビッド（Reference Bid：提出必須）に加えて、VFMがより高まるように要求水準書を見直した応募者独自の提案（収支構造やリスク分担の変更を伴うことも可能）として提出する。ヴァリアントビッドの提出は、応募者の任意であるが、「提出が奨励」されている。

リファレンスビッドとヴァリアントビッドでの提案は収支やリスク分担を調整した後のVFMを算定して比較を行う。

日本で実施されている入札VE（Value Engineering）は、発注者の要求水準（設計図書）の範囲内で設計変更や工期短縮、コスト削減のための工法変更等を提案するにとどまるのに対し、民間事業者が要求水準の見直しまで踏み込んで提案することで、VFMをより高めることができると期待される。

英国のヴァリアントビッドの事例である内務省本庁舎建替事業では、ヴァリアントビッドを採用した理由として、「行政サービスの効率性の向上」「長期で評価した場合により高い価値を生み出すと期待できる」「土地の売却益の増大（VFM向上要素）」を挙げている。

関連用語：PFI、VFM、民間提案制度

## エリアマネジメント

一定の広がりを持った特定のエリアについて、良好な環境や地域の価値を維持・向上させるため、単発の開発行為など、ただ「つくること」だけでなく、地域の管理・運営という「育てること」までを継続的な視点で一貫して行う活動のこと。地域の担い手による合意形成、財産管理、事業者イベントの実施などの主体的な取り組みまでを含む。その結果として、土地・建物の資産価値の維持・向上や、住宅地における住民主体による取り組みにおいては、住民満足度の高まりも期待される。

エリアマネジメントを法的に支援するものには、都市再生特別措置法に基づく都市再生推進法人、都市利便増進協定、まちづくり支援強化法に基づく歩行者ネットワーク協定などがある。歩行者ネットワーク協定は、歩行者空間の整備、管理について地権者全員が合意し、市町村の認可を得た協定が承継効力を持つのが特徴。

国交省は2008年に「エリアマネジメント推進マニュアル」を公開しているほか、2018年6月施行の改正地域再生法では、地域再生エリアマネジメント負担金制度（日本版BID）が導入され、エリアマネジメント活動の財源確保の幅が広がった。

関連用語：BID（Business Improvement District）

## 大きな政府（big government）

かつての英国の政策を評した「ゆりかごから墓場まで」という表現に代表される完全雇用政策や社会保障政策を積極的に行うことを志向する福祉国家型の国家概念。大

きな政府は、第二次世界大戦後、先進国の政策の主流になったが、財政の肥大化や公企業の非効率化を生み出したとされる。1970年代末以降、英国のサッチャリズムや米国のレーガノミクスによる改革につながった。

関連用語：NPM、小さな政府、第三の道、ナショナル・ミニマム、シビル・ミニマム

## ガバナンス

複数の関係者の間で役割を分担して目的を達成する場合に、代理人が望ましい行動をとるように依頼人が規律付けすること。民間企業では、コーポレートガバナンス（企業経営に対する規律付け）という言葉が有名である。この場合、所有者である株主の利益を経営者にどのように追求させるかが問われる。PPPでは、官が決定した目的の全部または一部の実行を民に依頼する際に、契約に基づいて民の実行をガバナンスする必要があり、これが、PPPの定義に含まれる「契約によるガバナンス」の意味である。

関連用語：PPP、インセンティブ、ペナルティ、モニタリング

## 行政財産

地方公共団体が所有する土地や建物などの不動産、工作物、船舶や浮桟橋、航空機などの動産、地上権などの物権、特許権などの無体財産、国債や株式などの有価証券を公有財産といい（地方自治法第238条）、行政財産と普通財産に分類される。国の場合は国有財産といい、国有財産法に規定されている。

行政財産は、地方自治体や国が業務で使用する財産のことをいい、公用財産と公共用財産に分類される。公用財産は利用目的が庁舎や警察署・消防署など行政業務上での利用に供するもので、これに対し、公共用財産は道路、公園、学校など住民が公共サービスとして利用するものを指す。利用目的がなくなった行政財産は、用途廃止を行い、普通財産として管理を行う。

行政財産は原則として、貸付、交換、売払等を行うことができないが、近年規制が緩和され、公共施設内に民間企業を誘致する例なども出てきている。

関連用語：普通財産

## 行政評価

地方自治体における行政評価とは、政策、施策、事務事業について、実施内容やコストなどの現状把握を行い、その達成度や成果および妥当性を検証し、さらに課題整理と今後の方向性を検討するものをいう。評価主体は、事業担当課による自己評価や庁内組織による評価のほか、有識者や市民による外部評価を取り入れている自治体もある。

評価の単位は事務事業が最も多く、評価結果は事務事業評価シート等の名称で呼ばれる統一の書式にまとめられ、行政自ら政策・施策・事務事業の検証改善を行うことや、予算要求・査定等に活用されるほか、議会への報告、ホームページ等により公表し、住民に対する自治体運営の説明責任を果たす役割も担っている。

## 競争的対話／競争的交渉

現在の調達・契約制度においては、総合評価落札方式など、価格と品質を考慮した手法もあるものの、基本的には、あらかじめ仕様等を定めることができる定型的な財・役務を調達する前提のもと、価格競争・自動落札方式が原則となっている。しかし、社会のニーズが多様化・複雑化し、また、民間における技術革新が進む中、発注者があらかじめ仕様を規定し、それに沿って価格競争を行うことは困難になっており、競争的対話および競争的交渉方式が注目されている。

競争的対話とは、多段階で審査される入札プロセスの中で、発注者と入札参加者が書面や対面によって対話を行うこと。事業内容や事業で求められる性能（発注内容）などを対話によって明確化し、よりよい事業提案を促すもので、イギリスのPFIで採用された後、欧州では2004年のEU指令を受けて導入されている。日本でも、2006年のPFI関係省庁連絡会議幹事会申し合わせで、対象事業（運営の比重の高い案件に適用、段階的審査、対話方法、落札者決定後の変更）について整理され、国・自治体で多数実施されている。

一方、競争的交渉方式とは、契約者選定に至るまでの段階で、複数の事業者に対して、技術力や経験、設計に臨む体制等を含めた提案書の提出を求め、競争的プロセスの中で各提案者と交渉を行った上、それを公正に評価して業務に最も適した事業者を選定する方式と定義される。WTO政府調達協定では一定の場合に認められているほか、アメリカでは連邦調達規則（FAR）によって認められている。競争的対話と異なり、入札を行わないことから、入札を原則とする日本での導入には会計法令の改正が必要である。

「競争的」の意味は、すべての参加者に対話や交渉の権利を付与し透明性、公平性を確保する趣旨である。

関連用語：民間提案制度

## クラウド・ファンディング

クラウド・ファンディングとは、一般に、「新規・成長企業と投資家とをインターネットサイト上で結びつけ、多数の投資家から少額ずつ資金を集める仕組み」といわれている。

出資者に対するリターンの形態により、主に「寄付型」、「購入型」、「投資型」が存在し、その特徴は、「寄付型」はリターンなし、「購入型」は金銭以外のリターンの提供、「投資型」は金銭によるリターンの提供に整理できる。主な事例としてREADY FOR（購入型、寄付型）、セキュリテ（投資型）が挙げられる。

日本においては、必ずしも金銭によるリターンを伴わない形態での取り扱いが中心であり、投資型は限定的であったが、内閣府に設置された「ふるさと投資連絡会議」を通じて良質な案件形成を促進するための環境整備が検討された。これに基づき、2014年金融商品取引法改正により、少額（募集総額1億円未満、1人当たり投資額50万円以下）の投資型クラウド・ファンディングを取り扱う金融商品取引業者の参入要件が緩和された。

関連用語：地域密着型金融（リレーションシップバンキング）

## 公会計改革

　従前の単式簿記・現金主義による手法を改め、複式簿記・発生主義による公会計の整備を行うこと。2006年成立の行政改革推進法、同年の総務省「新地方公会計制度研究会報告書」、2007年の「新地方公会計制度実務研究会報告書」に基づく。対象は自治体と関連団体等を含む連結ベースで貸借対照表、行政コスト計算書（企業会計でいう損益計算書）、資金収支計算書、純資産変動計算書の4表を作成する。資産・負債額を公正価値（再調達価格など）で評価する「基準モデル」、地方公共団体の事務負担等を考慮して既存の決算統計情報を活用して作成することを許容している「総務省方式改訂モデル」がある。その他、東京都や大阪府等の方式は、発生の都度複式仕訳を実施する方式であり、官庁会計処理と連動したシステムを導入している。2010年度決算からは人口規模にかかわらず取り組みが必要になった。

　2012年から、国際公会計基準（IPSAS）や国の公会計の動向を踏まえて地方での新公会計についての検討が始まり、2014年10月には、2015〜17年度の3カ年で固定資産台帳を整備するよう全国の自治体に通知し、合わせて台帳の整備手順などをまとめた指針を示した。また、台帳の整備に必要な経費に対しては特別交付税措置を講ずる方針を決めた。2019年度末で固定資産台帳、一般会計等財務書類ともに、作成済、作成中を合わせて100％となった。

　2018年3月には「地方公会計の活用の促進に関する研究会報告書」をまとめ、先進事例を基に固定資産台帳の更新実務の取り組み方法、民間事業者等への公表のあり方、財務書類の作成の適切性と固定資産台帳との整合性を確認するチェックリストの整理、財務書類の見方や指標による分析の方法と活用プロセスについて考え方と実例を示した。2019年8月には地方公会計マニュアルを改訂した。

関連用語：PRE／CRE（戦略）、公共施設マネジメント（白書）

## 公共施設等総合管理計画

　インフラ長寿命化基本計画で定められた地方公共団体の行動計画に該当する。2014年4月22日付総務大臣通知「公共施設等の総合的かつ計画的な管理の推進について」に基づき策定が要請され、同日付の「公共施設等総合管理計画の策定にあたっての指針」で具体的な内容が示された。

　同概要によると、1）所有施設等の現状として、老朽化の状況や利用状況をはじめとした公共施設等の状況、総人口や年代別人口についての今後の見通し、公共施設等の維持管理・更新等に係る中長期的な経費やこれらの経費に充当可能な財源の見込みなどについて、現状や課題を客観的に把握・分析すること、その上で、2）施設全体の管理に関する基本的な方針として、10年以上の計画とすること、全ての公共施設等の情報を管理・集約する部署を定めるなど全庁的な取り組み体制の構築および情報管理・共有方策を講じること、今後の公共施設等の管理に関する基本方針を記載すること、計画の進捗状況等についての評価の実施について記載すること等が示されている。計画策定に要する経費について特別交付税措置（措置率1／2）が講じられた。2017年度には、公共施設等適正管理推進

事業債が創設され、長寿命化、転用、除却、立地適正化等への地方債が認められている。

関連用語：インフラ長寿命化基本計画、立地適正化計画

## 公共施設マネジメント（白書）

公共施設マネジメントとは、公共施設の建築年、面積、構造など建築物の保全管理に必要な静的な情報だけでなく、施設の管理運営に要するコスト、利用状況といった動的な情報も含め、データの把握や施設間比較を可能とすることで、市民と行政が、施設の存続・統廃合の判断、運営体制の見直し等の議論を共有化して、公共施設の更新優先順位、再配置計画の検討等を行うことである。また、そのデータブックとして公共施設マネジメント白書や公共施設白書がある。土地、建物等に対して、経営的視点に基づく設備投資や管理運営を実施してコストの最小化や施設効用の最大化を図るファシリティマネジメントを推進するための基礎資料として極めて有効である。

先進事例として、神奈川県秦野市や千葉県習志野市が知られている。

関連用語：PRE／CRE（戦略）、公会計改革

## 公募型プロポーザル方式

公募型プロポーザル方式とは、事業の提案を公募し、最優秀提案者を優先交渉権者とする方式。交渉の結果、当該提案者と契約することが原則となる。形式的には随意契約であり、地方自治法上の随意契約の要件（地方自治法第234条第2項、同施行令第167条の2第1項各号）を満たす必要がある。

手続きを透明かつ公平に運用することで、競争力のある優れた提案を誘導することができる方式であり、設計業務が含まれる案件で採用されることが多い。

関連用語：総合評価一般競争入札

## 公民合築施設

公共施設と民間施設とを組み合わせて多用途一建物として設計・建設する施設のことをいう。合築により管理運営の効率化が図られるほか、公共施設の集客能力と民間施設の魅力付けの相乗効果による施設全体の付加価値向上、ひいては地域経済への波及効果が期待される。岩手県紫波町の塩漬けになっていた10.7ヘクタールの土地を公民連携で開発するオガールプロジェクトの中でこの手法が使われている。

ただし、複数所有者による合築は区分所有建物となるため、区分所有者間の管理運営修繕に対する考え方の調整や将来の建て替え時の合意形成などに留意が必要である。

関連用語：PRE／CRE（戦略）

## 国家戦略特区

日本企業の国際競争力強化と世界一ビジネスをしやすい環境をつくることを目的に、経済社会分野の規制緩和などを重点的・集中的に進めるための特区。これまでの特区が地方からの提案を受けて行われているのに対し、国主導で進められている。あらかじめ改革を検討する事項が示され、各特区でそれに沿ったプログラムを提案、実施する。まちづくり、医療、雇用、観

光、農業等の分野についての検討が行われている。提案のうち、構造改革に資すると考えられるものは、構造改革特区として認定する。構造改革特区の規制の特例措置についても、計画が総理大臣の認定を受ければ活用することができる。

これまでに、東京圏、関西圏、新潟市、兵庫県養父市、福岡市、沖縄県などをはじめ10都市（圏）が指定されている。

また、AIやビッグデータをはじめ新技術を活用した最先端都市「スーパーシティ」構想の実現に向けた検討が進んでいる。

## コンセッション（公共施設等運営権）

コンセッションは、ヨーロッパをはじめ公共施設の整備・運営に関わるPPPの手法として活用されているもの。公共施設の整備・運営において、民間事業者に事業実施に関わる開発・運営等の権利を付与し、民間事業者が民間資金で公共施設を整備し、利用料収入から事業収益を得て独立採算で施設運営を行う事業方式をいう。ヨーロッパでは水道事業をはじめ、橋梁整備、有料道路建設等の幅広い分野でコンセッション方式のPPP事業が実施されている。

わが国では、2011年の改正PFI法で公共施設等運営権が創設された。公共施設等運営権は、譲渡や抵当権の目的となるとともに物権としてみなし、その取り扱いについては不動産に関する規定が準用されることとなっている。

2013年6月には、「公共施設等運営権及び公共施設等運営事業に関するガイドライン」が公表された。ガイドラインでは、運営権対価の算出・支払方法等、更新投資・

新規投資の取り扱い、事業者選定プロセス、運営権の譲渡・移転等、事業終了時の取り扱い等について、制度運用に関する基本的な考え方が解説されている。

公共施設等運営権制度は、利用料金を徴収する施設に適用できること、抵当権の設定や譲渡が可能となること、事業期間中で減価償却が可能であることなど、インフラを含む公共施設を民間が包括的に運営する際にメリットがある制度となっており、今後の活用が期待されている。

空港では、仙台空港、関空・伊丹・神戸空港、高松、静岡、福岡、北海道7空港、広島空港で導入が進んでいる。道路分野では、愛知県道路公社の所有する路線で民間事業者による運営が始まっている。また、重点分野に指定されている上下水道でも検討が進んでいる。静岡県浜松市の下水道事業、高知県須崎市の下水道事業、熊本県有明・八代工業用水道、宮城県の上工下水一体運営事業でも事業が始まった。神奈川県三浦市の下水道事業が23年度から始まる予定。

2022年6月に改訂された「PPP/PFI推進アクションプラン」では、コンセッション事業は新型コロナウイルス感染症の拡大を受け、官民でのリスク分担の新しい手法として、プロフィット・ロスシェアリング条項、運営権対価支払方法の見直しなどを検討するとした。

関連用語：PFI、アフェルマージュ、インフラファンド

## コンバージョン／リノベーション

採算性や収益性など不動産の存在価値を見直し、有効活用する場合に採用する手法

の一つで、躯体は解体せずに、設備や仕様に手を加え、建物の「利用」「用途」を変更すること。コンバージョンは用途変更を伴う改修、リノベーションは必ずしも用途変更を伴わない改修のことを指すのが一般的である。

スクラップアンドビルド（解体＆新築）では採算が合わない場合、既存建物に保存すべき価値のある場合、あるいは解体すると同じものを建てられない場合などに活用される。例えば、建物オーナーから一括で借り受けて、建物をコンバージョンすることにより、テナント収入を増加させることも考えられる。家守（やもり）事業や商店街再生など、自治体や民間の不動産活用戦略のメニューの一つである。

関連用語：家守（やもり）

## サービス購入型／独立採算型／混合型

PFI事業は、民間事業者の収入の源泉によって、以下の３つの方式に分けられる。

サービス購入型とは、PFI事業者が整備した施設・サービスに公共主体が対価（サービス購入料）を支払うことで、事業費を賄う方式。公共主体からあらかじめ定められたサービス購入料が支払われるため、安定的に事業を行うことができる。

独立採算型とは、PFI事業者が整備した施設・サービスに利用者が料金等を支払うことで、事業費を賄う方式。同方式の場合、利用者の増減によりPFI事業者の収入が影響を受ける等、PFI事業者が長期にわたり大きな事業リスクを負担することになる。

混合型とは、独立採算型とサービス購入型を組み合わせて、利用者による料金等と

サービス購入料により、事業費を賄う方式。「ジョイント・ベンチャー型」ともいわれ、官民で応分のリスク負担を行う意図がある。

これまでのPFI事業はサービス購入型が多数を占めてきたが、厳しい財政状況の中、公共主体の支出を伴わない独立採算型や混合型を推進するとともに、サービス購入型でも指標連動方式や包括化など財政負担を圧縮する方法を工夫していく必要があると考えられている。

関連用語：PFI、指標連動方式

## 債務負担行為

自治体において、議会の議決により、予算内容の一部として契約等で発生する将来の一定期間、一定限度の支出負担枠を設定すること。PFIなどでは民間に長期の契約履行義務を課しているので、民間の立場を安定させるとともに、契約上対等の権能を持つためには必須の手続きである。

現金支出を必要とするときは、改めて歳出予算に計上し現年度化を行う必要がある。継続費と異なり弾力的な財政運営が可能なため、事業期間が複数年度にわたる公共事業等で広く活用される。地方自治法第214条に規定。国が債務を負担する場合には、「国庫債務負担行為」になる。

## 市場化テスト

公共サービスの提供を、官と民が対等な立場、公平な条件のもとで入札し、価格と質で優れた方が行う制度。競争原理を持ち込むことで、コスト削減や質の向上などが期待されている。英国サッチャー政権が

1980年代に導入した「Compulsory Competitive Tendering（CCT）」に起源があり、米国、オーストラリアなどでもすでに導入されている。わが国では2006年「競争の導入による公共サービスの改革に関する法律」（通称「公共サービス改革法」）により導入された。

同法では、特例として民間に委託できる特定公共サービスを定めうるものとされ、現在、住民票交付業務などが指定されている。市場化テストには、官民競争入札および民間競争入札がある。官民競争入札は、「官」と「民」が対等な立場で競争入札に参加し、質・価格の両面で最も優れたものがそのサービスの提供を担う仕組み。民間競争入札は、「官」が入札に参加せず、「民」のみで入札を行うものを指す。通常の業務委託と同じであるが、市場化テストの枠組みで実施することで、公平性、透明性が担保される。

導入決定事業数は410事業で、コスト削減額は年220億円、3割弱の削減効果である。

## 自治体財政健全化法

地方公共団体の財政状況を統一的な指標で明らかにし、財政の健全化や再生が必要な場合に迅速な対応をとるための「地方公共団体の財政の健全化に関する法律（いわゆる自治体財政健全化法）」が2009年4月に全面施行され、4つの指標（実質赤字比率、連結実質赤字比率、実質公債費比率、将来負担比率）の算定と公表が義務付けられた。従来の制度との違いは、①財政再建団体基準に加えて早期健全化基準を設け、早期健全化を促す仕組みを導入したこと、

②一般会計を中心とした指標（実質赤字比率）に加え、公社や三セクも含めた地方公共団体全体の財政状況を対象とした指標（連結実質赤字比率）を導入したこと、③単年度のフローだけでなくストックに注目した指標（将来負担比率）を導入したこと、④情報公開を徹底したこと、⑤地方公営企業についても、指標（資金不足比率）を導入し経営健全化の仕組みを導入したこと、などがある。

## 指定管理者制度

民間企業、NPO等が公の施設（住民の利用に供する目的で自治体が設置する施設。当該自治体による所有権、賃借権の取得など条件がある）を管理できるようにした制度。2003年の改正地方自治法で導入され（地方自治法第244条の2）、2021年4月1日時点で全国で7万7537件の導入例がある。

旧管理委託制度は、公の施設の管理は公共団体（財団法人、公社等）や公共的団体（産業経済団体、自治会等）などに限られていたが、同制度の導入により、民間企業やNPO等による管理も可能となった。利用料金制度の適用も可能で、指定管理者の創意工夫で得た利益は、経営努力へのインセンティブとすることもできる。こうした仕組みにより、施設利用率向上などの効果が上がる事例も見られるが、一方で、指定管理者の硬直化（以前からの管理団体が継続的に受託するケース）などの弊害も指摘されている。

関連用語：利用料金制度

## シティ・マネジメント／シティ・マネジャー

　シティ・マネジメントとは、自治体運営の経営手法もしくは経営的手法を導入すること一般を指す広い概念であるが、具体的には自治体を経営組織として捉えて地域の客観的データを分析し、公共施設インフラ・マネジメントやファイナンスマネジメント等の多様な民間的経営手法を導入し政策を立案・実行していくことを指す。米国ではシティ・マネジメントの主な担い手として6割以上の市で市長または議会が任命するシティ・マネジャーが置かれている。

## 指標連動方式

　民間事業者に公共サービスの提供を委託する際に、事業の成果指標を設定してその達成状況に連動して支払額が変動する方式。PFIでは「アベイラビリティペイメント」などと呼ばれることもある。アベイラビリティペイメントは、その名の通りアベイラビリティ（利用可能性）に基づいて支払いが行われるもので、例えばPFI手法で建設した鉄道で施設が完成した時点でサービス購入料の一定割合（8割）が確約され、残りは施設が年間360日、営業時間の95％運行が達成された場合に支払いが行われ、実際の運行時間がこれを下回ると減額が行われるというような方法である。ソフト事業では、「成果連動型民間委託契約方式」と呼ばれている。現在、内閣府や国土交通省などが自治体とともに検討を進めている。受託者が指標達成することへのインセンティブが強く働くことが期待されるため、公共サービスの改善につながると考えられている一方で、達成状況が上回った場合のボーナスの設定や、事業者に達成を求める成果指標（KPI）の設定のあり方やその根拠となるデータの不足、減額する金額の妥当性など課題もある。

関連用語：PFI（Private Fiance Initiative）、サービス購入型／独立採算型／混合型、成果連動型民間委託契約／Pay for Success（PFS）

## シビル・ミニマム

　ナショナル・ミニマムに加えて地方自治体が確保する最低限度の生活環境基準である。松下圭一著『シビル・ミニマムの思想』により理論化された造語。都市間でレベルの引き上げ競争が激化し、結果として今日の財政悪化の一因となったと考えられる。

関連用語：ナショナル・ミニマム、大きな政府

## 市民参加

　市民参加とは、市民が地域的公共的課題の解決に向けて、行政や社会等に対して何らかの影響を与えようとする行為で、ここでいう市民は、在住者だけでなく在勤者・在学者も含め広範な視点で捉えられることもある。日本における住民自治の原理に基づく行政参加権としては、首長選挙権、首長等解職請求権、条例制定・改廃請求権、事務監査請求権、住民監査請求権、住民訴訟権、情報公開請求権、住民投票権等があり、2000年の地方分権一括法施行に至る議論を含めた地方分権改革以降、多くの自治体で市民参加に係る条例が定められるようになった。

PPPとの関連においては、官が、市民の意向を十分に把握せずにサービスの内容や提供方法を決めることによって生じるミスマッチ（官の決定権問題）を回避するために、官の意思決定の前提として、無作為抽出の市民アンケートにより市民の意向を確認することや、特定の公共サービスやボランティア団体等の活動を指定してふるさと納税等を行うことも市民参加の一種と捉えている。

世界的には、国際市民参画協会（IAP2）がまとめた市民参加のスペクトラムが広く使われている。これは、市民参加の目的や手法を市民参加の度合いで5段階に整理したもの。行政が一方的に決定や情報を伝える「情報提供（Inform）」、市民の意見を聞く「意見聴取（Consult）」、市民の意見を聞きそれを施策等へ反映させる「意見反映（Involve）」、市民とともに解決策や代案等を検討する「共同決定（Collaborate）」、市民に決定の権限を持たせる「権限移譲（Empower）」に分けられている。

## 市民資金

税金とは異なり、市民の意思で公共サービスに拠出される資金。寄付・地方債（住民参加型市場公募債等）の購入出資等を含む。特徴として、①市民を中心に、企業・団体も含め、幅広い対象から資金の提供を得ること（資金提供者の広範性）、②市民自ら共鳴する公益性の高い公共サービス等に資金が活用されることを前提とすること（事業の特定性）、③市民等が自らの選択と責任のもと参加協力する主体的な意思を有していること（市民の参加意思）、④見返りとして社会的なリターンを含むものであ

ること（社会的リターン期待）等が挙げられる。市民資金の活用により、市民が主体となった自立的な地域経営の実現がなされることが期待される。

関連用語：クラウド・ファンディング、マイクロファイナンス

## 事務の代替執行

自治体の事務の一部を他の自治体に管理・執行させること。2014年の地方自治法改正により可能になった。従来の事務委託制度では、当該事務についての法令上の責任・権限は受託した団体に帰属することとなっていたが、代替執行の場合は、法令上の責任・権限は委託する団体に帰属する。

主に、都道府県が、小規模で事務の管理・執行が困難な自治体の事務を補完することを想定しており、公共施設・インフラの維持管理等での活用が期待されている。受託した団体は、委託側が定めた方針を遵守して執行することとなる。紛争解決の手続きをあらかじめ盛り込んでいることも特徴である。

関連用語：連携協約

## 受益者負担

特定の公共サービスを受ける者に対して、享受した利益に応じた負担を求めることをいう。分担金、負担金、使用料、手数料、実費徴収金などの種類がある。財政学分野では、受益者負担の概念とともに受益者負担の基準（応益主義、応能主義）等に関して、多くの研究が蓄積されてきている。法的には、個別法（道路法61条、河川法70条、水道法14条、下水道法20条、都市

計画法75条等）に規定があるにとどまり、一般的制度としては確立していない。

従来は、公共財源によって公共サービスを提供し、その費用負担は求めない、もしくは負担の程度を低く抑えるという考え方が一般的であったが、厳しい財政状況等に鑑み、財政の健全化・適切な財源配分等を目的として、見直しを行う動きが広がってきている。なお、地方自治法第224条は、特定の者または自治体の一部に利益のあることに対して分担金を徴収することができるとしていることから、大阪市は、現行法制のもとでBIDを導入した。2018年に地域再生法の改正により、「エリアマネジメント負担金制度」が創設された。

また、受益と負担のあり方を可視化し、公共サービスのあり方の見直しを行う手法として、事業仕分けの実施や、公共施設マネジメント白書や財政白書の作成が挙げられる。

関連用語：公共施設マネジメント（白書）、BID

## 成果連動型民間委託契約／Pay for Success（PFS）

内閣府が2020年3月27日に公表した「成果連動型民間委託契約方式の推進に関するアクションプラン」では「国又は地方公共団体が、民間事業者に委託等して実施させる事業のうち、その事業により解決を目指す行政課題に対応した成果指標が設定され、地方公共団体等が当該行政課題の解決のためにその事業を民間事業者に委託等した際に支払う額等が、当該成果指標の改善状況に連動するものを指す」と定義されている。ソーシャル・インパクト・ボンド（SIB）はその一例。成果を生み出す方法を、ノウハウを持つ受託事業者が自ら決定できることから、サービス向上やイノベーションの促進、複合的・総合的な課題解決、対症療法から予防策への転換などが図られる。アクションプランでは、①医療・健康②介護③再犯防止の3分野を重点分野とし導入マニュアルや共通のガイドラインを整備する。2022年度末に重点3分野での実施自治体数100団体以上を目標としている。

英国では2009年にSIBの導入が始まった。保健、福祉、ホームレス対策等に活用されている。英国内では、政府内の予算の配分などにも成果連動（Payment by Results）の考え方が導入され始めており、インフラ整備の際の成果に交付金を連動させるなどまちづくり分野にも応用されている。

関連用語：指標連動方式

## 性能発注／仕様発注

性能発注は、発注者側がサービスの満たすべき成果水準（要求水準）を規定する発注方式。性能発注では、仕様を自らデザインして提案するため、提案者の創意工夫の余地が大きく、業務効率化のインセンティブが働きやすい。一括発注が前提となるPFIでは、性能発注が求められている。

これに対し、発注者側が施設や運営の詳細仕様を策定する発注方式を仕様発注と呼ぶ。

関連用語：一括発注、包括民間委託、成果連動型民間委託契約／Pay for Success（PFS）

## 総合評価一般競争入札

　総合評価一般競争入札とは、一定の参加要件を満たす者が公告により自由に参加できる一般競争入札の一種で、入札金額だけでなく、提案内容の性能の評価点を加味した総合評価値を求めて最高の者を落札者とする方式。国においては、1998年に導入の方針が示された後、1999年に試行が始まり、自治体においても、1999年の地方自治法改正（地方自治法施行令第167条の10の2）により可能となった。PFI事業では、本方式または公募型プロポーザル方式が原則となっている。PFI事業ではVFM（ここでは価値÷価格の意味ではなく、PSCとPFIの価格差の意味）の最大化を求めるものと考えられがちであるが、実際には総合評価値が最大化される。

　評価の方法には、「性能評価＋価格評価」で採点する「加算方式」と、「性能評価÷価格評価」で採点する「除算方式」がある。

関連用語：PFI、PSC、VFM、公募型プロポーザル方式

## 第三の道

　市場の効率性を重視しつつも国家の補完による公正の確保を志向するという、従来の保守－労働の二元論とは異なる第三の路線。いわゆる資本主義と社会主義という思想や政策を超える新しい路線の一つである。「第三の道」は英国の労働党ブレア元首相が説いたことで知られるが、英国の社会学者アンソニー・ギデンズが著書『第三の道』において体系化し、同書では「（第三の道とは）過去20～30年間に根源的な変化を遂げた世界に、社会民主主義を適応させるために必要な、思考と政策立案のための枠組みである」（P.55）と述べている。1990年代のヨーロッパ中道左派政権の誕生に影響を与えた。ちなみに、第一の道は福祉国家、第二の道は新自由主義国家路線をいう。

関連用語：大きな政府、小さな政府

## ダイレクト・アグリーメント

　PFI事業において、国・自治体等と金融機関の間で直接結ばれる協定。契約当事者であるSPC（特定目的会社）が破綻した場合等に備えて、SPCを介した間接的な契約関係にある両者の権利と義務を明確化することで、公共サービスが継続できるようにする趣旨。

関連用語：PFI、プロジェクト・ファイナンス（project finance）

## 地域密着型金融（リレーションシップバンキング）

　金融機関が顧客との間で親密な関係を長く維持することにより顧客に関する情報を蓄積し、この情報を基に貸出等の金融サービスを提供することで展開するビジネスモデルである。資金の貸し手は借り手の信用リスクに関する情報を当初十分有していない（情報の非対称性が存在する）ことから、貸出に当たっては継続的なモニタリングなどのコスト（エージェンシーコスト）を要する。一方、借り手との長期継続関係を築くことにより、借り手の財務諸表等の定量情報からは必ずしも得られない定性情報を得ることができるため、貸出に伴う信

用コスト等の軽減が図られることに着目している。地域金融機関は、地域と密着した関係を生かして地域経済活性化や地域再生の支援機能を担うことを求められる。

2016年10月には、「平成28事務年度金融行政方針」が公表され、過去の厳格な資産査定を中心とする監督・検査からの方針転換が示された。主な内容は、規制の形式的な遵守よりも、実質的に良質な金融サービスのベスト・プラクティスを重視すること、過去の一時点の健全性の確認より、将来に向けたビジネスモデルの持続可能性等を重視すること、特定の個別問題への対応より、真に重要な問題への対応ができているかを重視すること。その一環として、金融機関が企業の財務指標を中心とする融資判断を行い、信用力は低くても事業の将来性・持続性が高い企業へ融資をしない「日本型金融排除」が生じていないかについて企業ヒアリング等により実態把握を行うことが盛り込まれた。

2020年11月27日には、地銀の統合・合併を後押しするため、独占禁止法の適用除外とする特例法が施行された。

## 小さな政府

第二次世界大戦後の先進各国における福祉国家政策による財政支出の拡大の反省から、市場メカニズムが効率的資源配分を実現することを前提とし、政府が行うべきことは、市場が対応できない領域に限定すべきであり、政府の役割は小さく、最低限のセーフティーネットに限定すべきであるという市場原理的国家の概念。
関連用語：NPM、大きな政府、シビル・ミニマム、第三の道、ナショナル・ミニマ

ム

## 地方創生

地方創生とは、地方において「しごと」を作り出すことによって「ひと」を呼び込み、「ひと」が新たな「しごと」を作り出す「好循環」を確立することで、地方への新たな人の流れを生み出し、「まち」に活力を取り戻すことを目的としている。2014年12月にまち・ひと・しごと創生法と改正地域再生法が成立した。まち・ひと・しごと創生法では、2060年に１億人程度の人口を確保するという国の「長期ビジョン」と５カ年の政策目標である「総合戦略」を策定。これを基に各自治体が2060年までの「人口ビジョン」と５カ年の「地方版総合戦略」を定めることを求めている。地方版総合戦略では、実現すべき成果について数値目標を設定し、各施策についても客観的な重要業績評価指標（KPI）を設定するよう求めている。

地域再生法は、自治体が雇用の創出や地域経済の活性化のための取り組みを定めた「地域再生計画」を策定し、内閣総理大臣の認定を受けることでさまざまな支援措置を受けられるようにするもの。これまで、各省庁の事業の隙間になっていた事業に対して支援を受けられるようになった。
関連用語：KPI

## 定期借地権

借地権には、期限内で必ず契約が終了する定期借地権と期限の定めだけでは終了しない普通借地権がある。定期借地権は1992年８月に施行された借地借家法によ

り制度化されたもので、①一般定期借地権、②建物譲渡特約付借地権、③事業用定期借地権の3つの種類がある。普通借地権に比べ、契約期間の更新がない、立退料が不要、建物の買い取り請求ができない等の点で借地人の権利が弱まり、土地所有者が土地を貸しやすい制度といえる。

香川県高松市丸亀町商店街の事例のような民間主導型の再開発や、自治体保有地を利用した公共施設等整備などにも活用されており、地域再生やまちづくりのツールの一つとして期待される。

## ナショナル・ミニマム

イギリスのS.J.ウェッブ、B.ウェッブ夫妻が1897年に著書『産業民主制論』において提起したもの。国家が国民に保障する生活保障の水準であり、国民に保障された全国一律での福祉の最低限の水準を表す。日本における根拠は、憲法第25条に規定する「健康で文化的な最低限度の生活」であり、それを法律として具現化したものが、生活保護法などである。したがって、国はもちろんのこと、地方自治体も、独自の判断でナショナル・ミニマムを下回ることはできないと考えられる。

関連用語：シビル・ミニマム、大きな政府

## ネーミングライツ（naming rights）

命名権。主に施設などにおいて、スポンサー名等を冠する権利。施設の建設・運営資金調達のための長期的に安定した収入を確保し、公共施設の自立的経営に寄与することを狙いとして導入されている。2003年の味の素スタジアム（東京スタジアム）

が公共施設として本邦初の事例で、各地へ広がっている。一方、ネーミングライツの普及により「目新しさ」が薄れ、交渉が難航する事例も発生している。また、近年ではネーミングライツの対象自体の提案を求める事例もある。

## パークPFI（Park-PFI）

公募設置管理制度。2017年6月の都市公園法の改正により、創設された。従前からあった、民間事業者等が「公募対象公園施設」を設置・管理できる「設置管理許可制度」では、設置許可の上限が10年だったものを、パークPFIでは上限20年と延長したほか、公園内に設置できる施設の建ぺい率の特例を定めた。民間事業者が公園内での収益活動から得た収益の一部を公園整備、維持管理等に還元してもらい利用者サービスを向上させる。また、都市公園法の改正により公園内への保育所等の社会福祉施設の設置が全国で可能となった。「PFI」という名称だが、PFI法に基づく事業ではなく、SPCの設置や議会の承認は必ずしも必要ない。

## バランスバジェット

自治体の単年度収支を赤字とせず均衡させること、もしくはそれを義務付ける法的枠組み。米国では、1980年代の財政赤字拡大を機に85年に連邦法として制定された財政均衡及び緊急赤字統制法（グラム＝ラドマン＝ホリングス法）が有名。

その後、大半の州ではそれぞれ収支均衡（バランスバジェット）制度が規定されている。またその一環として自治体の格付け

が資金調達に影響することから、公債費の管理が厳しく行われている（例えば、フロリダ州では一般財源の7%が上限）。さらに自治体によってはバジェットオフィサー（予算編成責任者）が1名または複数任命され、歳入増加（増税、資産売却など）、歳出圧縮の方法や影響などを具体的に分析し専門的な知見から市長・知事やシティ・マネジャーに選択肢を提案している。

## 普通財産

公共団体が所有する土地や建物などの不動産などの財産のうち、行政の事務事業として供するもの、あるいは公共サービスとして市民が利用するものを行政財産といい、それ以外のものを普通財産という。行政財産では、売却・貸付・譲与・信託・私権の設定等は原則として認められていないが、普通財産には制約がない。このため、近年の自治体財政の逼迫等により、民間への売却のみならず、定期借地権方式による賃貸や別の行政目的での活用など、利活用を進める動きが顕著にみられる。
関連用語：行政財産

## プライマリーバランス（primary balance）

基礎的財政収支。国債・地方債の元利払いを除いた歳出（一般歳出）と国債・地方債等の借入金を除いた歳入（税収など）との差によって、国・地方の財政状況を表す指標。均衡している場合、当該年度の政策的な支出を新たな借金（起債等）に頼らずに、その年度の税収等で賄っていることを示す。赤字ならば債務残高が拡大すること

になり、黒字ならば債務残高が減少する。

## プロジェクト・ファイナンス（project finance）

企業全体の信用力に依拠して行う資金調達（コーポレート・ファイナンス）ではなく、ある特定の事業から生み出されるキャッシュフローおよびプロジェクト資産のみに依拠して行う資金調達手法のこと。当該事業のみを担う特定目的会社（SPC）を組成し、当該SPCが資金調達（例：金融機関からの融資）を行うのが一般的である。また、資金の返済義務がSPCの株主企業などに遡及しない点（ノン・リコース）が特徴である。

プロジェクト・ファイナンスでの資金調達が可能となる要件として、融資期間中における当該事業の確実な需要が見込まれること、当該事業から得られるキャッシュフローの安定性が見込まれること、さまざまな事業リスクの分析とリスクが顕在化した場合の対応策の検討が行われていること、それらの対応策に実効性が認められること、といった点が考えられる。主な対応策としては、収入安定化、優先劣後関係、メザニンの導入が挙げられる。

収入安定化の例としては、事業期間中における確実かつ安定した需要を確保すべく需要先（例：行政、メインテナント）との長期契約の締結、リスク分担およびリスクが顕在化した際の対応策の明確化、一定の収入保証や各種保険契約の締結が挙げられる。優先劣後関係とは、資金調達をいくつかの階層に分け、金利は低いものの償還確実性の高い部分（トランシェ）と、償還確実性は低くなるが金利が高い部分を作り出

すことにより、資金の出し手の多様なニーズに対応し、資金調達の円滑化を図ることである。メザニンとは、シニアローン（優先ローン）に対する劣後ローン、普通社債に対する劣後社債、普通株に対する優先株のように、弁済の優先順位が中位となる（リスクが高くなる分、金利は高くなり配当は優先される）ファイナンス手法の総称であり、英語の中２階が語源である。

## ペナルティ

取引開始後の情報の非対称性を利用して、代理人が、依頼人の望んだ行動をしない（モラルハザード）場合に、報酬を払わない、あるいは罰金を科すなどすること。代理人が依頼人の望んだ行動をしているかどうかを監視する（モニタリング）こととセットで行われる。PFIでは、ペナルティを数値化して一定以上の水準に達した場合には、契約でサービス購入料の減額や契約解除といった事項を定めることがある。
関連用語：モラルハザード、モニタリング、インセンティブ、KPI

## 包括民間委託

公共サービス型PPPの一形態。公共サービス（施設の管理運営など）にかかわる業務を包括的・一体的に民間主体に委託する形態。複数年契約で性能発注とするのが一般的である。委託した業務にかかるコストは、行政が委託費として民間主体に支払う。個別の業務委託に比し、重複業務にかかるコストが軽減されるとともに、民間主体のノウハウも発揮しやすくなるという利点がある。上下水道事業、工業用水道等に

おける活用が進んでいる。また、最近では、一定の地域内の道路・橋りょう等のインフラ、または、多数の公共建築物を対象とする包括委託の事例も登場している。2014年に改正された公共工事品質確保促進法で列挙された多様な入札契約方式には「地域における社会資本の維持管理に資する方式（複数年契約、複数工事一括発注、共同受注）」が盛り込まれ、今後、包括的民間委託の拡大が期待される。

米国サンディスプリングス市における行政運営全般を一括して委託する方式なども指す。
関連用語：性能発注／仕様発注

## マイクロファイナンス

低所得者層を対象に、小口の信用貸付や貯蓄などのサービスを提供し、零細事業を興し、自活していくことを目指す金融サービス。これらの層は、物的担保もなく、必要とする資金額も少額であるため、一般の銀行からの融資を受け難い。これに対して、マイクロファイナンスは、①少額の融資を行い、②無理のない返済計画を設定、③担保や保証人を求めない代わりに利用者が小グループを形成する連帯責任制や、④事業のアドバイスや支援を銀行が実施するなど、回収リスクを抑え金融事業として成立させている。2006年にはバングラデシュのグラミン銀行とその創始者であるムハマド・ユヌス氏がノーベル平和賞を受賞したことでも知られている。

日本国内においては、上記の①〜④の条件に全て合致するマイクロファイナンスの事例は見られないが、地域再生やメンバー間での相互経済援助を目的としたコミュニ

ティファンドやNPOバンクの事例が存在する。

関連用語：市民資金、クラウドファンディング

## 民営化

公企業を株式会社化して民間資本を導入すること。国の公社、公団、事業団、公庫、自治体の公営企業を民営化することを指すことが多い。民間の活力を部分的ではなく全面的に活用することにより、サービスの質の向上、財政負担の軽減（もしくは売却益の確保）の効果を期待する。

## 民間提案制度

日本国内における「民間提案制度」としては、PFI法に位置づけられた民間提案制度と各自治体が独自に実施している民間提案制度がある。PFI法に位置づけられた民間提案制度は、2011年6月に改正されたPFI法第6条に実施方針の策定の提案として位置づけられている。改正前のPFI法でも、民間発意による事業提案は可能であったが、ほとんど活用されてこなかった。こうした点から改正PFI法では、民間発意による事業提案について行政サイドで必ず検討し、その結果を提案事業者に通知しなければならないこととなった。これにより、民間事業者からの発意を促し、PFIの活用が増えることが期待されている。改正PFI法では、改正前のPFI法で明文化されていなかった手続きの一部が具体化され、2013年6月に公表された「PFI事業実施プロセスに関するガイドライン」において、具体的なプロセスが示されている。

これまで千葉県我孫子市をはじめ各自治体が独自に実施してきた民間提案制度を参考に、内閣府、総務省、国土交通省は2016年に「PPP事業における官民対話・事業者選定プロセスに関する運用ガイド」をまとめ、公表した。マーケットサウンディング型、提案インセンティブ付与型、選抜・交渉型の3つの類型について、先進自治体の事例や留意点、一般的なプロセスなどを示した。内閣府は2022年11月に「公共調達における民間提案を実施した企業に対する加点措置に関する実施要領」を策定し、ボーナス付与のあり方を示した。

関連用語：PFI、競争的対話／競争的交渉

## モニタリング（monitoring）

依頼人の望んだ行動を代理人がとるように監視すること。モニタリングの結果、代理人が望ましい行動をしていなければ報酬を払わない、あるいは罰金を科す（ペナルティ）などの対応を行うことにより問題が解決できる。

例えば、PFIでは、事業者自身、発注者、第三者によるモニタリングが行われ、指定管理者制度でも同様の形が踏襲されつつある。モニタリングが行き届かないと、万一、手抜き工事や契約内容とは異なる運営がなされていてもそれを見つけることが困難となり、市民サービスの質の低下を招くことにつながり、行政側の責任も問われることとなる。

他方で、モニタリング費用が膨らみすぎると、結果としてVFMが確保できないことも想定される。かかるモニタリングコスト削減効果を期待し、KPI（重要成果指標）を導入する試みもみられる。

関連用語：モラルハザード、ペナルティ、KPI、VFM

## モラルハザード（moral hazard）

　代理人が依頼人の望む行動をしないこと。依頼人と代理人の利害が一致しない場合であって、依頼人が代理人の行動を把握できない（取引開始後の情報の非対称性の存在する）場合に引き起こされる。PPPでは、官（依頼人）と民（代理人）との間で起きるモラルハザードの防止のために、契約により、民が官にとって望ましい行動をするように誘因（インセンティブ）を与える、官が民の行動を監視し（モニタリング）、民が望ましい行動をとらない場合の罰則（ペナルティ）を規定することが必要である。

関連用語：モニタリング、インセンティブ、ペナルティ

## 家守（やもり）

　都市活動が衰退した地域において、行政や地域住民と連携し、空きビルや空き地、閉鎖した公共施設などの遊休不動産を所有者から借り上げ、改修や用途の転換等を行いその地域に求められている新たな経済の担い手を呼び込むことで、地域経済の活性化やコミュニティの再生を目指す民間事業者のこと。江戸時代に不在地主の代わりに店子の家賃管理など長屋内の諸事に携わり、地域の他の家守と連携して地域全体のマネジメントも行っていた職業に由来する。その仕事は賃貸借管理だけでなく、テナント募集戦略の企画立案、仲介、改修工事、資金調達、テナントへの指導助言、ま

ちづくりへの貢献など広範囲にわたる。

関連用語：コンバージョン／リノベーション

## 優先的検討規程／ユニバーサルテスティング

　2015年12月15日に開催されたPFI推進会議において「多様なPPP/PFI手法導入を優先的に検討するための指針」が決定されたことを受けて、国の各機関と都道府県ならびに人口20万人以上の地方公共団体に対し、2016年度末までに「優先的検討規程」を定めるよう要請した。同指針で示した対象事業は、「建築物またはプラントの整備に関する事業」や「利用料金の徴収を行う公共施設の整備・運営に関する事業」でかつ「事業費の総額が10億円以上」または「単年度の運営費が1億円以上」の事業。対象事業は、PPP/PFI手法の適用を優先的に検討するよう求める。各団体が策定する規程では、検討の手続きや基準などを示す。同指針の2021年改定版では、規程の策定を求める対象を人口10万人以上の団体へ拡大した。

　優先的検討規程は、英国のPFI導入初期において採用されたユニバーサルテスティングと呼ばれる普及策を参考にした。ある事業をPFIで実施することが困難であると立証されない限り公共事業として実施できないとするルールで、公務員の意識改革に大きな効果をもたらした。

## 立地適正化計画

　2014年8月1日施行の改正都市再生特別措置法に基づくもの。市町村が都市全体

の観点から作成する「居住機能や福祉・医療・商業等の都市機能の立地、公共交通の充実等に関する包括的なマスタープラン」であり、現状の市町村マスタープランの高度化版と位置付けられている。居住を誘導する「居住誘導区域」や医療、福祉、商業等を誘導する「都市機能誘導区域」等を定める。本計画に位置付けられることで、都市機能立地支援事業、都市再構築戦略事業などの支援を受けることができる。2020年9月7日に施行された改正都市再生特別措置法では、激甚化する災害への対応として、居住誘導区域から災害レッドゾーンの原則除外、居住誘導区域内で行う防災対策・安全確保策を定める「防災指針」の作成を定めた。また、居住エリアの環境向上のため、居住誘導区域内において、住宅地で病院・店舗など日常生活に必要な施設の立地を促進する制度の創設、都市計画施設の改修を立地適正化計画の記載事項とした。
関連用語：インフラ長寿命化基本計画、公共施設等総合管理計画

補足）公共施設等総合管理計画と立地適正化計画の関係

　PPP研究センターでは、公共施設等総合管理計画と立地適正化計画の背景は共通であり、記載すべき内容も相当部分重複しているので、地方公共団体にあっては、矛盾が生じないよう両者を一体的にもしくは相互に連携しながら検討することが不可欠であると考えている。

### 利用料金制度

　公の施設の使用料について指定管理者の収入とすることができる制度（地方自治法第244条の2第8項）。指定管理者の自主的な経営努力を発揮しやすくする効果が期待され、また、地方公共団体および指定管理者の会計事務の効率化が図られる。利用料金は、条例で定める範囲内（金額の範囲、算定方法）で、指定管理者が地方公共団体の承認を受けて設定することになる。また、指定管理者に利用料金を設定させず、条例で利用料金を規定することも可能である。利用料金制を採らない通常の公共施設では、条例により施設の利用料金が定められ、その料金は指定管理者が徴収を代行するものの、最終的には地方公共団体の収入となり、別途、管理運営に必要となる経費が指定管理者に支払われる。これは料金収受代行制度と呼ばれる。
関連用語：指定管理者制度

### レベニュー債（Revenue Bond）

　米国の地方債の一つで、指定事業収益債とも呼ぶ。自治体の一般財源ではなく、①電力・ガス・上下水道の公益事業、②高速道路や空港などの輸送インフラ事業、③住宅事業、病院事業などの分野において、特定のプロジェクトから得られる運営収益（キャッシュフロー）のみで元利金の支払財源を賄う。米国証券業金融市場協会（SIFMA）によると、2021年には総額2816億ドルのレベニュー債が発行され、米国地方債市場全体の58.5%を占めた。自治体の徴税権を裏付けとする一般財源保証債と異なり、仮にレベニュー債の対象事業を担う事業者が破たんした場合でも、自治体は債務を履行する必要がない。
　一方、仮に自治体本体の財政が破たんした場合でも、レベニュー債の債権者は当該

プロジェクトから優先的に弁済を受けることができるといった利点がある。米国ニューヨーク市が、野球場「ヤンキースタジアム」のチケット収入を裏付けとして発行したレベニュー債のように、収益性の高いプロジェクトを裏付けとすれば、一般財源保証債よりも低利で資金を調達できる場合もある。国内では、茨城県が外郭団体や第三セクターに対して債務保証を行っている借入金のリスクを軽減するために導入した「レベニュー信託」（県環境保全事業団を対象に100億円を調達、2011年6月）、「信託活用型ABL（債権流動化）」（県開発公社を対象に397億円を調達、2013年3月）があり、総務省も第三セクター改革の一環として導入相談を開始した。しかし、公営企業については現行の地方債制度でレベニュー債の発行を認めておらず、これは変更していない。

関連用語：事務の代替執行

## 連携協約

2014年の改正地方自治法（第252条の2）で創設された自治体間の新たな広域連携を促す制度。自治体は、他の自治体との間で連携して事務を処理するための基本的な方針と役割分担を定める連携協約を結ぶことができる。

従来の一部事務組合のような別組織を作る必要がないため、簡素で効率的な行政運営につながると期待される。また、従来の共同処理に基づく事務分担に比べ、地域の実情に合わせて連携内容を協議することができる。連携協約を全国の自治体に広めるため、一定の条件を満たす三大都市圏以外の政令市、中核市を地方中枢拠点都市として選定し、モデル事業を展開する。

**【執筆者プロフィール】**

**根本祐二**──第Ⅰ部第1章、6章
東京大学経済学部卒業後、日本開発銀行（現日本政策投資銀行）入行。地域企画部長等を経て、2006年東洋大学経済学部教授に就任。同大学大学院経済学研究科公民連携専攻長兼PPP研究センター長を兼務。内閣府PFI推進委員ほかを歴任。専門は地域再生、公民連携、社会資本。著書に『豊かな地域はどこが違うのか』（ちくま新書）、『朽ちるインフラ』（日本経済新聞出版社）ほか。

**北脇秀敏**──第Ⅰ部第2章
東洋大学国際学部教授。専門は開発途上国の環境衛生、水供給や廃棄物処理。東京大学大学院博士課程修了。工学博士。日本上下水道設計株式会社、世界保健機関本部環境保健部、東京大学工学部客員助教授を経て東洋大学国際地域学部の設置に携わり、現職にいたる。環境省、厚生労働省等の委員など多数歴任。

**河本英夫**──第Ⅰ部第3章
東洋大学文学部教授、東洋大学国際哲学研究センター長。東京大学教養学部基礎科学分科卒業。東京大学大学院理学系研究科博士課程修了（科学史・科学基礎論）。日本学術振興会奨励研究員、長崎大学助教授等を経て、1991年東洋大学助教授に就任。1996年より文学部哲学科教授。専門は哲学、システム論、科学論。次世代型システム論「オートポイエーシス」を展開し、現象学、精神病理学、リハビリ、アートなど多彩な現場とコラボレーションを行う。著書に、『ダ・ヴィンチ・システム』（学芸みらい社、2022年）、『哲学の練習問題』（講談社、2018年）他。

**伊藤暁**──第Ⅰ部第4章
東洋大学理工学部建築学科准教授。2002年横浜国立大学大学院工学研究科計画建設学専攻修了。2002年〜2006年aat+ヨコミゾマコト建築設計事務所勤務。2007年伊藤暁建築設計事務所設立。2017年より現職。

**難波悠**──第Ⅰ部第5章、6章、第Ⅱ部、第Ⅲ部
東洋大学大学院教授。東洋大学大学院経済学研究科公民連携専攻修了。建設系の専門紙記者、東洋大学PPP研究センターシニアスタッフ及び同大学大学院非常勤講師、准教授を経て、2020年より現職。

**ペドロ・ネヴェス**──第Ⅰ部第6章
コンサルタント。ポルトガルを中心に欧州、アフリカ、中南米、アジア等でSDGsの実行支援、PPPのコンサルティングを行っている。

**ジアド・ハイェック**──第Ⅰ部第6章
The World Association of PPP Units and Professionals（WAPPP）代表。元レバノン政府High council for Privatization and PPPで事務総長。

**デイビッド・ドッド**──第Ⅰ部第6章
International Sustainable Resilience Center（ISRC）代表。米国本土、プエルトリコを中心に災害リスクを考慮に入れた経済開発を行っている。

こうみんれんけいはくしょ
# 公民連携白書 **2022 〜 2023**
エスディージーズ　げんかい　てんぼう
## SDGs の限界と展望

2023 年 2 月 20 日　初版発行

編著者　　東洋大学PPP研究センター
発行者　　花野井道郎
発行所　　株式会社　時事通信出版局
発　売　　株式会社　時事通信社
　　　　　〒104-8178　東京都中央区銀座5-15-8
　　　　　電話03（5565）2155　https://bookpub.jiji.com
印刷所　　株式会社　太平印刷社

**NOMURA**

Japan Project-Industry Council

想いをかたちに 未来へつなぐ
**TAKENAKA**

一般財団法人 日本経済研究所
The Japan Economic Research Institute

子どもたちに誇れるしごとを。
SHIMIZU CORPORATION
**清水建設**

**DBJ** 日本政策投資銀行
Development Bank of Japan

**大成建設**
TAISEI
*For a Lively World*

私たちは、公民連携
（Public/Private Partnership）の
普及を通じて、明日の世代に胸を張れる
地域の実現を支援しています

ヒューリック株式会社
HULIC

**鹿島**
KAJIMA CORPORATION

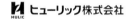
株式会社 共立メンテナンス

**鹿島道路**

人・夢・技術グループ株式会社

**戸田建設**

**EJEC** 株式会社 エイト日本技術開発

株式会社 PPP総合研究所
Public Private Partnership

**FRACTA**